U0060308

雪山下的火焰
——一個西藏良心犯的證言
班旦加措 原著
廖 天 琪 譯

・班旦的老師—印度高僧仁曾丹巴

[illegible]
[illegible]
[illegible]
[illegible]
[illegible]
[illegible]
[illegible]
[illegible]
[illegible]
[illegible]
[illegible]
[illegible]
[illegible]
[illegible]
[illegible]

・作者爲中文版所作的藏文序

・吴弘達和班旦加措

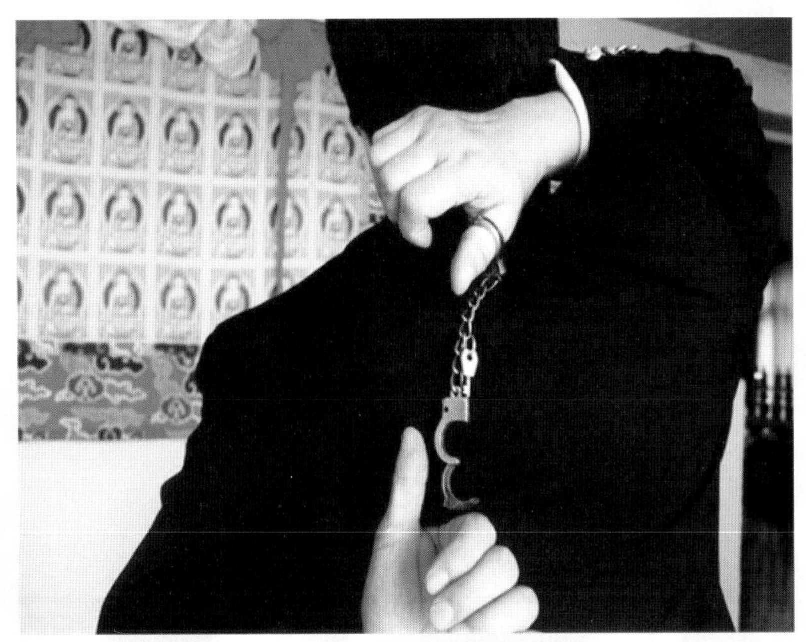

· 刑具之一——手指銬

· 班旦偷帶出境的西藏監獄刑具

・選擇自由(Tenzin Dhongthog/ICT提供)

・達蘭薩拉每15個難民孩童跟「母親」住在一個家庭中

(左上)・位於達蘭薩拉的藏人流亡政府辦公中心(Tenzin Dhongthog/ICT提供)
(右上)・流亡藏人維持宗教傳統
(下)・達蘭薩拉是藏人流亡印度的新家園

・達賴喇嘛在達蘭薩拉的居所

・達蘭薩拉是流亡藏人的新故鄉

・流亡藏人學校

・達蘭薩拉的藏人手藝學校

・在達蘭薩拉重建的羅布林卡

・達蘭薩拉的藏人社區

出版緣起

勞改作爲中共專制統治機器的一個組成部分，遠在其建黨未久，在其江西「中華蘇維埃共和國」的「革命根據地」已存在了。一九四九年中共奪取政權之後，參照了當時蘇聯的勞改制度，在斯大林派來的「古拉格」專家指導下，溶合了毛澤東的「改造與生產結合」的思想，發展出這套具有中國特色的監獄制度。勞改是一套政治工具，一方面要消滅犯人的獨立人格和意志，剝奪其人身和思想的自由，並美其名爲「改造」。另一方面要利用這項龐大的無償勞動力，爲共產政權創造財富。

早在二十世紀五十年代，中國的勞改犯就被調動去築路架橋，修河造壩，挖煤墾荒，這些無聲無息的奴工，爲共產政府獻出了健康、青春和生命，沒有人記得他們。中國共產黨對人民生命價值的輕賤和蔑視，直接造成了對中國人文精神及文化的摧殘。隨著毛澤東時代的結束，原始瘋狂的暴力行爲和愚民式的政治運動逐漸式微。而鄧小平爲暴發戶和拜金主義者開闢了一條康莊大道。改革開放的「讓一部分人先富起來」成了社會發展的金科玉律。二十年的開放政策使中國社會從粗暴進入俗媚，從暴戾走向糜爛。一個經過土改、反右、大躍進、文革、批林批孔、四人幫、反精神污染這些顛倒黑白是非，絕滅人性，輕視知識和道德長達四五十年的社會，如果不經過反省，懺悔，痛定思痛和懲惡撫善的過程，怎麼可能就直接跨入現代化的社會？無可諱言，改革政策以來，中國在經濟，文化和教育等方面有了一定的變化，但是毛澤東架構的極權政治制度，包括勞改制度，並沒有根本的改變。

中國大陸的社會必須經過徹底的反思，對災難的根源進行檢討和思辯，重新認識知識和道德的重要性，中華文化中特有的人文主義精神才有復甦的可能，也只有這樣才能防止荒謬無知的悲劇重新上演。然而這是一個漫長的過程，幾十年的毀滅性破壞，需要有幾代人的努力，才能初具成效。這樣的淨化過程只有在民主制度的體制內，自由和人權得到保障的前提下，才有可能逐漸開展。

作為社會最底層的勞改犯，是制度中最大的犧牲者。以往共產黨將人任意劃成不同的階級。以階級分貴賤，以階級區分天堂和地獄。成千上萬的人因為階級出身、思想意識、政治觀點、宗教信仰，甚至因為微不足道的個人原因，被共產黨政府送去勞改。勞改營裡，在「強迫勞動」、「改造思想」、要求人人挖掘靈魂、脫胎換骨的嚴酷環境下，人被剝奪了意志、尊嚴、情感和良心，即使肉身在備受折磨後，幸能存活，心靈上和精神上所受到的蹂躪和殘害也萬難癒合。人們在尋求歷史的眞實面目時，那個時期裡，人為因素所造成的歷史災難，特別值得我們警惕。歷史巨輪所輾過的苦難者的經歷，是一面忠實的鏡子，倖存者的故事永遠是最具有震撼力的。研究和整理勞改營倖存者的生活經歷和資料，就成為我們拂拭染上塵埃的歷史鏡子的必不可少的一個塵拂。

勞改基金會自一九九二年成立以來，一直鍥而不捨地尋訪及收集勞改倖存者的事跡和證據，迄今已達五百餘份。在當前全球商業化的過程中，世界更傾向於資金財富的集中，文化事業的推動備爲困難。雖然在重商業，輕文化的趨勢下，不少倖存者非常艱苦地一字一行地把他們的親身經歷寫了下來，卻苦於無處出版。還有一些人不具備寫作的能力，也有些人喪失了記憶的能力。那些來自勞改營的呼聲和吶喊，那些血淚記錄的文字實在應該有一個機會被容納及保存。這是我們對子孫後代的負責，也是對公正及自由的承諾。勞改基金會願意向散佈在全球，特別是如今尚在中國大陸的勞改倖存者繼續徵集資料，整理、編輯並出版這些文集。我們稱之爲〔黑色文庫〕。

勞改營是中國畸形社會的縮影，它的倖存者就如但丁《神曲》裡那些經過地獄煉火煎熬過的光怪陸離的衆生。烙在這些社會主義「新中國」的賤民身上的，是專制政權掌控下國家機器的鐵的印記。勞改不僅對這些受難者摧筋斷骨，殘其軀體，還對他們洗腦換心。他們有些進去時是沒有受過完整教育的青少年，出來時已是白髮人；即使受過教育的人，一旦被投入這個大煉獄，也跟知識和信息長期絕緣。因此倖存的生還者中，大智大勇者有之，圓滑機靈生命力特強者有之，至於心智消磨殆盡，看破紅塵，苟延殘喘者，更占很大的一部分。〔黑色文庫〕就是要保存這些聲音，哪怕是文字粗糙，文體拙樸的記錄，我們都願保存其原始面貌。也有人身在囹圄，言不由衷，我們也都不加文飾，原文照登。相信讀者自能判斷。遇到當事人自己不能親自執筆的情況，我們則盡量以接近原始敘述的語調和情感予以記錄，以求傳眞。毛澤東統治下的中國經歷了「失語」的時代，鄧小平和他的繼承人又想把中國人變成一個「失憶」的民族。讓我們來記錄歷史，爲專制政權譜寫輓歌，爲民族喪失的記憶招魂。

〔黑色文庫〕編輯委員會
2003年9月於華盛頓

序言

達賴喇嘛

班旦加措的證詞是一部傑出的關於受難和忍耐的故事。中國早期占領西藏時，班旦原是一名僧侶，被逮捕時才二十八歲，到1992年他已經六十歲了才被釋放。

在他三十一年的牢獄生涯中，班旦加措忍受了酷刑、難耐的飢餓和無窮無盡的「思想改造」，但是他始終拒絕向壓迫者屈服。他之有勇氣這樣做，甚至能寬恕他的加害者，這不僅僅是西藏人天性達觀的賜予，我想這跟佛教教導人們應當具有愛心、仁慈、寬恕，以及天下萬物皆相親相屬有關，它是我們內心平和充滿希望的泉源。

《雪山下的火焰》生動地展現了西藏當代歷史和隨之而來的1949年的被侵占。班旦加措記錄了文革的恐怖年代，以及他對難友們的深切同情。他個人可能被處死的威脅並沒有嚇住他，倒是那些他親眼目睹的絕滅人性的殘忍行爲令他極爲驚怖。

這本書能幫助許多原先僅僅風聞古老佛教的文明傳統和結構遭到粗暴破壞的人，進一步了解實況。寺廟和內部藏書及文物的摧毀不僅是西藏的悲劇，也是人類文化遺產的巨大損失。一些重新被修復的宗教機構所面臨的各種壓制尤其嚴重，僧尼們不能像以前獨立西藏時代那樣自由地研究和侍奉。從班旦加措的身上，我們看到人類精神核心的人性價值，如善良、忍耐、敬業等，還依然倖存了下來，他的故事給我們巨大的啓發。

成千上萬的西藏人跟班旦加措一樣逃離了故鄉。當他終於平安地到達流亡之地後，班旦並沒有放棄信念，安靜度日，他的正義感和因西藏人的遭遇而產生的憤慨使他不能平靜。面對中國共產黨多年來對西藏的抹黑和歪曲，他把握機會要向世界披露西藏的眞相。

我相信很少有讀者不會被班旦加措的故事和他的堅毅執著而感動的。跟班旦加措一樣，我也是樂觀的，我期待有一天西藏重新恢復成爲一個和平的地方，人們能夠和睦相處。我們也許無力單獨達到這個目的，但是班旦加措顯示了，我們並不是這樣無助的，甚至單一的個人也能有所作爲。因此，我希望讀者能受到他的啓發，對西藏問題產生同情與支持。

一九九七年五月於達蘭薩拉

願西藏人民的自由運動得到充滿正義感的世界各族人民的支持！*

——中文版序言

班旦加措

在這本自傳裡，我實事求是地敘述了自己的親身經歷。入侵我們家園的是中國的紅色集團，而不是全體中國人民。在正文前面的那篇短詩中，我用「野蠻的紅色漢人」一詞來從邏輯上表明了我在指責誰，因爲所有的漢人都不是紅色漢人。漢人中有不少充滿正義感的民主人士和人權鬥士，他們也同樣成了統治中國的紅色漢人政府的迫害對象。比如，在1989年發動民主運動的漢人青年和學生中的許多人慘遭紅色漢人政權的殺害；像吳弘達先生和魏京生先生這樣的人權活動家和民主運動人士也在紅色漢人政權的古拉格裡受盡了迫害，但他們從來沒有動搖過爲中國民衆爭取人權而奮鬥到底的信念。我說紅色漢人野蠻，決不是隨意罵人或說氣話，「野蠻」在藏語裡稱做「拉落」，意思是「沒有人道主義信念和精神信仰」。

我在大獄裡關押了33個春秋，書後附有檢察院和法院對我的起訴書和刑事裁定書的複印件；書中有關我在監獄裡遭受什

---

*原文爲藏文，由仁青塔西譯爲中文。

麼樣的酷刑，把我曾關押過的數所監獄的情況、遭受監禁的時間和年限、相關人物的名稱等記載的準確性方面，我願承擔法律責任。

如書中所述，雖然我在大牢裡受了33年的苦，但是靠貢確松(即佛界三寶)和嘉瓦仁波切(即達賴喇嘛)的庇護，我不但沒有死在監獄裡，而且有幸來到了自由世界。如果我們所受的苦，眞給中國政府帶來了什麼利益，那樣還算是做了一點善事。我眞的不仇視那些迫害過我的人，他們也沒有權利不聽中共當局的指令，這一點我很清楚。再說，憤怒和仇恨不但不能減輕你所受的苦，而且會把你引入造孽之路。達賴喇嘛總是教導我們說，缺乏寬容之心和仇恨他人是滋生邪惡的源泉。盡管我自己的精神修養還離無恨的境界很遙遠，達賴喇嘛的教誨總是幫我熄滅心中的仇恨之火。

紅色中國最終要走上順應世界潮流的民主之路，因爲這是唯一可行的路，按理說中共當局應該認清這一點。旅居歐美的許多漢人朋友聽過我們西藏政治犯的苦難經歷及西藏的情況後，感觸很大；他們中的不少人對我說，你在監獄關了那麼多年，受了那麼多的苦，我們深感慚愧，求你原諒我們。尤其是在高等院校裡學習的漢人大學生表示，中國政府的做法眞使他們感到慚愧。西藏自由學生組織的成員中也有漢人學生，這眞叫我感動萬分。在西藏和中國境內，越來越多的漢人關注西藏，這些都是事態向積極方向轉變的跡象。乘民主與開放之風，促進中共紅色政權的體制發生實質性轉變是非常重要的。

如何解決西藏問題呢？如果按照達賴喇嘛的「中間道路」

原則，把全西藏建立成一個高度自治的行政區域，讓全體藏人享受名符其實的自治權，我確信，西藏問題將會迎刃而解。如果西藏問題繼續擱在那裡得不到解決，西藏人民也將繼續會尋求解決問題的途徑，最終這一問題必定會得到解決。再說，獲取自由和人權是歷史賦予西藏民族的權利，不管如何地遭到扼殺，終究會獲得成功。

歷史上西藏不是中國的一部分，這是歷史事實。比如，中共當局強迫藏人，說日升西山日落東山，因爲受不了酷刑和毒打，藏人也許會這麼說的，但日出東山日落西山這一客觀事實，絕不會隨強加的主觀意識而改變。同樣，整天大喊「西藏自古以來是中國的一部分」這樣的自欺欺人的宣傳口號，既不會改變歷史，也無益於解決存在的問題。自從中共統治西藏到現在，很多西藏人因如實談論西藏的歷史，被定罪爲「分裂主義分子」並遭到囚禁。如果中國當局繼續用強制手段維持現行的西藏政策，有關歷史地位的爭論不但將來還會出現，而且有人甘願用自己的生命替歷史說實話的現象不是不可能出現，這樣下去，藏漢人民都會捲入更深的災難中。因此，通過和談，在合理的基礎上解決西藏問題是上策。

民不畏死，何以死懼之

——《雪山下的火焰》中文版序

吳弘達

1995年4月3日美國衆議院舉行勞改聽證會，這是世界上第一次有一個政治實體，認眞地、嚴肅地想聽一聽這些倖存者們的故事，第一次關切這樣一個類似納粹集中營及蘇聯勞動營，今天尙存在於中國的勞改營。我安排了下列六個人作證：

一、唐伯橋：天安門運動中湖南地區的學生領袖，1989年7月被拘押至1991年1月釋放。

二、何凱玲(女)，因信仰天主教，自56年起勞改21年。

三、蔡忠賢，天主教神父，自1953年起共勞改33年。

四、西藏喇嘛班旦加措，自1959年起共勞改33年。

五、劉欣虎，因其父爲反革命份子，所以自十三歲起隨父生活在勞改營。1964年才滿十八歲即被勞改二年。1974年又以反革命罪判刑，前後25年之久。

六、吳弘達，反革命右派份子，自1960年起勞改19年。

這六個受害者代表了不同種族、不同年齡、不同社會背景的人，在不同時期、不同政治運動中，被中共勞改的眞實情況。中共使用了超出常人想像的野蠻及殘暴手段，對他們的肉體及精神加以摧殘，但他們始終屹立在那裡，成了人類對中共專制政權的歷史見證。

1997年，我到波蘭訪問，曾問到1945年波蘭被蘇聯紅軍「解放」後，成爲一個社會主義國家，爲了維持共產黨政權，在波蘭有沒有類似蘇聯古拉格、中國勞改隊一類的鎮壓反革命的機制。波蘭人回答說，它們國家不需要，因爲波蘭的反革命都送往蘇聯的古拉格。我又問，那麼德國納粹占領時期呢？回答：納粹奧斯威茨集中營就在波蘭。

中國共產黨爲了統治西藏必需建立勞改營。1959年中國人民解放軍進占拉薩前，在青海(安多)地區已設立了許多勞改營，關押漢藏兩個民族的人。在柴達木盆地，以西寧爲基地向西一直到格爾木地區，一路開闢了十多個世界規模的勞改營。青海好似蘇聯的西伯利亞，大批漢族犯人由廣東、上海、江浙、京津地區遣送來這裡，造成了青海地區所謂「人口機械性地增長」(據中共人口普查資料)。康藏(又稱西康，康巴)地區的藏族犯人都送往成都、康定等地勞改營。西藏地區的勞改營是1959年開始建造起來的，西藏歷史上從來沒有過這麼多的監獄(勞改營)，這是中國共產黨創下的歷史紀錄。相應地，中共還有另一個歷史紀錄是毀壞了無數的西藏宗教寺廟。

班旦喇嘛勞改了33年，釋放時已62歲。他按西藏的傳統，自幼入寺做喇嘛。1959年中國人民解放軍鎮壓西藏暴動時，28歲的班旦喇嘛被控支持暴動，判刑七年；1962年企圖逃跑，加判爲十五年。班旦喇嘛曾被每天二十四小時上手銬、腳鐐長達六個月，後來爲了強迫他編織地毯，解了手銬，腳鐐保持長達兩年之久。解了鐐之後，他都不知怎麼行走了。1975年刑滿被強迫留在勞改營就業。1983年再次判刑九年。1992年8月被釋放。十三天後，班旦喇嘛翻越喜馬拉雅山，逃脫成功。

班旦加措的三十三年勞改的故事實在一點也不複雜。他自小在農村成長，很原始的農村生活都不怎麼使用錢幣，火車、飛機從沒見過。十歲當了僧侶，所有的文化教育來自經書及高僧。他在村裡從來沒有見過漢人，更不用說共產黨。當時共產黨聲稱要「解放」西藏，要窮人翻身，說是必須推翻阻礙社會進步的農奴主及僧侶集團。於是有一些人就成爲「革命對象」，班旦加措就算一個。班旦喇嘛不願意改變自己的信仰，這是中共政權最不能接受的。共產黨說，目的是要把他「改造好，成爲一個有用的社會主義新人」。但是，班旦喇嘛就是怎麼也「改造」不過來，拖了三十三年之久。甚至把他押到殺人刑場，聲稱也要殺掉他，都無效。共產黨還是「仁慈」的，沒有如納粹集中營那樣設立毒氣室，把人都殺掉。因爲班旦加措是一個勞動力，可以織地毯、刷油漆、開石子、燒磚，最起碼可以代替牲口來拉犁種莊稼，爲國家創造財富。

少年讀書時，背熟一句話：「民不畏死，何以死懼之。」當時經過師長的講解，我似乎懂得它的意義。今天讀過班旦加措的故事，我才深深了解了這句話的眞諦。

感謝

班旦加措

我深深感謝許多仁慈地幫助了我的人，更感謝那些還在西藏繼續抗爭的同胞們，以及冒著自己生命危險幫助我逃亡的人，在這兒我當然不能公開他們的姓名。

開始流亡以來，許多朋友鼓勵我寫書，我感謝他們的建議和提示。哲蚌寺洛色林學院的旺曲先生、帕拉甘曾和瑞士的加塘・堅贊先生[1]給予我支持和建議。對倫敦西藏辦公室的達拉・格桑和次丹桑珠，我深表感謝。

謝謝西藏信息網路的凱蒂・桑德斯、夏加・拉姆、達瓦才仁(鮑比)、提姆・能、勞比・巴爾賴特以及範・何爾頓、瑪格利特・韓波瑞、德慶白瑪幾位人士的協助和威廉・菲勒斯爲本書的英文版定稿。最後感謝哈維爾出版社的奎斯多夫・麥克勒侯斯、卡特林納・比倫貝格、瑞裘・克爾及出版社的工作人員。

1997年

[1] 西藏人的姓在名之前，中間加「・」以示區分，如加塘・堅贊。如果一個名字中間沒有此記號，就是不帶姓的名字，如班旦加措。藏人的名字有兩字也有四字的(注解爲本書譯者所加)。

詩祭

班旦加措

獻給體現佛祖慈悲的人
獻給雪山守護神
你庇佑撫慰了雪域受難人
對你的仁慈和祝福
我內心的感謝沉重難負
邪惡化身的野蠻紅色政權
吞噬雪山國
無法無天踐踏國際法
雪域人們身心受凌辱
遭罪受難更哀泣
十八層地獄難比擬
相信眞理、正義和善良的人
請群起奮進
讓眞理、正義和善良的呼聲蕩漾
讓我們重享獨立自由好時光

次仁東珠(藏譯英)
廖天琪(英譯中)

前言

夏加・次仁

在本世紀很長一段時間裡，甚至在更早的時候，西藏還給人們一種香格里拉化外世界的印象。它隱藏在喜瑪拉亞雲霄之中，激蕩了多少冒險家、殖民地探測家、作家和登山者的心。標題帶有詩意的有關西藏的書在全世界銷售著，學者們也大書特書雪山國的神秘。在這衆聲喧嘩的溢美聲中，西藏人民的眞正聲音至今還只是一個蒼白的回響。

班旦的故事旣不是歷史，也不是關於一個高僧獨坐冰窖的神秘啓示錄。這是一個政權，假借了進步和意識形態的名義，非人性地殘害一個人的故事。西藏不是唯一承受過這種恐怖經驗的地方，這裡發生的事只不過標記了人類史上又一個殘暴的例子。在即將進入新的千年紀元時，這種苦難似乎還沒有要從地球上消逝的跡象。

1950年十月，四萬名久經戰火歷練的中共士兵渡過金沙江，就如某位目擊者所說，一舉擊潰了孱弱的，如「散兵游勇」的西藏軍隊。中國人宣佈，西藏從帝國主義和封建農奴制度下獲得解放，完成跟祖國的統一。「解放」「統一」這些詞語是用來掩蓋軍事進犯的政治化妝術。中國統治西藏是以兩種基本思想爲基石的：中國的民族主義，堅稱西藏是構成中國的一部分；馬克思主義，強調物質進化的思想。西藏人民的意願是不在考慮範圍之內的，或者根本就不在話下，這兩種思想如此這般就將中國的武力進占合法化了。按照殖民統治的原則，占領者搬出神的意旨，以解放的高尚名義，或將文明帶給當地的人民爲藉口，來把入侵行爲合法化。

學者和律師都能提出有說服力的論述來說明西藏始終是個獨立的國家或者總是中國的一部分，但是對於班旦和普通的西藏人而言，國際外交及國際法的漂亮說詞於他們一點也不相干。按照他的普通常識，班旦知道西藏向來是單獨存在的一個獨立國家，它跟中國有著不同的傳統、文化、語言和歷史，對他來說，這個事實就如同牛奶和水是兩種不同的東西一樣清楚。

小時候班旦聽他伯伯講故事，遠古的時候，混沌初開，大風狂掃，把黑暗攪動變成海洋，中間冒出了一座山，這就是世界的開端。當海洋、陸地和高山形成的時候，第一個人出現在澤塘，即今天拉薩南邊的地方。這個關於雪山國的神話一直存在於西藏人的集體意識之中，加深了他們的獨立觀念，對那些年輕的抗議者來說，西藏就如同我們的宇宙一樣古老。

在西藏的土地上有烤香的麥子，人們口中喃喃誦著大悲經，犛牛油，人們的笑聲和母親講給孩子們的故事，這一切把西藏跟中國隔開了。對於班旦，這些比國際法和那些能決定西藏命運的強權更具有眞實性。普通的平民男女有著天生的直覺，知道什麼是對的，什麼是眞實的。

西藏跟中國的歷史關係是複雜的。在中國那方面，近代統治者一直宣稱西藏是中國的一部分，而西藏那方面總是反對這種說法。像班旦這樣的人，他們認爲西藏的獨特面貌足以證明它是獨立於中國之外的。在西藏人們已經習慣於把外交這類事務交給統治精英去處理，只要這不干預到他們的日常生活。

對大部分西藏人來說，他們對中國的第一次經驗是人民解放軍的到來。或許看不到槍支，但人們知道敲鑼打鼓和鐃鈸的嘈雜掩蓋了槍聲。那時候中國的宣傳畫上可以看到解放軍跟西藏的農民快樂地在一起，中國士兵幫助「農奴」收割之後，抹著額頭上的汗水。現實卻是另一種景象，解放軍把貧窮的藏民從躲藏的山中引誘出來，驅趕他們到地裡工作。那不是一場軍民相見歡的場面。

從1950年入侵以來，中國把西藏人的整個生活倒置過來了。共產黨說要改天換地，對藏人來說，這句話再眞實不過。突然之間，新的思維和生活方式被強加到他們的頭上，世界變色，安全感消失。有一段時間，人們以爲某些新想法和價值的確有其優越性，基督教、西方價值觀和物質文明被強加給那些頑固地拒絕向進步投降的「落後」人民，這種人民自然不可避免地成爲現代化的犧牲品。

中國人浸淫在這種現代化的信念中，追求一個社會主義的天堂，認爲他們的行爲是朝進步邁進。相反地，在這樣做的時候，無數的生命被犧牲，家庭被摧毀，數以千計的寺廟被夷爲平地，僧尼們被趕到勞改營中去充當可資利用的「生產力」。文革前後，西藏在人命和文化遺產上所受到的損失是無法計算的。中國對西藏兩千年深厚而有生命力的文化遺產的所作所爲，其殘忍性無異於活埋一個活生生的人。

今天，中國的領導要我們相信文革是「擦搶走火」，四人幫犯了錯誤，現在勞改犯人都被釋放了，被毀壞的牆已經修復了，班旦卻證明鄧小平統治下的中國不比毛澤東好多少。站在守望臺上的士兵被錄像機所取代，棍子也換成電棒了。壓制依然存在，只是手段變了。扎奇監獄的守衛有較好的設備，也接受了更高級的訓練，但監獄高牆之後的監視還是一成不變。

老一代的異議份子掙扎著穿過了西藏的火焰，把責任交給年輕的下一代，他們又眼睜睜在黨的監視下無畏地走進監獄。中共感到很迷惑，西藏人怎麼還繼續地爭取獨立，他們認爲桀驁的藏人不知感激。殖民統治者不能理解，一座發電站、新的運動場、迪斯科的燦爛燈火和五星旅店並不能重建人們的自尊，他們失去的文化遺產也不能失而復得。年輕的抗議者不會忘記他們父母輩的苦難和被剝奪的一切。

西藏人民爲他們喜瑪拉亞高地的文明感到驕傲，爲它被摧毀而哀痛。他們自豪，並非因爲在世上找到了一個樂園，也不是像許多支持他們的人士所相信的那樣，以爲西藏的社會是完美的。西藏不是香格里拉，它有著自身的缺點和瑕疵。我們的歷史中有過短期的燦爛和深度的創造性，同時也伴隨著許多不智的領袖，腐朽的統治階級和貧窮的百姓，就像世界上很多其他國家一樣。

對於一個國家，沒有比「奴役它」更具摧毀性了。西藏兩千年的歷史顯示，它的人民完全有能力管理自己的國家，他們要按自己的理想來創建自己的世界。班旦的故事向我們展現了藏人的這種情懷。

我第一次遇見班旦是1995年，他造訪倫敦時，我擔任過他的翻譯。他希望能在國際社會爲他的國家尋求幫助。當時他已經在一個舊的記事本上完成了書的初稿。像大部分藏文書籍一樣，他的書也記錄了每個死去的人的名字和生死日期。班旦記下這些，爲了要替那些不能活著講述自己故事的人作證。他的英國之旅結束之後，我來到印北西藏流亡社區所在的達蘭薩拉，我們正式開始撰寫這本書。

我租了一個房間，班旦在往後的三個月裡，每天來找我。他一進屋子，我就把錄音機打開，錄下我們的每一段談話。最後我們攢集了120卷錄音帶，大約三百個小時的往事回憶。我把每卷帶子用藏語謄寫出來，這就成了本書的底稿。

首先我請班旦引領我進入他過去的生活，以便按照時序勾畫出一個輪廓。然後我詳細地追問每件事情的細節，以及他當時的想法和感覺。他坦然陳述，我能清楚地看出他的悲痛以及不習慣於在他人面前揭示自己而感到尷尬。他天性的羞澀令他不太願意談他自己，但我的工作正是要鼓勵他說出自己的意見和感情。

爲了保護那些有關的人，以及曾經幫助班旦逃向自由的人，我們把一些名字改了，並將一些事件的詳情簡化了。

1997於倫敦

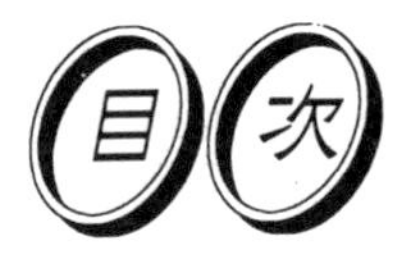

〔附錄〕

序幕

好似我的一生都在爲這一刻的會見作準備。

一個荷著李恩式來福槍，身上的卡其制服在季風中抖擻的印度士兵在門外守衛。我等候了一會兒，就由一個著藍衣的藏人青年查了身，一分鐘之後，我就站在達賴喇嘛的面前。我有一種悲喜交集的奇異心情，知道如果不是我的國家遭受了重大的悲劇，我連做夢都不可能見到我們藏人稱爲救世主的達賴喇嘛。單薄的守衛，簡單的一座平房，包裹在一層暗淡的霧裡，達賴喇嘛的流亡居所跟我心目中故國的輝煌成了一個令人傷感的對比。

從離開拉薩以來，我就一直思索著將要告訴他哪些事。跟他說我的幾次被捕經過？告訴他那些餓死的人和寧願選擇死亡的獄中同伴？也許該提那批爲取得舒適生活和好處而乖乖聽中國人話的西藏人？不，告訴他青年的藏人在監獄中勇敢地抗議，但他也該知道有些藏人也充當幫兇，用拳頭和電棍來虐待自己的同胞。這些作惡者也是藏人，同是雪山哺育的子民。

面對著達賴喇嘛，我發覺腦袋空空。看著他的袈裟和他慈祥的笑臉，我只低垂著頭，他問話時，我才抬起頭來。「你怎麼逃出來的？」「什麼時候第一次被捕？」「關在哪個監獄？」他先開始。我知道自己並不是站在他面前的第一個犯人，過去三十五年來，一批批藏人竭盡所能，越過喜馬拉雅山逃亡出來，隨後都來到了達賴喇嘛面前。他們這樣做是爲了能見到他，向他傾倒腦子裡演練了無數次的心裡話。每個西藏人翻山越嶺到達逃亡終點，總是能夠走過塔爾馬克小徑，來到達蘭薩拉的接見室，將心中縈繞的話語吐露出來。

當我說了大約二十分鐘之後，達賴喇嘛打斷我：「你應當把你的故事寫出來。」他說。當時，我還沒有體會到這個建議的意義，我只是決定要把所受的苦，包括所有我知道在監獄裡死去的人的名字寫下來，然後把它當作文件呈給達賴喇嘛，讓死者至少有一個記錄。至於寫書，卻是我不曾想過的。

西藏有一個爲偉大喇嘛或精神領袖人物作傳的悠久傳統。這類傳記不僅僅是給讀者講述有趣的故事，也蘊含精神上的啓示，被當作人生的指南，這種書的力量是人們所公認的。西藏有個說法：「讀了偉大的戰士格薩爾王[1]的傳記，乞丐都會被感動而拿起劍來，讀了高尚的隱士米拉日巴[2]的傳記，王子也會看破紅塵。」

---

[1] 傳說格薩爾王(King Gesar)於十三世紀統治西藏東部的陵國，是蓮花生大師的轉世。他除暴安民，將有十二個頭的魔王殺死。他的傳奇被寫成據說是全世界最長的史詩，詩長二百多卷。

[2] 米拉日巴(Milarepa)是西藏十一世紀一位傳奇人物，他原先是個巫師，後來自己修煉成爲一位高僧，被推崇爲噶舉派的第二代祖師。

當我聽到要將自己的遭遇寫成書的建議時，覺得很難爲情，也懷疑人們會感興趣。並不是我不願意講自己的故事，相反地，我逃離西藏的主要原因是爲了向世界發出聲音。我在監獄中渡過三十年，經歷見證了無法想像的恐怖，每個獄中人都希望，一旦外面的世界知道他們的苦難，就會趕快來把他們從地獄中解救出去。

在我的那個監獄裡，大家常唱：「有一天太陽會穿過黑雲。」想到太陽會驅趕烏雲，我們就會精神振作活下去。也不只是獄中犯人這樣想，在中共陰影下度日如年的尋常男女也如此。今天年輕一代的人並不知道封建時代的西藏，他們是黨所謂的兒女，可是他們也吶喊自由。

我們有抵抗非正義的集體意志，它就如同火焰一般不能被撲滅。我回顧以往，就能看見人對自由的珍愛，就如雪下暗藏的火苗。

會見了達賴喇嘛數天之後，我站在達賴喇嘛居所對面一座新的寺廟的庭院中。這裡的藏人管這所廟叫大昭寺，跟拉薩最神聖的大昭寺同名。它依山而建，一些信徒們將所搶救出來的文物，穿過喜馬拉雅山偷運出來，現在它們就掛在這裡。

拉薩的大昭寺裡有一座銅製的佛像，是七世紀時嫁給藏王宗喀巴的文成公主帶過來的嫁妝，中國人十分看重這個歷史事件。我記得在監獄裡他們反覆地告訴我們這個故事，並強調文成公主把漢文化帶到西藏，並將西藏跟母國統一。開始我們總是問：「宗喀巴也娶過尼泊爾公主，那麼西藏是否也屬於尼泊爾？」不久這種問題被當局視爲反革命行爲，很可能又被加刑。

達蘭薩拉的寺廟有很多活動，數十個老人手中拿著祈禱的轉輪，圍著神壇誦念著我孩提時代所熟悉的音樂，那是年老的信徒們喃喃念著六個音節的六字眞言：「唵、嘛、呢、叭、咪、吽。」[3]圍繞著廟四周的雲霧逐漸散開，印度平原透過雲層漸漸浮現。藏人流離在外國這種不協調的景緻最終使我領悟，我必須寫下我的故事，這並非是要宣揚我個人的苦痛，而是爲我國家的苦難作見證。這樣我可以顯示，雖然我得到個人的自由，但是我的國家還是被占領著。

放眼望著印度平原的塵霧，心中被巨大的悲哀所籠罩。我清晰地回憶到監獄中的一幕幕，定期的學習班，坦白交待會和獎懲大會等等，它們盤據了我過去三十年的生命。監獄生活的瘡疤在我的心靈上留下痛苦的跡印。

達蘭薩拉的蒼翠山林和雨水跟西藏是如此不同，它變成了我們流亡者的恬息之所。我每天幾乎都能見到幾個獄中難友，他們也經過艱辛的跋涉，來到喜馬拉雅山腳下。他們獲得了自由的喜悅中，交織著對其他人曾經受到的苦難的同情，我們彼此祝賀，慶幸能成爲幸運的倖存者。

我在外國獲得了自由，但是以往的恐怖依然在我腦際中揮

---

[3]藏語Om ma ni pad me bum，漢字音譯爲唵(an)嘛(ma)呢(ni)叭(ba)咪(mi)吽(hong)。是藏傳佛教中最尊崇的一句咒語，西藏人認爲勤於念經是修行悟道最重要的條件。密宗認爲這是秘密蓮花部的根本眞言，即蓮花部觀世音的眞實言教，故稱六字眞言。

之不去。我現在住在一個用小塊鋁片和木頭拼湊起來的小屋中，房間不比單獨監禁的牢房大。雨季的豪雨打在鋁片屋頂上，使我徹夜難眠。潮濕的霉味粘在牆和天花板上，大家都說雨季一過就好了。我旁邊的小屋裡面，住著一些翻越山嶺逃過來的青年們，他們聽著拉薩電臺，快樂地跟著唱流行搖滾樂。人是很奇怪的，他們依戀自己逃離的故鄉，渴望著聽到家鄉的聲音，似乎以此來證明自己還活著。

達蘭薩拉之所以是個特別的地方，並不是因爲它成了我們的新故鄉，主要是它已成爲達賴喇嘛這位仁慈佛主的精神避風港。在監獄，我們都心懷敬畏，肅穆悄聲地念著達蘭薩拉這個名字。初抵達這裡之後，我被分派了一個任務，去跟一批批新來到的難民訪談，並記錄他們的證詞。我簡直不能相信大家的故事竟如此相似，沒有一個人沒受過恐怖和野蠻的待遇。所有的人都具有身體被打傷、家庭破碎和生活肢解了的共同經驗。

穿越雪山逃出來的大部分是青少年，有些七八歲的孩子被父母親送出來，大人希望他們在外國有前途。這些孩子不是出身富有的地主或商人之家，他們是共產黨聲稱解放了的農奴家庭的孩子。

達蘭薩拉具有國際城市的特點，來自日本、美國、以色列和歐洲的人，都擠在那兩條狹窄泥濘的麥克雷德甘吉街道上。我認識了很多從來連名字都沒聽過的國家的人，比如像一個叫愛密麗的年輕英國人和叫法蘭西絲加的荷蘭婦女，她們常來我的小屋談天。通過這類談話，我以前的生活開始清晰地展現，我意識到，自己幸運地存活下來，因此也有責任爲其他受難者作見證。

也許通過我的故事，我也可以講述我的國家和每一個受盡痛苦的西藏人的故事。

第一章

彩虹下

我誕生在彩虹之下。

我的祖母給我講過不知多少回我誕生時的故事。她伸出佝僂的手，在空中比劃著天上那道彩虹，說那拱形的虹從河邊伸展到田野，罩住了整個村莊。接著她告訴我，我的誕生有許多吉兆伴隨。「俄珠，你可能是扎類吾其活佛呢。」這是她最喜歡也最愛講給任何願意聽的人的故事。

好像是這樣的：我出生後不久，離我村有兩天步行路程的扎類吾其寺的高僧所組成的探訪團就來到我家。探訪團宣佈我是一年前逝世的一位高僧喇嘛的轉世童子的候選人之一。許多跡象顯示我的誕生有些異常，當僧人來到之時，平時聚集在大廟屋檐下的烏鴉全都飛往我們家。逝去喇嘛的當家侍從回憶起，喇嘛死前不久，還曾來過我們家主持過一場宗教儀式，他當時說在我家覺得很自在。離開時，他走到我母親跟前，把手放在她頭上說：「我將回到這所屋子來。」

祖母說，我降生的頭幾天，媽媽夢見她左手中拿著一個象徵雷霆的神器，坐在那裡進入沉思的境界。神器象徵佛祖教義的不可摧毀性。所有這些跡象都被認爲是吉兆，通常只有在喇嘛轉世時才會出現。

祖母提到前世喇嘛的財務主管，他拿著兩只玫瑰佛圈在我眼前晃呀晃，我伸出小手抓住其中一只。她老人家很興奮地搖著頭拍著掌接下去說，那位師傅微笑著說，我選中的玫瑰圈恰是逝去喇嘛的。

我祖母身段矮小，有著瘦削的臉。她習慣把小塊的牛油塗在頭上，使得梳得緊緊的頭髮油膩發光，她的臉蛋也總是油亮的。我愛聽她說故事。她告訴我，當所有候選人的名單送到拉薩後，我還是沒有被選中。她認爲這是因爲我家跟有權勢的人沒有「後門」關係。雖然我還很年幼，但已經能從她講到故事高潮時，聲調變得異樣而感覺到她的失望了。

無論如何，我是在各種異象和很高的期望的伴隨下誕生的。我鄉的星占人在測我的八字時，告訴爸爸我將會光宗耀祖，不過他沒說是以怎麼樣的方式，也許鄉下的算命先生總是對有錢的地主說同一套話吧。但爸爸還是挺高興的，他以後還常常提到這次命相。

我的名字是俄珠。藏族父母一般不給孩子起名字，而是讓一位高僧賜名。不知道是哪位喇嘛給我起的名字，很可能是臨近寺廟裡的一位住持。我生於1933年，那年是公水猴年。我們的村子叫帕南，離首都拉薩以西一百二十五里，第二大城日喀則以東四十五里。

帕南是西藏平原上一個普通的小村子，娘曲河流經我們的村莊，河的兩岸聳立著高山，平原上星羅棋布是麥田、豌豆和芥菜園。河流變化多端，有時候水位低，它的波光粼粼，靜靜地流向日喀則，跟西藏最大的雅魯藏布江會合。水淺時，村裡的人就趕著他們的牲口渡河，到對岸去放牧。如果牧人錯過了時辰，沒有及早把牲口趕回來的話，河水一高漲就回不來了。這時他往往得繞道，花上兩三天的時間，直到找到一處淺灘渡河。

春天雪溶化了，微波變成滔天大浪，河川變得危險萬狀，人們十分懼怕，大人警告我別在河邊玩，據說連犛牛那樣大的動物都會被巨浪捲走。我還記得小時候有一次在岸邊奔跑，看一幫人如何把一條漂過來的死犛牛拖上岸。我跟其他孩子們站在一邊，看大人把浮腫的屍身切開，把肉在一塊攤開的布上切成一塊塊，那以後我就對河敬而遠之。但是人們得靠河吃飯，田地要靠它灌溉，離它遠，得不到河水灌溉的地段，就乾枯而荒蕪。那些貧瘠的不毛之地，時時提醒我們對河水的依賴性。我不記得帕南有過下雨的日子，河水能及的地區都是鬱鬱蔥蔥，供給我們足夠的食物。我們從河裡汲水飲用，並且挖鑿許多水渠，引水入田。你整天都可以看到一個人在一窪窪的田裡走來走去，一會兒放水，一會兒截流。

河谷兩端的喜瑪拉雅群山筆直地聳入碧藍的天空，山脈也銜接到一片傾斜展向天際的高原，崖壁從兩邊掩蔽著帕南。春天冰雪溶化的時候，青綠的嫩芽在冰層下面掙扎冒出尖來，村民們都把牲口趕到高原上，這些山羊、綿羊、牛和犛牛在冬季已經在屋子裡悶了三個月了。我家的房子是座泥磚砌的兩層樓，石頭的地基將近三尺厚，爲泥磚提供了很結實的平臺，堆砌起來成爲厚厚的牆。這種簡單的泥磚牆冬暖夏涼。

上面一層住人，下層黑乎乎的，是牲口過冬的地方。我記得小時候，總是由我將牲畜們從冬日的圍欄中驅趕出來。動物們害怕地猶疑著，步履蹣跚，不停地眨眼，外邊的亮光刺得它們頭暈目眩。大家都笑著說，牲口大約是吃了蒸發成酒精的酵母，所以醉得歪歪倒倒。因爲冬天過藏歷新年的時候，每家每戶都會釀製大量的青稞酒，然後把剩餘的糊狀麥渣倒給牲畜吃。當然啦，動物們很快地就習慣了亮光，年長的孩子就吆喝著把它們從小路趕到高地的草原上，放牧人和牲口整個夏天都待在那兒。偶爾放牧人回到村子裡，他趕著的毛驢背上的袋子裡就裝滿了奶酪、牛油和可當燃料燒的牛糞。

帕南依賴農業爲生，牲畜又供給我們珍貴的肉、牛油和奶酪等食品。我家有六百頭綿羊和山羊，按藏族的標準算是富裕的。我父親從政府那兒租賃了大片的土地，然後再轉租給農民。我父親被稱爲稅務官，因爲他直接付稅給拉薩的政府，而向我父親租地的農民們，則付稅給他們的地主或寺廟。父親的納稅事務很複雜，我始終沒有弄明白，他到底應該付多少稅，應該盡怎樣的責任。有件事我還記得很清楚，我家得向藏軍提供五名壯丁，這五個人不必是家庭成員。爸爸從我們的佃戶中挑選了五名，跟他們議定了條件。只要五名壯丁送去服役，政府就滿意了，並不過問其他細節。

我父親是村裡的頭面人物，常被請去爲村民排解糾紛。由於他很公正，佃戶和村民都管他叫巴利大哥，這是一種親切而尊敬的稱呼。有些住在日喀則和拉薩的地主們向村民徵收重稅，父親總是設法爲他們鳴不平。我家姓巴利洛巴，是南巴利的意思。在河谷頂端有另一家也姓巴利羌，即北巴利，我們可能是一族的，但沒有人記得巴利家族是怎麼分成南北兩家的。

十八世紀時，帕南由於西藏的第二號宗教領袖，第七世班禪喇嘛在此誕生而著名。據說六世班禪逝世時，卜算家預言，轉世的將是一位「快樂地坐在陽光懷抱裡」的孩子。藏族地區的喇嘛們都動員起來，去尋找班禪喇嘛的轉世靈童。其中一個探訪團經由神諭的指點，到達帕南。

探訪團到達村裡的第一家屋前，發現一位婦人懷抱著一個新生兒坐在那裡。一問她的名字，是「尼瑪」，即太陽的意思，他們不必繼續尋找了，尼瑪懷裡抱著的就是第七世班禪喇嘛。

班禪喇嘛誕生在我們家隔壁，那是全村最富的大戶。從此那家人被提升爲西藏的貴族，更爲富裕了。村民都管這所房子叫「出生地」，當地的人都非常尊敬這所屋子。當我出生時，全村人都很興奮，他們都說帕南是風水寶地，又有一個喇嘛誕生了。當然，他們的興奮沒有維持太久。

跟其他的藏人一樣，我們家的人也是虔誠的信徒，並且很恭敬地從事宗教侍奉。我們的大房子被挪用作爲大藏經神龕，即藏經閣。這兒藏有一百零一册大藏經。村裡沒有其他人家擁有這麼多藏經的。我不知道家裡怎樣會擁有這些價值連城、有幾百年歷史的經書。神龕在屋子的頂層，裡面還有許多佛像、觀音、唐卡畫和宗教旌旗，其中有些也都有幾百年的歷史。屋頂上有一個銅製的勝利傘，任何一戶家庭，如果擁有完整一套的大藏經，就可以獲得這樣一個榮譽的標誌。村裡人家如要在家作佛事，就會來向我們借一部經書。

村子裡每年都有一次重要的宗教盛典。七月裡，當農作物開始成熟，不需要照料時，大夥兒可以放鬆地慶祝，祈禱有個豐收之季。這也是向地方神靈敬拜、請它們保佑五穀豐收，消災消難。村裡的慶典叫做「繞佛轉」。

地方寺廟的僧人會到我家來把每一卷經都用黃色的布包起來，高舉過頭。圍在外面的家人和村民都爭著來背經書，當這一百零一部大藏經安穩地一人一部被扛在人們背上時，僧侶們就開始列隊步行，身後跟著這一溜背書人和村民。長長的隊伍會走遍全村的每個旮旯的角落。

最後列隊將停在「神地」，惡神住在這裡，我們的平安靠它，據說如果不定期安撫它，它會降禍我村，所以得向它祭祀。雖然農作物都長得很好，但是還是要得到神明的保佑才行，不然一場意外的冰雹會降臨並摧毀一切收成。藏民畏懼冰雹跟別處人畏懼乾旱一樣，有些人家供著一個「伏冰雹神」，據說它有神奇的力量，家裡有人生病，我們就拜神。

神地是由許多大石頭堆纍在一起，周圍凌亂地拉起來幾道繩子，上面紮滿了祈願者的各色小旗子，亂石中間還藏有一些動物的角。彩色旗的顏色有五種象徵：黃色代表土地，紅色代表火焰，藍色代表天空，白色代表雲彩，綠色代表流水。

每個家庭每年都要在這裡綁一面新的祈願旗，我從來不敢一個人到這個地方來。此處的霉味兒和成堆腐爛的旗子營造了一種陰森的氛圍，令我顫抖，每個人都怕神的。「繞佛轉」儀式象徵鄉人對神的忠誠，也是爲村子劃定邊界的意思。作完了這個儀式，村民就心安，覺得將受到保佑。

當隊伍在全村繞了一遭後，就來到近河的一片草地上憩息。家家都在河邊搭起帳篷，接連幾天的歌舞活動就開始了。年紀大的人都愛賭博，而年輕人很喜歡射箭比賽，這是休息和享受夏天的時節。

再過兩三個月就是收穫的季節了，每家佃戶都送來一名男丁，來幫父親收割我們地裡的糧食，這是村人最忙碌的季節，各種雜事讓人不能偷懶。

作物收割完畢，打穀的工作接踵而來，穀子堆成一座座尖塔，婦女們就開始篩穀脫粒。當村人都在農忙之時，爸爸就請來十位僧侶，他們在我們院裡高聲地把閣樓上的大藏經一卷卷地吟誦，通常需要五至十天左右，才能念完全部的經。記得爸爸說，我家幾百年來都維持了這種年年念經的儀式，因此我們家也托祖上的蔭庇，總是幸運興旺。

我並不覺得幸運之神關照了我，我出生不久，母親就去世了，把三個女兒和兩個兒子都撂給了父親。我不知母親是怎樣去世的，祖母有次說，媽媽一直很健康，我誕生之後，她也恢復很快。突然一天夜裡生病了，從此就一病不起。西藏人都相信，福星光臨一個家庭，災禍也會隨之而來。這也許有道理，我幸運地被認爲是個高僧的轉世，我的母親因此被禍星盯上。

我不知道母親的名字，但大家都叫她阿瑪拉[4]（大娘的意

---

[4]藏文名字後加一個la，表示尊敬。本書凡男性名後出現la，皆爲譯爲先生、師傅或大師。

思），她死時才四十歲。我對她沒有記憶，也不曾擁有過她的照片。舊時西藏沒有照相術，也不興爲活人作畫。我唯一見過的照片是十三世喇嘛的，它掛在我家的神壇上方。有一次姨媽把它取下來，放在我的頭上，我很想仔細瞧瞧，摸一下它的質地，但是它太珍貴了，姨媽很迅速地把它放回了原位。這張照片是一個尼泊爾商人捎帶過來的，全村只有兩戶人家能買得起。我想我母親從來沒照過相，有次我問一個親戚媽媽的樣子，他僅僅說「她是個好女人」。父親從不跟我們提到母親，我想他很傷痛，所以也從不問他。爸爸十四歲就跟比他小一歲的媽媽結婚，就像當時西藏的習俗，他們的婚姻自然是雙方家庭的安排。

我的姐姐們都還年幼，不可能照顧我，所以我被送到姑母家去。她的名字是桑姆，住在離帕南有六小時路程的加措夏爾，她是許多年前嫁到那兒去的。姑媽家姓南姆嶺，一家大小有二十多口人。

當時姑媽也近四十了，她有兩個兒子，我叫他們哥哥。他們都很大了，一個已經十六歲，該快結婚了。姑媽非常能幹，是一家之主，她身上那件藏服的衣襟口袋裡，放了一大把鑰匙，可以開啓每個儲藏室，僕人們需要什麼用品時，先得向她開口。姑媽的臉盤又大又圓，耳朵上戴著紅珊瑚耳環，她的頭髮很長，編成辮子盤在頭上。把我送給姑媽帶的另一個原因是，她早幾個月也生了一個女娃，名叫旺姆，因此她可以同時奶兩個嬰兒。

加措夏爾跟帕南沒有太大區別，房屋都一樣。就像娘曲河谷其它的居民一樣，這裡的村民也都是農民，人人都在地裡工作，生活都圍著農事打轉。幾世紀以來，人們的技術不斷改善，不過還是沒有機器，一切都靠手工。今天我回顧過去，覺得奇怪，那時候我們竟然不用輪子，雪山國對這種大發明竟然沒有應用過。

姑母家也是向政府交稅的納稅戶，據說他們擁有的土地上長出的糧食如此之多，堆積起來可以把雅魯藏布江斷流。我從小把姑媽當作親媽，我叫她阿瑪拉——娘，她的房子就是我的家。後來在監獄裡，每次審問到名字、年齡和父母名字時，我都得先想想，才能給出正確的答覆。姑媽待我如子，有時候她用雙臂摟著我，悄聲說：「沒娘的孩子。」

姑媽一家上下對我都慷慨而疼愛，我從來沒有一次感覺到是在別人家中，或這裡不是我自己的家。有次我聽到別人說，「這孩子他爸」，我以爲他們是說被我喊作爸爸的姑父。當我聽到「這孩子的爸爸要來了」及「這孩子的家」時，感到很迷糊，我明明住在自己家裡呀。我意識到有些不尋常的事情將要來臨。

我在加措夏爾很快樂，童年生活簡單，我的天地就是家庭和村子。男孩子自己去玩，女孩子則跟在母親身邊幫忙，觀察並學習母親的各種手藝。父母到田間工作時，我們也跟了去，有模有樣地學著作，這就是我們受的教育。我幫著搬運遞送東西、除草、在田間走動、打開關閉灌溉的水渠的閘。

小時候我最喜歡聽故事，有一個伯伯在當地最大的塔什倫布寺出家，他常來姑母家過冬，他很會跟孩子們玩，常把我們召到一起聽他說故事。他用洪亮的聲音講述混沌初開，大地全被水所覆蓋，後來水慢慢蒸發，形成陸地和高山。佛祖變成一隻猴子，他的配偶渡母現形爲女妖，猴子跟女妖的結合，生下了第一個人類。他們的六個孩子代表世界上的六種典型：神、半神、人類、鬼怪、動物和魔，他們繼續繁殖，我們西藏人就是這樣產生的。

有些故事很嚇人，他給我們描述另外的世界和地獄的情況，在那兒人被活活地下油鍋或受到飢餓的煎熬。伯伯還說，人死了以後，他的善行和劣跡變成黑白二色的小石子，白的是善，黑的是惡，都被放在一個天平上來衡量。如果秤鉈向黑的那方傾斜，就得下地獄，朝白的方向，那就可以上天堂。他把臉湊到小孩們的跟前說，「你要不想下地獄，那就別攢積黑石子。」

伯伯在村裡很受人尊敬，大家都來向他請求指點迷津。有一回，他帶我到日喀則的扎什倫布寺去，要說這是一種了不得的宗教經驗，不如說這讓我對於寺裡的生活有了親切的體會更妥當，我察覺到村子以外和大山背後的天地如此廣闊。伯伯和一個從拉達克來的和尙共居一室，那人給了我一塊他從印度帶來的魚兒形狀的太妃糖。那天晚上我生平第一次看到了火把，聽說也是從印度來的，我當時想，印度眞是個美妙的地方，有這麼多神奇的東西。西藏人對印度的崇敬，就如同基督教對於耶路撒冷的虔誠一樣。但是我對於佛祖曾在「帕格帕國」——極樂園生活，覺得奇怪。帕格帕在藏文裡的同音詞是豬玀的意思，我不明白，爲什麼印度被稱爲豬玀國，因爲那兒有成群的豬在叢林裡亂竄嗎？當我問伯伯印度爲什麼叫作豬玀國時，他和其他的僧侶們都捧腹大笑。伯伯說，是我該學習讀和寫的時候了。

我對於外面世界的知識都來自於伯伯的故事，印度是世界上最神聖的地方，任何其他地方都是很可怕的，按他的說法，其他地方都住著沒有文化沒有善心的人們。他的說法滿足了我的好奇心，據他說，一個人能夠出生在雪山之國是修來的福，我絲毫也不懷疑這一點。

我想伯伯講的關於西藏和藏人來源的故事，奠定了我對西藏人和中國人是截然不同的民族的信念。當中國人湧進西藏並聲稱西藏始終是中國的一部分時，藏人不能理解，因爲我們有不同的歷史觀。共產黨將這類口傳故事視爲荒誕不經，但對我們藏人而言，這些強有力的故事具有重要的意義。

我的表姐旺姆是我在村裡最親密的玩伴，姑媽說我倆「難分難解」。雖然沒有玩具，但凡手所能接觸到的東西，我們都能變著法兒玩，樹枝成了矛，泥地是戰場，我們進行想像中的戰爭。通常男孩子總是玩他們自己的，但我老把旺姆拖到我們一塊兒，她挺厲害，村裡任何一個男孩都別想欺負她。

我們五六歲時，旺姆病了。姑媽盡其所能，把喇嘛請到家裡來作法，驅趕致病的妖魔。一天清晨，我看到姑媽在廚房裡哭泣，立刻明白可怕的事發生了。後來幾天姑媽一直守在旺姆的床邊，我一點也安慰不了她。

大人都裝著若無其事的樣子，我猜他們認爲提到旺姆會使我難過，避免這個話題，傷痛會很快過去。有時我想，西藏人往往以爲避開不愉快的題目，痛苦就會自動消逝。直到今天，我一想到姑媽和旺姆，還會流淚。跟旺姆在一起無憂無慮，是我一生最快樂的日子，我們常在泥漿裡混，捏泥人兒玩，回家時倆兒都成了泥人，姑母對我們尖叫，並讓僕人來打理我們。

旺姆死後不久，我就見到本家人了，祖母和哥哥姐姐們都來吊唁，慰問姑媽，他們一到，大家都哭成一團。父親送來一批新衣和一雙印度製的皮鞋。那天姑媽把我叫到裡面的屋子，先拍除我身上的塵土，然後把我帶進家裡的誦經房。一個男人坐在一個高的位子上，正啜著茶，他的一雙大眼灼灼逼人，耳朵上掛著的綠寶石耳環直墜到肩。

姑媽推搡我向前，說「見見你爹」。跟每個見到生人的孩子一樣，我害羞又緊張，心裡卻也有點興奮，想總會得到一樣禮物吧。我向父親走去，他從口袋裡掏出一塊白水晶，我把雙手伸出，他將白水晶放入我的手中。爸爸開始說話了，我卻只管盯著手中的這件禮物，這是我們稱爲「甜玻璃」的冰糖。我每天揣在口袋裡，有時拿出來舔一舔。

雖然我跟父親長久分開，但是父子之間仍有一種天然的親情。有一天，一個比我大的男孩嘲笑我爸爸，說他身上穿著件土色的藏袍，看上去像大便，我繞著屋子追他，狠狠地捶他的背。

每次爸爸來探姑媽時，我都被召喚到他跟前，我們的談話很簡單。他問：「你乖不乖？」我點頭。「好好聽姑媽的話。」他就把太妃糖和肉乾塞到我的口袋中。我經常向其他孩子炫耀得到的禮物，也知道他們嫉妒得要死。他們羨慕我，因爲我爸爸有那麼點兒神秘，又似乎是重要的人物，每次他來，家裡總是大方地招待他，讓他睡在全家最好的房間裡。

姑媽始終沒有忘懷旺姆的死，她拚命地工作，夏天她下田，冬天她沒日沒夜地紡織羊毛，另外她還料理家裡內外的雜事。她更加地疼愛我了。

有一天爸爸來了，我知道他計劃著要帶我回家，我看見姑媽在哭泣。那年我九歲，父親認爲是我返回帕南的時候了。

那是個夏天的淸晨，姑媽把我叫醒，端給我一杯茶和一碗甜的紅薯飯。這只中式的瓷碗是從家裡神壇上取下來的，上面有兩隻蟠龍。吃紅薯飯是要討個吉利。姑媽交給我一條哈達，她讓我把它放在我床上的毛毯上，她說，這表示我有一天還會回到這座房子來。我杯子裡的茶滿滿的，這也表示我很快會重返這兒。她指著一疊新衣裳囑我穿上，這是她特地準備的，我穿上衣服後，她替我四面拉平。

終於要離開這裡了，我心中很悲傷，看得出姑媽也很傷心。我是吃她的奶，在她跟前長大的，她待我如子，而自己的女兒又死了。她看著我穿上新衣，又幫我整理上衣，繫緊兩頭。

全家都聚在院子裡，一切都準備妥當了。六七匹小馬都上了鞍，兩邊掛著木頭盒子，我看著爸爸指揮若定。家裡人一個個走來，每人給我掛上一條哈達，不久我整個人都被哈達遮住了。姑媽是最後一個，她走向我，手裡拿著一條不知有多麼細的絲織哈達掛上我的頸項。她擁抱我時，臉上的淚水沾濕了我的臉龐，雖然我在數不淸的哈達之下，幾乎不能動彈，我還是掙扎著去抱姑媽，並且放聲大哭起來。鄰居們都聞聲趕到，過來圍觀，有些人仍然往我頭上掛哈達。

有人說道：「俄珠好像新娘子出嫁哩。」我擦乾眼淚，平靜下來，接著被抱上小馬。村裡的孩子們開始唱：「新娘子，新娘子，」我恨不得馬兒立即把我拉得遠遠的。祖母和爸爸打頭，馬隊啓動後，漸行漸遠，喊叫聲消逝了。我脖子上的哈達像旗子一般隨風起舞，姑媽騎著驢伴隨我們走出村子，走了一段距離後，她趕上來把我脖上的哈達都取了下來。

父親有時候轉過頭來看我，我盡量避免跟他的眼光相遇。到了家，這裡的家人和鄰居都在等候著。我被抱下馬，有個人又上來給我掛上一條哈達。姑媽在這裡住了幾個星期，才返回加措夏爾，她是哭著走的。

在帕南我開始了成年人的生活。那時候，一個藏族孩子成長很快。我父親和哥哥都在十四歲時就負擔起家庭的責任了。在新家我沒什麼事可作，哥哥和姐姐們掌管了家中一應瑣事。我感到生活很單調，也盡量躲開父親，他似乎年紀越大越莊重威嚴了。我記得他以低沉的調子喃喃誦經，這更讓人難以跟他親近了。

我現在回想當時父親對我的愛，是混雜著對一個失去了母親的孩子的悲哀。他躲開我，因爲我讓他回憶起母親，也可能他感到無力照顧我。他從不談論母親，連她的名字都不曾提過，他沒有忘記她，而是不能面對她已經不在的事實。

母親去世之後的一年，父親再婚了。我回到帕南的時候，繼母已經有兩個孩子，其中一個已到當地的嘎東寺當和尚了。

繼母很善良親切，不像父親那樣難以親近，也不是那種典型的後娘，她總是慈愛地擁抱我。父親死後，哥哥變成一家之主，他搬來跟繼母一塊兒住了。她還很年輕，我們家的人認爲如果迎進來一個新娘子，會引起爭吵不和。在西藏，人們爲了保護家產不分散，幾個兄弟共有一個妻子是很平常的。我們家則是哥哥娶了繼母，她還年輕，可以爲他生養孩子。

搬回帕南給我最大的補償，是鄰近有個嘎東寺，離我家只有不到一小時的路程，父親的兩個哥哥都在寺裡出家，有時候大人帶我去，有時候我感到無聊時，也會自己前往。祖母注意到我經常在那兒流連忘返，就跟我講我誕生時的事，並且建議我也出家，我聽了很歡喜。在村子裡我十分孤獨，但在寺廟裡我有很多伴兒，連大人都肯花時間在我身上。

第二章

出家

沒過多久，祖母就開始爲我的前途擔憂了。父親還是把我當作孩子，沒有考慮我以後的出路。但祖母老纏著他，說要「爲俄珠的未來鋪路」。

在西藏，即使出生在富裕家庭的鄉下男孩子，也都沒有多少選擇的機會。他可以經營家中的產業，或者到廟裡出家。長子往往繼承農莊和負擔起家裡一切的責任，我哥哥十四歲時，就已經挑起了莊園裡大部分的責任了。他長得漂亮又有自信，到處巡視，分派工作，雇用勞工，排解佃戶的抱怨，把一切事情處理得十分妥貼。我有時候陪著他出去，發覺村人對這個模範長子尊敬而佩服。

祖母非常虔誠，她希望我成爲一個僧人。藏歷每月的初八、十五和三十，她都要到寺裡去朝拜一整天。她總是早早起床，穿上整潔的衣服，並帶上一大塊犛牛油和一罐印度產的向日葵油，這可是最上等而珍貴的東西。我開始跟著她跑寺廟了，雖然她已經七十多歲，身體卻很強壯，能一口氣爬上陡峭的山上，然後她就慢慢地從一個房間的神龕渡到另一個房間的神龕，並爲油燈添上一些犛牛油或葵花油。她也會佇立在每個神像的前面，雙手合十，喃喃地念一些禱詞，然後往前用額頭抵觸神像的座子。

中午時分，她去看望她的兩個兒子，我的伯伯們會準備好糌粑午飯，或烤香的大麥及肉乾。祖母午睡的時候，我就跟小和尚們玩耍，我很羨慕他們能學習閱讀和寫字。午睡過後，祖母到正中的大殿去作最後的朝拜，她走到主神壇前，然後把她皺巴巴、像小鳥爪子一般的手伸到面孔前，緩慢地、一板一眼地口中念念有詞。我問她祈求什麼？她說她祈願菩薩保佑眾生，人人都沒病痛。她常說，身體健康是錢也買不到的寶貝，窮人富人都一樣難逃疾病的災難。

現在回想祖母的祈願很能反映西藏的實際情況，雖然有些地方有藏醫，但是帕南是缺醫的，要走一兩天的路程到日喀則或江孜，才看得上大夫。家裡有人病了，大家都束手無策，我們都靠神靈來治病，有時候人們也奇蹟般地不藥而癒。

村子和寺廟之間有一大片田野，田野的盡頭銜接著陡峭的山，廟就盤踞在山上，威嚴地俯覽著整個山谷，望過去可以看到娘曲河蜿蜒地流向日喀則。晴朗的時候，從我家的屋子可以看到寺廟灰白的牆在陽光下閃閃發光。這座寺廟已經有九百年的歷史，它是十一世紀時印度高僧卡切釋迦希利到西藏傳佛音時所建造的。

這座廟的名字一直有爭議。一般人都相信嘎東是我們村子座落在它腳下的那座山的名字。這座山叫「嘎」，是「馬鞍」的意思，「東」是前面的意思，嘎東寺也就是「馬鞍山前」。

也有學者說這座寺名叫「無憂樹」，有那麼個說法：寺廟建造好了不久，佛教在西藏開始衰落，本土的「苯教」復興。很長時間內，許多寺院都無法承傳佛教的教義，只有帕南這座寺廟內的和尚們繼續嚴守佛教的規章，後來他們甚至周遊西藏，傳授復興了佛教的教義，因此這所寺廟被稱作「無憂樹」。

這座廟裡曾經一度擁有兩百名僧人，就記憶能及，我們家族裡總有人到嘎東寺當和尚。附近村莊的每戶人家中都有一個男人在寺裡。嘎東寺把各個村莊都凝聚到一塊兒，它是我們大家共同的寺廟。

爸爸把我叫到他頂樓上的小房間去，他每天大部分的時間都待在裡面閱讀經文。泥爐上燒著一壺茶，和尚伯伯也在，祖母隨即也進來了。爸爸舉杯，吹開浮在表面的茶葉，啜了一口，轉身向我說：「孩子，你伯伯和我認爲你應該進廟去。」他看著祖母，好像希望她能代他接下話頭，其實我一聽他的話，就已經點頭答應了。

我老早就想出家，只是不知道該怎麼去做。我不願主動向爸爸提出這個要求，怕他會覺得我在家中不快樂。祖母又開始重覆我誕生時的故事，好像大家都還沒聽過似的，可是這次她提出了重要的一點：我應當到扎類吾其寺去，因爲那兒的住持說，如果我有一天眞要出家，他要我去那兒，祖母仍然相信我是扎類吾其喇嘛的轉世。我若去拉薩，會感到失落，因爲我們在那兒沒什麼關係。不過爸爸否決了祖母的建議，堅持我應該去嘎東寺。他看著伯伯說，我們家幾百年來都跟嘎東寺有聯繫，現在不應中斷這個傳統，伯伯點頭，爸爸不再對此事繼續討論。

如果讓我選擇，我寧願去日喀則的扎什倫布寺，它是西藏最大的寺廟之一，這裡是僅次於達賴喇嘛的班禪喇嘛之廟，我們這一帶的人對班禪特別崇敬。我曾經跟隨姑媽到過扎什倫布寺，我們有很多親戚在那裡，它對我有特別的吸引力。並不是我不喜歡嘎東寺，這是個宏偉的寺廟，對我好像自己家一樣親切，但我認爲這不是學習的最佳地方。嘎東古老而負盛名，但在1943年它僅是一個能滿足鄉下人們精神需求的簡單寺廟。不過，對這一切，我反正沒有自主權。

就這麼決定了，我將到「我們的寺廟」去，家族跟寺院幾百年的聯繫可不能中斷。伯伯很急於我到嘎東，因爲他已經很老了，只有很少的徒弟，他承襲了一間很大的僧舍，這是我家幾代人所傳下來的。這個伯伯比日喀則的那個伯伯要嚴肅得多，他把我當大人一樣，跟我講述家裡一些重要的事情，我們現在是師生關係了。

我祖母爲我準備了幾套和尙的衣物，一套夏衣，一套冬衣，第三套是儀式上穿的禮服。裁縫每過幾天就送一些東西到家裡來，這些新衣裳都整齊地放在神龕那間屋裡。祖母有時候把我叫過去，拿著衣服在我身上比。在我將離家正式入寺前的兩天，姑媽來看我了。她騎著馬來，到了我家，一看到我就逕自伸開雙臂擁抱我。我把眼淚壓下去，暗暗希望她是來接我走的。看到她，我就想起旺姆和我在加措夏爾的日子，我相信她也是這樣。她久久地擁抱我，然後摻著我的手走進屋去。

姑媽爲我拉拉身上的衣服，並且開始檢查我的一應用品，祖母很高興她能接手此事。所有的東西都被裝進兩個木製的大盒子裡，上面覆蓋著犛牛皮。兩匹壯實的馬載負著木盒子，把他們運到伯伯的僧舍去。姑媽的出現使我感到離家搬入寺廟有些不自在，她在我們家的屋子裡走來走去，喚起了無數的回憶。她的舉動有些異常，她也不再拿我當長不大的孩子看待了。

其實我並不明白出家是怎麼回事，我很熟悉寺廟並且認識裡面每一個僧侶。我們家很有聲望，許多僧人把我父親當成施主，因爲他對那個寺廟非常慷慨。我這次進廟當和尙，父親就送了大批的糧食和牛油，算是很厚的禮物。

我還記得很淸楚，那天一大早姑媽把我叫醒，給我端來一杯奶茶，祖母隨著遞給我一碗紅薯飯。她們幫我穿上那件講究的羊毛藏袍，繼母忙著給每個人沖茶。伯伯也來了，父親已經跟他打了招呼，要他關照我。

按照規矩，我將住進寺廟裡伯伯的僧舍小院，他將成爲我的監護人，帶領我跨進出家人的生活。他的名字是洛桑旺波，不過每個人都叫他旺波先生。他那時五十多歲，卻自以爲很老了，他跟爸爸長得很像，舉止也一模一樣，但伯伯的光頭和袈裟讓人很容易分別他兄弟倆。他對孩子嚴厲是出了名的，不過對我，他總是寬厚仁慈，從不責罵我。

1943那年是公水馬年，我開始住進廟裡。鄰居們都來送哈達，父親和繼母把它們都掛在我的脖子上。繼母哭了，她把一些烤過了的麥子塞到我的口袋裡，她說口袋空空離開家是壞兆頭。

我被放上馬背，向寺院走去。漸漸地，屋子周圍的嘈雜都遠離了，我沒有回頭，耳朵裡只有馬蹄踏在柔軟的土地上的聲音，伯伯一馬當先，不時回頭望望跟隨的人馬。

在旺波先生的僧舍有很多親戚在等候。我同父異母的弟弟比我小兩歲，去年也在此出家，他跟隨另一個伯伯。旺波先生給我介紹寺院裡的情況，走了一遭。到了他的僧舍，我們像檢查員一樣，每個旮旯角落都察看了。有四間房間和一個廚房，櫥櫃裡放滿了瓷器、木碗和佛事用品。從兩個房間望出去，可以俯覽帕南河谷和娘曲的蜿蜒曲線，我甚至能看到父親在帕南村的屋子，人們走進走出，繼母在院子裡忙來忙去的小小身影都能依稀看見。從他們走路的樣子，我就能分辨出那是家人還是鄰居。

我伯伯成了我的師傅，我叫他先生，他現在負責我的生活起居。那天下午，一個和尚來給我剃了光頭，只在頭頂上留了一小束髮卷。次日，我正式地變成了一個小比丘。

伯伯每天很早把我叫醒，他教我怎樣穿著羊毛袈裟，這傢伙這麼重，我簡直走都走不動。伯伯教我穿袈裟的規矩，衣裳的下半部不可以有折疊，因爲那是虛榮浮誇的表現，上半部的圍披不該蓋住頭臉，否則就是傲慢的態度。穿著袈裟是很有學問的，我注意到今天許多和尚都不遵守這些規矩。

我們進入誦經堂的主殿，我尾隨在伯伯身後穿過側道，所有僧侶們的眼光都焦距在我身上。住持坐在一個高的位子上，他叫更桑多頂，不過大家都叫他堪仁波切[5]或上師。大約四十

[5]Ken Rinpoche，堪是博的意思，也是一種佛教的學位。仁波切是活佛，上師之意。

歲的上師總是笑嘻嘻地，他曾在拉薩最大的色拉寺進修，在那兒他受到很高的尊重。

在儀式的過程中，上師緩慢地伸出他的手，以不同的姿勢從面前的壇臺上拿起一個鈴鐺或象徵雷霆的法器。他的聲音深沉悠揚，超越了其他僧侶的和聲，他的身軀隨著吟唱輕輕地搖晃，好似一片麥田在微風中搖曳。

誦經的聲音停止後，我已站在堪仁波切的面前，他伸手摸摸我的面頰。一個小比丘遞給他一把放在盤中的剪刀，他用一隻手抓住我頭頂殘留的那束頭髮，舉起剪刀，咔嚓一下，把最後那縷青絲也剪下來了。

「你喜歡學佛法嗎？」他問。

「我喜歡。」我回答。

我得到一個法名——班旦加措，這個名字我一直使用到今天。這次受戒的儀式標誌著我跟世俗世界的一切都了斷了，雖然還沒有進行任何的宗教宣誓，但從此以後，我的言行舉止都得像個出家人，心中萬般皆空，只有佛。

一年之後我才正式皈依佛門。四條基本的教規是：不殺生，不偷竊，不說謊，守獨身。教規分列在十條規則之中，這樣便於理解。我們周遭的萬物眾生多元而複雜，要做到絕不殺生，比如，不踏死腳下的蟲蟻，是不可能的。由於踩死螞蟻也算殺生，因而佛家對殺生有不同程度的區分。一個出家人或皈依佛門的僧人在殺死一個人或故意殺害一個動物的生命時，才算破戒。出家人應該迴避金銀寶物，不可以飲酒跳舞，不可以觀看驚險刺激的表演，這些事務都屬於世俗社會，會讓青年人心生雜念不好好學習。

有段時間，他們允許我在寺院裡到處遊蕩，觀察各種不同的活動。很多小和尚比我小，按習俗，一個過了七歲的男孩就可以當比丘，據說一個孩子只要大到能追趕一隻烏鴉時，他就可以當和尚了。

在寺院的第一年就像是上學一樣，學習閱讀和寫字，老師寫在一塊硬木板上的文字我得辨認，這叫作「乾寫」，用一支竹筆模擬著老師的筆畫和花體，但是不能把筆沾上墨水。依樣畫葫蘆一周之後，我升級到「濕寫」，雖然我還是模仿老師的字體，但是已經可以把他們畫在一塊撒上薄薄碳灰的木板上了。這個階段持續了好幾個月，一年之後我終於被允許在紙上寫字了，這種經驗哪怕是對年長的僧人也是很難得的，因爲製造紙張是很繁複又昂貴的程序，紙張是不能隨便浪費的。

學習閱讀也是一場艱苦的奮鬥，每一座寺廟都有本寺的一套儀禮佛經，所有的僧侶必須於每天清晨念誦一遍。另外一個伯伯曲頂先生教我經文，每天得背誦頭一天學習過的段落，如果背錯了，就得把左手高高舉起，讓老師的藤條抽下來。曲頂先生有好幾條皮鞭，都掛在柱子上。他常說：「只要用功學習，鞭子就無用武之地了。」不過他更常使用藤條打人，他警告我：「在背誦的時候，時時要想到藤條。」

出家人的日子是艱苦的，好在年輕僧侶之間的友愛和伯伯兼老師的旺波先生對我盡心照料，使我的日子稍微好過些。不久我就全神灌注地學習，有時候也做一些簡單的雜務，如擦燈或挑水之類。

清晨四點鐘，大家都起床了，到太陽升起的時分，自習的早課都必須結束。我每天早上花兩到三小時來背誦經文，伯伯告訴我，早上是最好的學習時光，因爲腦子最清明。太陽升起時，海螺號吹響了，把院內的僧侶都集中起來作早課。有幾位年紀大的資深和尙，包括我伯伯，不必參加早課，這是他們享有的特權。

所有的僧侶們排著隊站在大殿門口，低音長號吹響了，大家魚貫進入殿內，長老們先就坐。年輕的僧人開始背誦一段贊誦噶魯巴教派開山祖宗喀巴的經文，嘎東寺是屬於這個教派的。之後可以坐下來，我們祝願達賴喇嘛長壽，祈禱世界免於飢餓和瘟疫、人類能和平地生活。在早課期間，供應兩杯茶，每個僧侶的一項義務是服侍衆人茶水，他必須從百米以外的廚房中，將茶水盛在一只巨大的黃銅壺中提過來，這只壺有時比他人還大。

我從來不必爲衆人侍茶，出身於富有家庭，家中又作了豐厚奉獻的僧侶可以免除一些重活兒。不過我還是得從事掃地、擦窗、點燃那成百的油燈這類活兒。在節慶時，我們要點幾千個燈，之後還得打點擦亮它們。而我伯伯總給我派任務，使我團團轉。

我大部分的時間都花在學習上。一個僧侶在寺院裡有三種學習的選擇，有天賦的人可以專攻佛教研究。第二類的注重學習宗教儀禮，在不同的節日祭典中，他們專司禮儀侍奉，並且學習在沙上建構佛的極樂世界圖案，圖案上顯示出不同的神祇。第三類人不喜歡走研究的方向，又覺得儀禮事務繁瑣，就可以選擇料理寺院的財經工作。他們變成寺院的經紀人，主管向佃戶收租或追討債務，其中有些人打理寺院的一些商務活動。

我十二三歲時，有一天回到伯伯的僧舍吃午飯，他把我叫進屋去，我立刻覺得是自己做錯了事。進去後，伯伯叫我坐下，拿茶給我喝。他指著一堆茶葉、奶油、糌粑和衣服說，是姑媽家送來的。然後他壓低了嗓子告訴我，姑媽逝世了，我一聽，全身顫抖，一切往事都到眼前。她總是替我拉平衣裳，她是我世上最愛的一個人，跟她在一起時，我多麼愜意自在。現在我大了，什麼事都要自己挑起來，甚至當其他僧侶做事打雜時，我還得監督照管他們。

我全心投入學習，把寺院以外的世界都忘記了。我發覺到那些不識字和懶惰的僧侶都只能擔當低下的職務，內心就激發出力量，驅動我努力向上，不斷地背誦更多經文。雖然有些人背經是很輕鬆的，於我而言卻很艱難。每當一名學生背下一篇經文時，他的師傅就向上師報告，准許那名學生在全體僧侶前背誦一遍。這是蠻可怕的經驗，當日課完畢之後，這名年輕的僧人就站在大殿中央，面對衆僧，開始背誦經文。我也有過好幾次的經驗，還記得當時大殿的肅穆寂靜，僅有人們輕啜茶水的聲音。要想通過考試，就得背誦下全部的跟禮儀有關的經文。如果一個學生在衆人面前一時忘了而停頓，不僅丟失他個人的面子，也羞辱了他的師傅。我非常幸運地過了一道道關口。

由於日日的背誦，僧侶們終其一生都不會忘記。但是我的經驗不同，長期被關在監獄中，使我把許多在嘎東寺學過的經文都忘掉了。

一名和尚學會了全部基本的祈禱經文之後，可以進一步深造，繼續跟著自己的經文師傅單獨學或跟三四名學生一道都行，不然也可以拜另外一位有學識的學者，專門授業。嘎東是個小的鄉村寺廟，在經文研究方面沒有什麼聲譽。上師開辦了一個因明學研究班，從拉薩請來一位喇嘛，到嘎東來花幾個星期的時間指導班裡的學生。

格西仁曾[6]是拉薩附近哲蚌寺內有名的高僧，曾經教過我們的上師，我開始上他的課。他的外表和舉止刻劃出樸素和苦修的痕跡，他的聲音很輕柔，有時幾乎聽不見，他說的是拉薩方言，不過還是能讓人覺察到有一絲外國口音。格西出生於印度喜瑪伽邦的克那吾爾，十六歲上到哲蚌寺來修煉，我們稱呼他爲先生。整整四個月，他每天給我們講解複雜的佛教因明學哲理，他說，如果眞要好好學習，應該到拉薩最大的三個寺廟之一去進修。他將嘎東比喻爲一口井，裡面有水，但是誰想游泳，就應該到大海裡去。

直到十八歲我還不知道村莊以外的世界是什麼樣子，我們對中國曾發生的內戰印象模糊，我不記得曾經跟別人談過任何外界的事。對我們鄉間的人而言，外邊的世界彩色繽紛，充滿了新鮮神奇的機器，連拉薩都似乎極爲遙遠，我們對西藏的政治情況毫不知情。後來在監獄裡，中國人給我們看中日戰爭和

[6]Geshe Rigzin格西仁曾，geshe是佛學的學位，相當於教授。

第二次世界大戰的影片。在帕南，只有四季的變化讓人們知道時間的流逝，對其他的事全都聞所未聞。

寧靜的生活到1950年的10月就被打破了，我們聽到消息，中國將進攻西藏，而達賴喇嘛已經從拉薩逃亡到印度了。有一天早晨，有幾個僧侶說他們有一個感覺，不久將要發生地震。過了一段時間，我們果然聽說在康區和山南地區確實發生了地震，大家都認爲這是一個很壞的兆頭，達賴喇嘛逃離了不久就發生地震，我們的擔憂證實了。

我記得那個時候，我們急急忙忙舉行了一系列的宗教儀式，向保護神祈禱，請求祂們保護達賴喇嘛和我們雪山之國的安全。過了幾個月，聽說中國人已經渡過了金沙江，這是西藏和中國邊界的一條河，中文也叫長江。冬天來的時候，我們村裡有幾個人從昌都返回來，從他們那裡聽到勢力薄弱的藏軍在康區跟中國作戰的第一手資料。

有兩個人來看我伯伯，其中一個人把頭伸進僧舍的門，並把舌頭伸出來向我們打招呼，問這是不是旺波先生的住所。我請他們進來，同時馬上認出來這兩個人是我爸爸的佃戶，一個叫玉傑，另一個人叫多布傑。

「我們剛剛從昌都來。」他們說。

我把伯伯找來，不久僧舍就被院內其他的僧侶們擠滿了，大家都想聽玉傑和多布傑捎來的消息。他們告訴我們關於香戈多拉的消息，他是我爸爸的一個佃戶，是個大膽、力強的人，身上總是帶著一個護身符，據說是可以防彈的。香戈帶領大家抵抗中國軍隊的入侵。可是勢力單薄的藏軍跟中國軍隊的實力懸殊，香戈唯一的武器是一把長劍，他很快就投入近距離的肉搏戰。玉傑和多布傑兩個人輪流說著，有時候停下來喝一口茶，玉傑一停，多布傑就緊接著講下去，他的雙手在空中比劃，把香戈怎麼樣使劍示範給我們看，大家都靜靜屏息聽著。香戈殺了很多的中國士兵，最後他精疲力盡坐在一座橋下休息，從橋上滴下來的血沾染了他的護身符，使得護身符失去魔力，一顆炸彈落到橋邊爆開，把香戈炸死了。

這個故事聽來好似是一首史詩，不像眞實的事，大家並不感到恐慌，也沒有意識到我們的國家已經被侵占，而且很快將被中國人征服，我不記得自己那時有怎樣的焦慮感。幾天以後，香戈的家人到寺廟裡來見上師，作了一場法事。除此之外，我們的生活還是照舊，好像什麼事情都沒有發生過。

過了幾個月，聽說達賴喇嘛平安返回拉薩了。1951年7月他將到江孜舉行一場佛法，江孜離帕南只有幾天的路程，是一個對印度的貿易中心。爸爸到寺廟裡來，說這是一輩子也難得的機會，大家都應該去見達賴喇嘛，這將是我們第一次有機會去看由佛主轉世的人。

我們早早地啓程了，達賴喇嘛將要抵達的消息轉播得非常快，我們在路上遇到幾十個由村民和僧侶組成的一個個小團體，大家都朝江孜的方向奔去。我簡直不能相信有這麼多人聚集到這兒，每一塊空間都搭滿了帳篷，一堆堆的人臨時升起了爐火，用三塊石頭架成三角形，上面放一個鍋。夜裡，大家擠在一起取暖，睡在露天裡。他們爲僧侶們打掃了一塊地，這塊比較高的平臺就成爲我們的聚點。

我從來沒有見過這麼多人，放眼望去到處可以看到人們圍著帳篷和爐火，青烟裊裊升入天空。婦女們穿戴著她們最貴重的珠寶和髮飾，上面嵌鑲了瑪瑙和綠松石。小商販們到處擺上攤子，販賣各式各樣從印度運過來的飲料。我四處走動，看著那些翹著腿的商販們向客人推銷商品：中國的茶磚、鏡子、烹飪器具、香料、紡織品和靴子及玩具。

突然人群中起了一陣騷動，商販們急忙把貨物捆扎打包，我聽到軍樂的聲音，並看到藏軍列隊走過來。軍樂隊的指揮身上穿著虎皮，士兵們身後跟著一批身上穿著黃色絲綢衣服的西藏貴族，他們雙手向左右搖擺。貴族後面又有一群僧侶，手裡拿著香爐和香燭。僧侶後面有幾個皮膚黝黑的人撐著一把裝點華麗的黃色大傘，傘下面就是年輕的達賴喇嘛，他向群衆點頭揮手示意。

這是我第一次看到達賴喇嘛，從大傘下面可以看到他容光煥發的臉，我永遠不會忘記。所有的西藏人都把他當成菩薩救世主，我們相信達賴喇嘛是慈悲的佛主轉世的，在雪山之國，他是所有西藏人的精神和政治寄託，他不但守護佛教眞諦，也保佑人民的福祉。

沒到江孜之前，我從來沒有體驗過一個商業性的邊界城市會如此生機勃勃，在這裡，你可以遇到來自西藏最偏遠角落的人，以前我以爲我們的村莊是世界的中心，現在我意識到西藏是一個國家。在當時熙熙攘攘、前來朝聖的商旅和僧侶中，大約沒有一個人能夠預測到，我們當時正大難當頭，下一次大家又聚在一起的時候，會是在監獄裡、在勞改營、和在中國警衛的眼底之下。

有一些謠言說，拉薩最富裕的貴族們將把他們的資產轉移到印度的噶倫堡去，這些人很世故，知道將要發生什麼事情。但那時候，江孜有著節慶的氣氛，人們接肩摩踵地在做買賣或是在祈禱，大部分的人都在祈禱。我還記得人們臉上的表情，他們一輩子都不會忘記自己曾經見到過達賴喇嘛。

我們在江孜停留了幾天，我在臨時搭起來的集市之間遊蕩。擁擠的人群正在觀看一個隊伍，並且低聲說：「中國人，中國人。」這是我第一次看到中國人，他們騎著壯實的藏馬，馬身上點綴著裝飾物，士兵身著藍色的、看起來很不協調的服裝，後來才知道那叫毛裝。群眾分開站在兩邊，讓隊伍從中走過去：五個中國騎兵，後面跟著一些西藏官員，他們穿著非常講究的絲綢衣裳，戴著頭飾。後來我才知道這幾個人裡面的一位叫作張經武，是中國駐西藏的代表，這整個行列看起來不太像一個壯觀的征服者的隊伍，張身後沒有大軍跟隨，也沒有人背著槍。

很久之後，當我在監獄的時候，中國方面公佈了一張照片，這是張經武到達江孜的時候夾在擁擠的人群中。圖片的說明是：「西藏群眾歡迎中央政府的代表。」這是謊話！人們聚在一起是要看我們的領袖達賴喇嘛，沒有一個人西藏人會跑到江孜來歡迎張經武。以後我們就慢慢地明白，中國當局在製造各種「事實」時，是多麼具有創造性。

我們回到帕南，就好像小孩子出去冒險以後回家一樣。父親說，這是他一生最珍貴的經驗，即使明天就死去，他也感到很滿足了。西藏人相信，只要能聽到達賴喇嘛的教誨，就會爲下輩子帶來運氣。回到帕南之後，我們舉行了一個慶祝儀式，一方面是大家高興能幸運地見到達賴喇嘛，另一方面也慶幸達賴喇嘛現在成爲西藏的精神和政治領袖。達賴喇嘛還未成年時，西藏由一位攝政統治，但是現在中國人來了，未來的前途似乎困難重重，西藏的貴族們決定讓年輕的達賴喇嘛接管權力，他還沒有滿十八歲。

一年以後，我們聽說西藏的第二號人物——班禪活佛，返回到日喀則的扎什倫布寺，這中間有二十三年的空檔。他的前任——第九世班禪活佛，在跟拉薩政府發生衝突時，逃離了日喀則，最後死在中國，他的轉世靈童在安多被發現了。聽說班禪喇嘛在通往日喀則的路途中間，會在嘎東停留一夜，我們拚命地打掃寺廟，把一切盡可能收拾得漂漂亮亮。一組和尚把牆壁粉刷一新，另外一些人去清理走道，帳篷搭起來了，我被指定將走在班禪喇嘛身後替他撐法傘。可惜到了那一天，班禪喇嘛和他的隨從只在寺廟附近稍做停留，根本就沒有到嘎東寺來。大家都感到很失望，可是僧侶們還是非常地興奮，因爲他們都看到了班禪活佛。父親說這幾年大家眞幸福，能夠親眼看到兩個最偉大的喇嘛。

西藏人認爲達賴喇嘛和班禪喇嘛是太陽和月亮。現在太陽和月亮都照耀在雪山之國，似乎好運將跟隨我們。

第三章

暴動

江孜之旅使我更下定了決心，要繼續我的學業並且將我的一生奉獻給宗教。我是一個年輕的僧人，現在面臨抉擇，是當一個尋常的僧侶，或是深造成爲一個正式的喇嘛。我已經快滿二十歲，可是還只是一個很單純的鄉村和尚，在嘎東寺接受教育是自發的行爲，學習是否勤奮都是個人的決定，有些僧侶仍然是文盲，在寺院裡只擔任一些體力活動。老師鼓勵我背誦所有的基本經文，我學會了如何主持複雜的儀式，以及怎樣使用儀式上所需要的器物。我相當努力並且通過了所有的考試，在嘎東寺已經沒有什麼我可以學習的了，我需要做出選擇：去拉薩繼續進修或者在嘎東寺留下來擔任一些行政方面的職務。

伯伯問我願不願意參加比丘戒的宣誓，寺院裡所有的僧侶都進行過這個宣誓。老師們鼓勵我這麼做，他們說如果不宣誓，我就必須中斷學業，並且只能在寺院裡擔任低等工作。我很擔憂是不是能夠遵守比丘戒的二百五十三條教規。1952年我和其他二十個僧侶都在上師面前進行宣誓，變成正式的喇嘛。今天我是那二十個喇嘛中唯一的倖存者，他們中間有的人在監獄裡死去，有的人在文革期間被打死。

進入西藏的中國人越來越多，這類謠言慢慢流傳到我們的寺廟來。聽說在拉薩有抵抗中國軍隊的行動，村裡富裕的人家開始藏匿他們的珍貴物品，我們家也開始把一些珠寶藏起來。寺廟裡也指定了一些年長的僧侶專門負責藏匿寺廟的一些價值連城的物品。我們每天都聽到解放軍進入其它村落的消息，中國人很急切要展現它們的實力，在各個地方搭起舞臺，放映電影。我無法想像這些鄉下人怎麼能夠抗拒這些神奇的現代技術。

1952年藏曆的八月，第一批中國軍隊抵達嘎東。我當時正在房間裡讀經，一個和尚匆匆衝進來告訴我中國人來了。院子裡三名穿毛裝的中國軍官正在拴他們的座騎，僧侶都從窗戶裡面往外張望。

中國代表團來拜訪我們的上師，其中一名軍官捧著一個盒子，裡面裝了幾卷絲綢。他後面的幾個軍官捧著另一個盒子，裡面放滿了上好的中國茶葉。一個藏人翻譯陪伴他們而來，從口音聽得出他是康區人，他已經把傳統的西藏服裝換下來，改著深藍色的毛裝了。我沒有親自參加那次會見，可是後來我看到他們離開，上師和其它廟裡的長老跟在後面。上師和長老們在他們的袈裟左上胸都別著一個毛澤東的像章。中國人看上去很高興，因爲上師同意別上這個像章。

司庫對中國人特別必恭必敬，用一種很謙卑的聲調說：「我們很珍惜長官們(Pon-po la)的禮物。」我聽到他用這個字眼，嚇了一跳，這個詞的意思是領導或長官。大部分西藏人都不能夠區分高級軍官和普通士兵，所以把中國人都稱作爲「領導」。這個詞就像病毒一樣擴散到我們的藏文裡來，成爲一個新的詞彙。西藏人已經開始恐懼了，只要見到中國人，他們的態度都是卑躬屈膝的，即使到今天，我們還繼續稱呼中國軍官爲「領導」。

中國人一離開，上師和其他的長老們就把像章取下來。紀律長老把像章取下來，一臉不屑地望了一下，然後輕輕地把它一彈，彈到寺廟牆外去。後來我在監獄裡，很擔心有人會把這件事情報告上去，中國人把這一類的舉動都稱爲「不給面子」，這是「反對社會主義」的標記。

中國人開始向我們寺院提出一些上師難以拒絕的要求。同一個代表團在翻譯的陪伴之下又轉回來，他們要求借糧。中國人向上師保證，如果路修好了之後，他們會連本帶利地加倍償還，上師同意借他們一些糧食。

中國人在帕南設立了一個辦事處，開始組織會議。一個晴朗的夏日，一隊中國人開始敲鑼打鼓，後面跟了一大群村裡的小孩。有些人跳著舞，手裡巨大的紅旗在空中飄舞著。他們從一家走到一家，宣佈當天晚上有一場表演，他們也來到寺院門口，並邀請僧侶們去觀賞。我們無法辨認這些人是男是女，因爲他們穿同樣的制服，而且頭髮都藏在帽子底下。

那天晚上，全村的人傾巢而出去觀賞表演，我也非常好奇，雖然僧侶一般說來不允許觀看這類表演。到了那裡，我發覺寺院裡所有的僧侶都已經等在那兒準備看戲，中國人在戲臺旁邊專門爲僧侶設定了席位。

舞蹈人員在臨時搭起來的帳篷裡上彩化妝，單單這一招就已經是精彩的戲了。一個翻譯叫大家走開，說如果人們這樣盯著，女性演員就不能夠換衣服了。這個時候鑼鼓聲和鐃鈸聲越來越響，穿著解放軍制服的演員在舞臺上舉著木製的槍跳來跳去。他們在空中跳得很高，開始時這種生龍活虎的動作非常震懾觀衆，但是看久了就嫌重複。故事的大意很簡單，主題總是千篇一律：解放軍幫助貧農進行秋收，解放軍把一個年輕姑娘從惡霸地主的欺壓之下解救出來。這種戲以後反反覆覆看過很多次，每次他們都強迫大家要看完才可以離開。

解放軍的文宣隊跑到最邊遠的鄉村去放映電影。就像歌舞團一樣，這些電影吸引了大批的群衆，大家在露天戲臺前擠作一堆，興奮地等待神奇的演出開始。有些藏人被電影的光和影弄迷糊了，他們會跑到兩根柱子之間張開的白色銀幕後面去查看，看看是不是能夠在布的後面找到演員。大部分的電影都是類似的內容，解放軍跟國民黨和日本人作戰。最後的結果也老是一樣，勝利屬於共產黨。我記得有人問過我，爲什麼日本人從來沒有贏過。

中國人是有目的而來的，歌舞表演和電影都顯示了共產黨的至高權力，此外他們也要傳達社會主義的信息。中國官員常常去拜訪貧苦的農民家庭，表示對他們的生活非常關切。他們向貧苦農民發放無息貸款，同時也並不疏忽富裕的群體。1952年中國人開始在帕南地區設置辦事處，邀請當地有影響力的藏人參加各種不同的委員會。

他們也非常慷慨。藏人如果替他們工作，可以得到純銀的大圓爲報酬。連我們的寺院也得到很多數量的大圓。這些銀圓後來都被熔掉作成燈和碗，專供祭祀神靈時盛水用。

演戲的節目逐漸變成了政治集會，中國軍官站上一個木箱子，面對觀衆，開始作冗長的演講，說軍隊是毛主席派來解救西藏人民的，完成任務之後，就會返回中國。他們從來不提共產主義，這些演講的主題都只是關於如何發展西藏，如何改進我們生活的品質。

不久之後，中國人在西藏就無所不在了，帕南位於西藏主要的三個城市之間，我們親見了每天不斷地有中國士兵來到這裡。他們經過幾個月的長途跋涉，隨身帶著非常少的糧食，從舉止上可以看出，這些士兵都是十八、十九歲的男孩子，但是他們看起來已經像老人了，臉孔被風刮得非常粗糙，嘴唇都十分乾裂。

有一些藏人婦女把一塊塊的牛油送給中國士兵，但他們不知道怎麼用這些東西。有一個婦女就把牛油塗在自己的雙手上，然後作擦臉的樣子。這些年輕的士兵就點點頭也學著這位老婦人的作法，把牛油塗在臉上和手上，旁邊圍觀的藏族婦女都大聲笑了。

寺院裡的生活逐漸地趨於平靜，恢復了日常的作息。中國人似乎非常謹慎，對我們的宗教生活不加干預。現在我已經在學習在一盤沙地上建構極樂世界的圖案，上面展現宇宙和衆神。圖案是由非常細的沙和彩色的穀粒堆砌而成，需要很大的耐心和很巧的手工。那年冬天，拉薩哲蚌寺的一位高僧仁曾登巴大師來到嘎東，他建議上師把本寺的幾位年長僧侶送到拉薩去進修「格舍」學位(藏文Geshe，等同教授)，這是一個僧侶所能得到的最高學術資歷。

上師接受大師的建議。能夠在那「三大」：哲蚌寺、色拉寺和甘丹寺的大學學習，被認爲是極大的殊榮。這是西藏最大的佛教大學，都在拉薩城幾里以外的地方。嘎東寺內只有很少幾名僧侶曾經在那幾個中心學習過。從拉薩返回來的僧人享有每天早課時坐在每排首位的特權。

我相信每一個出家人都夢想有一天能夠到這三大寺院裡去學習，我也不例外。當上師宣佈派赴拉薩學習的名單時，我不在內。記得當時我極爲失望，出家人也有自尊心，後來才知道，當時伯伯請求他們把我留在本地，他認爲我的前途在嘎東寺，我應該取得一個較高的位置，變成司庫或者是主管禮儀的喇嘛。不錯，這些地位確實代表一定的特權，但是我還年輕，多麼渴望能夠到拉薩鄰近的著名寺廟中去學習，逃跑似乎成了我唯一可以選擇的路。

幾天之後，三個中選的僧侶準備動身赴拉薩。我向他們道別，把哈達掛在他們的脖頸上並祝福他們，但是我秘密地已經做好準備要跟他們一同出發。我把所有隨身的東西都打成一個簡單的背包，三位僧人動身之後幾個小時，我就挑上背包尾隨在後。我從後門溜出來，沒有人看見。我順著山路往前走，到達高原上，我拚命跑，要趕上那三個僧人。當我最後停下來的時候，很放心地發覺並沒有人跟隨在我後面。

當那三位僧侶看到我的時候，立刻就明白了我的意圖，知道我逃跑了。在接下來的幾小時之內，他們試圖說服我回心轉意返回廟裡，但是我告訴他們我已經下定了決心，我非常堅定而固執。

我心裡充滿了對哲蚌寺的憧憬，在行路的時候，一個同伴一再提醒我，我是沒有得到上師的許可，擅自離開寺廟的，他說：「喂，班旦，你不覺得你應該返回嘎東嗎？」我搖搖頭埋頭走路。我知道如果現在返回嘎東會引起多大的麻煩，如果我堅持到哲蚌寺去，也許我的老師和新的上師會看出我的心意很誠，當然，這之前我是一個名符其實的逃跑者。

走了十三天才到哲蚌寺。早已經聽說過哲蚌寺的華麗，當我們接近它時，步伐更加快速了。我們走到山脊的盡頭，遠遠就眺望到那座壯麗的寺廟。我們靜靜站在那兒，驚異地望著在閃閃陽光下變了形的寺廟，距離還太遠，只能看到很多像米粒一般的白色斑點。哲蚌的意思是「米堆」，在我們眼前，那一座座組成寺廟的屋頂就像一顆顆的米粒。陽光射在如此耀眼的金色屋頂上，我不得不用手護住眼睛。在背後灰色山脈的陪襯下，白色的建築矗立在那兒，底部是一片片深色的樹林，這個地方將是我們未來十年的家。我們穿過一座公園，看到有一些僧侶坐在陰涼的柳樹下讀經或打坐。

寺廟像一座城市一樣鋪灑開來，有一半延伸到山上，它的背後有三座高聳的山峰插向天空。從遠距離還真看不出來，寺廟白色的牆內竟有這麼多像謎宮一般的狹窄街道和數不清的回廊。

我們放下背包，面對寺廟排成一線站立，雙手合十高舉過頭，之後把手緩慢地放在臉孔前面，接著舉在胸前，然後匍匐在地三次，爲佛主、佛教義理和所有的僧侶祈禱。

「我們終於到達了！」一個同伴這樣說。

我們背起包袱朝寺廟走去。

找到其它從嘎東來的僧侶並不困難，因爲到哲蚌寺來學習的僧侶是按照地區，分配到不同學院裡去的。一共有四大學院，每個下面又分成很多不同的系。嘎東來的僧侶一般都進入洛色林學院，這個學院擁有三十二個系。我們將會被分派到藏巴系，這裡面的僧侶都來自藏區。1995年我到牛津大學訪問的時候，不由得就回想到當年哲蚌寺的學院和學生以及它的結構。

哲蚌寺創建於1416年，它可能是當時全世界最大的一座宗教機構。二十世紀五十年代有來自佛教世界的一萬多位僧侶在這兒生活和學習，有的人是從蘇聯伏爾加河畔的卡爾木加來的；也有僧侶來自於印度拉達克和緬甸邊境的加爾唐市；還有是從日本和中國來的。頭幾天，我們住在一個嘎東來的老僧人的居所，那裡很陰暗而且簡陋。我很擔心找不到一名導師和合適的科系接受我作爲學生，其他的人都有原寺廟的介紹信，入學沒有問題，可是我這個逃跑者，手上什麼文件也沒有。

我們中間有幾個人到離哲蚌寺以東一里的拉薩去，那個城市是西藏人精神世界的中心，每個人都希望一生當中能有一次機會到拉薩去朝聖。

當我們走上那條沙礫小道時，我看到布達拉宮閃亮的屋頂從拉薩的河谷拔地而起。多麼亮麗的顏色啊！金色的屋頂，紅色的瓦牆標誌著達賴喇嘛的居所，宮殿的下半部全是白色的城牆，這裡是西藏的守護神的家。

快靠近城市的時候，我看見一隻大象，這是我頭一次看見這種動物，遠遠望過去，看起來就像一塊巨大的石頭，慢慢向我們移動，它的腳下捲起一層層雲霧一樣的沙層。我旁邊的人都把帽子摘下來，並且伸出舌頭對大象表示敬意。大象停在我們的面前，趕象人喝令道：「敬禮」，大象把它的鼻子捲起來伸到天空中去，圍觀的人紛紛丟給它麵包和錢，大象用鼻子把錢撿起來交給趕象人。

我花了幾天的時間去購買必需品和禮拜幾處聖壇。我站在西藏最神聖的寺廟——大昭寺前面排著的長長隊伍的後面。釋迦牟尼的臉上鍍了華麗的金色，全身鑲嵌了幾百顆寶石，有瑪瑙、綠松石和玉。兩個掌門人站在佛像前面，接受信徒們的奉獻，並且引導大家往前移動。油燈裡跳躍的火焰把佛像上的珠寶照得閃閃發亮。

神龕都在很小的房間，裡面有幾百個油燈在燃燒著，發出的薰烟使得空氣悶熱異常，我立刻就暈過去了，被其他人抬到院子裡，拉薩冰冷的空氣拂過我的臉，同伴們拍打我的肩膀。然後我們就走向八角街，這條街是圍繞著大昭寺的。

拉薩城裡擠滿了人群。八角街兩邊全是店鋪和小攤販。顧客們跟商販討價還價，尼泊爾的商販和克什米爾的買賣人在這裡接肩摩踵，我發覺那裡有一個淸眞寺，能在西藏看到回教徒頗爲有趣，我們稱這些藏回「克什」，其實這是克什米爾的讀音，因爲他們的祖先大部分是從那兒過來的。也有很多中國人在這裡，中國的士兵在八角街遊逛，身後跟了一大群嘈雜的藏族小孩，他們嘰嘰喳喳地跟漢人學舌。有一些吉普車和大卡車從藏東地區開過崎嶇的小路到達這裡。在拉薩城外，中國人忙碌地在修建道路。

我在哲蚌寺還有一些手續要辦理，從嘎東來的僧侶們一般都進入藏巴系，可是他們不允許我進入同一系，好在只要自己能找到一個「指導老師」，入學規矩並不十分嚴格。一個名叫西拉侗密的年長僧人把我帶去見他的老師永曾先生，他是一個年輕的名叫赤拉布活佛的轉世喇嘛的私人老師。我向永曾先生五體投地朝拜，並且向他敬奉哈達。永曾先生仔細地觀察我，好像是在檢查一件貨物。他說只能把我介紹到他的系裡，也就是山南系，我正式被接受了，名字正式註册，成爲這個寺廟的一名正規成員。

我得找一個住的地方，西拉要我住進他的屋子。他房子裡已經住了好幾個其他的僧侶。我的房間非常狹小，徒然四壁，角落有一個小泥爐和一堆牛糞和木柴。凹凸不平的地面上鋪著一條粗製的地毯，小小的窗戶面對白色的廟牆，屋內有兩張狹窄的床墊和兩張木製桌子。

現在我是學院的學員了，也有地方可住，我可以參加哲蚌寺不同的課程了。我去聽寺院裡最有名的一位喇嘛的課，他被稱爲白瑪堅贊大師。我們到他僧舍去，被讓進一間很大的房間，他坐在結實的椅子上，指給我們一排排的座位，上面放著很細緻的藏式地毯，叫我們坐下來。他告訴我們應該努力學習，他說：「你們來自遠方，只有厚土和浮雲是你們的指路者。」

這裡的生活跟嘎東沒有太大區別，每天五點鐘起床。天朦朦亮的時候，就會聽見一名年輕的僧侶吟誦著早經，接著是一長串的海螺號聲，召集所有的僧侶來喝早茶。每個僧人帶著他自己的糌粑，一共上四次茶。第四杯茶是奶色的，有點酸味道。據說過去哲蚌寺的茶都加了雪獅的奶，雪獅傳說是一種在西藏山間遊蕩的神奇動物。

早上是個人學習的時間，我先祝禱達賴喇嘛和其他上師們長壽健康，祈禱以祈求運用我所學到的德性和行爲來造福一切生命爲收尾。然後我開始複習頭一天老師教授給我的哲理經文。

中午的時候，大家都聚集在法場，這是寺廟隔出來的一塊露天空曠地，有柳樹遮蔭。每個系都有它自己的法場，僧侶們聚集在這裡，聽上師或其他高僧講道。聽完課後，大家就分成小組來討論選擇的議題，這是他們剛剛聽講的題目或是其它的哲學性經文。我們新生被分配在一起學習辯論術。

生活很快進入常軌，但是拉薩越來越嚴峻的政治情勢使我們無法不分心。我們聽到很多抗議活動的消息，也聽說許多反抗中國的標語出現在街頭。中國軍官到寺院裡來跟上師和高僧舉行會談。隨後，有很多年長的喇嘛被指定要參加拉薩的政治會議。

1953年的冬天，有大批的僧侶從康區和安多過來，從他們口中聽到很多關於西藏其它地方所發生的事情，我們知曉了中國人把喇嘛和寺廟的土地都沒收了。

我嘗試專心集中在學習上，但是寺廟牆外的事越來越衝擊我們的生活。1954年年初，達賴喇嘛和班禪喇嘛都到中國去了，大家感到非常焦慮，誰知道中國人會不會把他們扣留在北京呢？從康區和安多來的僧侶說，中國人邀請一些喇嘛和村裡的長老去開會，然後把他們逮捕。

一個朋友借給我一本已翻閱得很破爛的小書，這是1933年去世的十三世喇嘛的遺囑。我被他的一項預言震懾住了：他警告「紅色意識形態」將要崛起，它將摧毀西藏的政教系統，他還說這在蒙古已經發生了。（幾星期以後，一個年長的僧侶從蒙古來，告訴我中國人在蒙古摧毀了很多的寺廟，並且把僧侶們都投入監獄。）十三世達賴喇嘛預言中國將染上「紅色意識形態」，有一天它會摧毀西藏的宗教。

達賴喇嘛和其他的高級喇嘛都到中國去了。每天都有關於戰事的消息傳來，藏東地區不斷有僧侶逃難到哲蚌寺來。在拉薩，反華示威的領袖們都被逮捕了，年長的上師和喇嘛都被指令去參加會議，也就是中國人所謂的「學習班」。

帕南有信來，通知我父親病重，我於是踏上了漫長的返鄉路程。我走進家門，在繼母身旁坐下來，她看起來毫不憂慮。我問她爸爸怎麼樣時，她只默默地替我倒茶。我打起精神，準備接受最壞的消息。突然父親走進房間來，他看起來非常健康，令我十分困惑。原來父親和伯伯用假的消息把我召喚回來，因爲伯伯已經年紀大了，需要有人照顧他。伯伯和父親極力說服我留在嘎東。從宗教和家庭的角度來看，我有責任，無法拒絕，我別無選擇地在嘎東留下來了。

不能返回哲蚌寺令我非常失望，因爲我的學業進展得那麼順利，而且享有特權，能夠坐在當代最偉大的幾位喇嘛身邊，聆聽他們的教誨。我可以繼續在嘎東學習，但是沒有人能夠指導我。我每天在寺廟裡處理雜務，也到外面去訪問農戶並且主持儀式。

1954年發大水了，那是一個很美麗的夏日，所有的僧侶都聚集在大殿裡。突然一個比丘匆匆跑進來對坐在門口的紀律住持耳語，住持站起來打斷了儀式，說河已經決堤，整個村子都被水淹沒了。我們跑到外面一看，整個帕南都淹沒在水裡，水已經上升到我住所的腰部了。

離這裡以西50里的江孜的河決堤了。當水沖到帕南的時候，大部分的人都是醒著的，能夠及時逃往高地，但是河谷上游的幾百個村落都被水淹沒了。後來我們看到很多的屍體被沖到河灘上來。水淹了整個河谷，泥磚砌的房子一吸了水以後，都垮了。下午，水慢慢退了，我們就進到屋子裡面去搶救一些還能夠搶救的東西。

那一年沒有收成，所有的農作物都被摧毀了，我們需要仰賴儲備的糧食。水災驅使很多貧窮的農民替中國人去修路。在重新修建自己的房屋的時候，很多村民跟他們的親戚搬到寺廟裡來暫時居住。我的僧舍變成人們的新家，但是婦女不許在寺廟裡過夜，黃昏的時候，她們都三三兩兩地結伴走到其它建築物裡去過夜。

我後來在監獄裡時，中國人說他們在水災時進行了搶救，但是他們沒到帕南來。在西藏，到處都有中國人，但是他們更急於設立自己的辦事處和按規矩建立穩固的機構。就像蜘蛛，中國人圍繞著西藏織著自己的網，我們完全束手無策。

1955年中國人宣佈要組成一個籌備委員會來建立西藏自治區。中國幹部到我們村子裡來，宣佈了這項消息。我哥哥被指定爲地方委員會的書記，他是一個很好的行政人才，帕南人都尊敬他。中國人還給他發薪水，每個月八十元。爸爸說中國人就像捕魚人：他們現在先對西藏人放下魚餌，有一天我們全都會上鉤。他要跟中國人對抗，把他們趕走。他說有一天路修好了後，我們就沒有辦法把中國人趕走了。

有幾個中國軍官到寺廟裡來，發給每個僧侶一個搪瓷杯子，上面用藏文和中文寫著「慶祝西藏自治區籌備委員會成立」，這種杯子變成中國人統治的象徵。我們常說沒有人願意用藏人的木碗去換取一個中國的鋁杯子。這些搪瓷杯子完全沒有用，因爲一倒入茶之後，它們傳熱這麼快，喝茶的時候會燙傷嘴唇。

中國人在宣傳方面越來越大膽，爲了要煽動農民起來反抗地主，各種表演和電影都刻意描繪惡霸地主。他們放映了《白毛女》的電影，這是關於一個漂亮的小姑娘受到殘酷地主的欺凌，然後逃到山裡去，最後她當然被共產黨解救了。中國人非常聰明，他們從來不直接說西藏需要進行土地改革，他們也不輕慢那些被稱作惡地主的人，在設立新的辦事處時，這些業主也都被他們拉進委員會裡去。

在寺院的大牆之內，我們還是設法維持跟以前一樣的生活。仁曾丹巴大師常常來我們的寺廟，他給大家上佛教哲理的課，整個冬季他都輔導我們進行經辯，嘎東的僧侶們再度能夠接受很好的教育了。大師是很有名望的師父，他也常常被別的寺廟請去，但是他已經把嘎東當成了他的家。

1955年的秋天，我的伯伯兼老師旺波先生病了。一天早上他對我說，他的腳趾已經不能動了，麻痹慢慢地往上爬到腿部，一直蔓延到全身，最後他完全不能動彈，癱瘓在床。我覺得照顧他是我的責任。他說：「誕生在這個世界的萬物有一天也要面對死亡。」幾天之後，他叫我用他的黃色禮袍蓋住他，又叫我把佛經裡面重要的一套經文——涅盤經放在他的身邊。他開始背誦經文，我坐在地上聽他背誦，慢慢地聲音低沉下去，最後變成一種呻吟。我舉頭望著他，看見他的雙手合十，好像在禱告，我知道他已經斷氣了。

聽說次年達賴喇嘛和班禪活佛將要到印度去參加佛主二千五百年誕辰的慶典，似乎達賴喇嘛會在他前往印度或者是返回來的途中經過嘎東，所以我暫時不能返回哲蚌寺。

這次的訪問比我們預期的還要快。1957年2月，藏曆新年過後幾天，達賴喇嘛和他的隨從就到達了。我們小小的寺院擠滿了外來者，年輕人背負著父母或祖父母從周圍的村莊趕過來，要參見達賴喇嘛。我們必須把僧舍清理出來，以接待遠來的貴賓。庭院裡擠滿了大約有一千人。我站在達賴喇嘛的佛座旁邊，記得當他問我，去過拉薩沒有時，我嚇得發抖，說不出話來，旁邊一個官員推推我，我才輕輕地吐出一個「去過」。達賴喇嘛問我導師的名字，我說是白瑪堅贊大師，他說我應該回去繼續學業。

一個星期之後，我就動身前往拉薩。家人接受了這個現實，因爲他們不能不同意達賴喇嘛的指示。1957年，中國人已經在日喀則和拉薩之間修建了一條公路，我在這條路上生平第一次搭上了一輛中國的軍用卡車。這趟旅行只用了兩天，如果走路的話就得十四天。這輛卡車裝滿了物資，旅客們像沙丁魚一樣擠堆在貨物的上面。黃昏時分，我整個身體酸痛不堪，跳下車的時候，天眩地轉。第二天風塵僕僕地到達了拉薩。

我還是在山南系註册，但是要重新入學就必須先當侍茶勤務，應該給系裡每個學員奉茶。因爲年紀比較大，我還必須在學院裡承擔其它的一些義務，我擔心沒有足夠的時間來學習，因此決定轉到其它學院作爲新生入學，在那兒我不需要擔負額外的義務。我進入扎學院，這是一個很大的學校，這裡的學員多半是從康區來的。從西藏中部來的僧侶不允許在這裡開設辦事處，對我這正中下懷。

要定下心來學習並不是那麼容易。在扎學院，我們聽到理塘和德格兩個寺廟已遭到摧毀。從東區來的難民帶來了消息，中國人把越來越多的寺廟關閉了，我們也聽說很多僧侶被驅趕下田去勞動。

風聲日緊，到了1958年，這些矛盾已經從康區擴展到西藏中部，成千的康巴人都湧往拉薩。上午的辯經課常常被來自首都地區的消息打斷，每天都可以聽到關於康巴人和中國人作戰的消息。

在西藏中部，一般都認爲康巴人非常率直而且衝動，現在人們非常佩服他們的勇氣和力量。越來越多的康巴難民湧向寺廟，他們都長得十分高大，一副充滿自信的樣子。男人隨身攜帶著武器，婦女們有著紅紅的面頰，頭上身上戴滿了珠寶。在藏東地區，康巴人已經準備好要打游擊戰了。他們背上掛著武器騎著馬來到哲蚌寺，尋求高僧的祝福，喇嘛們將護身符贈送給他們。

今年應該有好兆頭，因爲達賴喇嘛將完成他最後一項考試。新年一過，接著就是祈禱法會。去年的這一天成了抗議中國人的節日，但是學院的紀律長老告訴僧侶們今年要留意自己的行爲，慶祝活動一過，就必須回到寺院。西藏各地的僧侶都趕來參加祈禱法會，他們要觀看佛學博士頒獎，這是一個僧侶所能得到的最高榮譽。歷代達賴喇嘛之中，只有第十三世和第十四世兩位得到了這項榮譽。

祈禱法會在二月底，也就是藏曆新年的第三天舉行。我夾在群衆中間，坐在那兒默禱，旁邊是僧侶，也有尋常百姓，空氣中彌漫著緊張的氣氛，中國人跟大家保持一定的距離。談話都圍繞著達賴喇嘛考試成績優異這個話題，然而大難即將降臨。

3月10日那天，我被派到拉薩去處理寺院裡的一些事務。我們一共十個人淸晨出發。當接近達賴喇嘛的夏宮羅布林卡的時候，只見一個人騎著一輛自行車飛快地向我們衝來。他喘著氣，口裡冒出白烟，在幾尺以外跳下車來，從他的衣著上可以認出他是一個年輕的政府官員。他說是被派遣來召集僧侶們到羅布林卡去的，拉薩的民衆都圍在羅布林卡外面，要保護達賴喇嘛，因爲中國人邀請達賴喇嘛到一個軍營裡去，而他「接受」了邀請。這個年輕人以發抖的聲音說，中國人會把達賴喇嘛送到中國去。

我們匆忙地趕到羅布林卡，已經有一大群人圍在大門口。事後回想起來，這就是所謂的西藏抗暴的開始。群衆失控了，每個人都在大聲叫喊，一輛吉普車衝進示威的人群之中。一位名叫桑波的西藏內閣成員在侍衛的陪同之下，開著車進入宮殿。有的人從後面扔了一塊石頭，石頭落在吉普車頂上，接著又有人扔了一塊石頭，它擊中了桑波的頭部，他隨即被送到醫院裡去了。群衆把他們的憤怒轉移到一名叫昌都克瓊[7]的西藏官員身上。大家推他、捶他，喊叫他的名字。一個年長的僧侶試著阻撓群衆傷害昌都，可是大家都不理會他，繼續狠狠地捶打這名官員。

群衆開始騷動，昌都克瓊不見了，好像他被人群吞蝕了。我們離開群衆，朝拉薩走去。看到示威人群中間有一個瞎子，覺得非常奇怪，怎麼一個盲眼的人也會捲入這樣的事件中，大概他也聽到關於達賴喇嘛的處境，而要奉獻他的力量，來保護藏人的精神領袖不受中國人的侵犯。

拉薩的示威遊行更爲浩蕩，群衆聚在一起，高聲地喊：「中國人滾出西藏，中國人滾出西藏。」騷動的群衆現在離開羅布林卡而朝市中心進行，他們拖著昌都克瓊的屍體。

我們默默地步行回到哲蚌寺，簡直不敢相信親眼目睹的事情。回到寺內，發覺那裡已經人去廟空，庭院和法場上沒有一個人影，只有從雷神廟裡傳過來緩慢的擊鼓聲。我的僧舍內還

---

[7] 克瓊(Khenchung)是寧瑪派紅教的佛學學位，介於凡世的碩、博士之間。

有幾個人在那兒，我們都睡不著，就爬上屋頂，遠眺拉薩。

第二天早上，值日的住持說他需要幾個義工，我馬上就自願加入。寺廟裡把僧侶組成百人一組，大家輪流值崗。我的那一組負責守衛寺院的後門，有些僧侶手上拿著英式的來福槍。中國人派遣士兵包圍了哲蚌寺，他們在寺廟外面沒有坡度的平地上搭起了軍營。

一天早上，洛色林學院的上師派我和其他幾個僧侶到羅布林卡走一趟，我們得到的唯一指示是，到北邊的大門去。在靠近宮殿的地方，每三到五米就有一個藏軍守衛站崗。宮殿裡面的僧侶已經把袈裟換成平民的裝束，身上還帶了來福槍。

在宮內等了幾個小時，我們五個人被叫進雪爾印刷廠，這是西藏最古老的一個印經室。在樓梯間，有一個約五十歲肥胖的男人對我們說，保衛佛教不讓它受到無法無天的共產黨的侵犯，是我們的責任。這個胖子拿出一大捆壁報來，又交給我們幾桶漿糊，我們抱著這些東西走到拉薩城中心，然後開始張貼。當壁報貼到牆上時，我才首次讀到它的內容，上面寫著「中國人撤離西藏、西藏獨立」的口號。

整個城市陷入混亂之中，人們開始洗劫商店。當我們趕回哲蚌寺時，聽到更多的呼喊聲：「中國人滾出西藏！」「達賴喇嘛萬歲！」後來我才知道，那天西藏的婦女也單獨進行了抗議活動，這是由可敬的貢噶林・貢桑女士所帶領的。後來我在監獄裡親眼目睹了她被槍殺。

哲蚌寺現在有很多新來的人：穿著尋常百姓衣服的僧侶，只能從光頭上被認出身份。有的人在腰上別了一把劍。夜裡聽得到槍聲和迫擊砲爆炸的聲音，我們爬到屋頂上，俯瞰整個拉薩，槍砲開火，把天空照亮，像放烟火一般。

黃昏時分，可以在微風中嗅出火藥的味道，槍聲和炸彈聲無情地持續著。我們退回寺院，保持安靜，避免任何會驚動駐紮在寺廟外面的那些中國軍人的行爲。我們無法知道拉薩那邊的局勢，不知道人民是否占領了城市，還是中國人已經把動亂鎮壓下去了。

一天下午，有一個人沿著小路走到我們的寺院裡來。他帶來了消息說，拉薩的藏人已經接管了中國的軍營，僧侶們目下都應該留在寺院內。我們不久就發現傳遞消息的人是中國人派來的奸細。後來我在監獄裡，才知道很多其他的寺院當時也曾經得到同樣的假消息。

中國人會來攻打寺廟！這僅僅是時間問題。離哲蚌寺一里外的地方，一隊隊的卡車開過來，中國軍營增強了兵力。有些僧侶開始遺棄寺廟，往山上逃走。我不知道應該做什麼，夜裡不斷持續的槍聲讓我無法入睡。次日早晨，整個寺院陷入恐怖的寧靜之中，寧靜偶爾被拉薩傳過來的槍聲所打破。我走到各處察看，發覺很多僧侶已經或者正在準備逃亡。大部分人是在夜間逃走的，只有兩個從嘎東來的僧侶還在寺院裡。

我們三個人匆忙趕到仁曾丹巴大師的僧舍。我依然把他視爲師長，從嘎東來的僧人對他擁有特別高的崇敬之情。平常他都在嘎東過冬，但是今年他被邀請到拉薩來，參加達賴喇嘛的畢業儀式。他已經七十二歲，身體非常孱弱。

「你們還在這兒？」大師臉上還帶著笑容問。我們告訴他，大部分僧人已經逃離寺院了。他點點頭說：「壞日子就要來了。」我們請他跟我們一道到嘎東去，他說他太老了，只會增加我們的負擔，但是我們勸他至少應該躲到哲蚌寺後面的山上去。我帶上一些我屋子裡的糌粑，大師讓我打理一些書籍。身上僅帶著這些東西，我們離開寺院走向通往山上的小路，耳邊還響著拉薩的槍聲。一路上都是僧侶和鄉民，大家都慌忙逃難。

中國士兵在通往寺廟的通道上站哨，哲蚌寺跟拉薩之間的聯繫被切斷了，山下的村民趕著牲畜住進寺院。通往山上的小路上，滿是推推搡搡逃難的僧侶、農民、小孩子和牲畜。上師的呼吸非常困難，心跳也很不穩定，每走幾分鐘就需要停下來休息。到達通道的盡頭時，太陽已經下山了，那一夜我們就在一個山洞裡過夜。

第二天我們被巨大的爆炸聲吵醒了，中國人開始砲轟寺院。我們站在高處，望著砲彈落在寺廟的頂上炸開，我回頭看上師，他正在哭泣。每當一顆炸彈落在學院的庭院和廟宇頂上時，就有一股股的烟和塵土湧出。此處不能停留，上師已經沒有辦法行走了，我們三個人輪流背著他繼續往前走。

幾天之後到達慶恰寺，這是一個照拂逃離哲蚌寺的僧侶的接待中心。寺裡的住持是仁曾丹巴的學生，他很親切地招待我們。聽說中國人已經攻入哲蚌寺，逮捕了留下來的僧侶，他們雙手被縛在身後，全部集中在大殿裡。我知道現在必須加速投奔嘎東，透過山路上的路標，我們可以辨認出方向。

三月的西藏還是一個很冷的季節，行程艱苦勞頓。高原上落滿了新下的雪，黎明時分氣溫非常低。中午，太陽當頭罩來，身軀很快就精疲力竭了。走了二十天才到達帕南，那些山峰的形狀對我來說像個熟悉的老朋友一樣。上師的精神稍微放鬆一些，其它人也比先前多話了，但是還不知道擺在前頭的將是怎樣的命運。中國人是不是已經到這裡來了呢？我們在村外稍爲停留了一段時間，看來好像沒有什麼不尋常的景象。這時已是近黃昏的時分，大部分的村民都在屋子裡面。

我們緩慢走向通往寺廟的小道，穿過大門，看見一個僧侶站在庭院中，正在打一隻狗。他對我們的出現一臉茫然，接著很多僧侶從四面八方跑過來歡迎我們。發現這位身體虛弱的逃難老人竟是仁曾丹巴大師時，大家都非常高興。以前每次大師到來，都有號角聲和夾道迎接並接受他祝福的僧侶，現在只有這臨時的、非正式的歡迎形式。但是院內上師還是非常注重儀式的莊嚴，他從石階上走下來，全身匍匐在地向大師禮拜，然後向他呈獻一條白絲巾的哈達。

嘎東寺對於拉薩所發生的事情知之甚少。這裡的僧侶們一向盡量杜絕從外面傳進來的有關城裡的謠言。曾有一鄰村的村民跑來向大家宣佈拉薩失陷，達賴喇嘛已經逃亡的消息，結果他被大家趕出院子，藏人相信這是非常壞的預兆。但是我們把親眼目睹的一切告訴寺院的僧侶，大家都爲達賴喇嘛的安全祈禱。上師向我和同伴們表示嘉慰，寺院的住持在我們疲乏的脖子上掛上了白色的哈達。

第四章

逮捕

在嘎東，我感到很安全，帕南的鄉民還是過著照常的生活，好像什麼事情都沒有發生過。他們以爲，不管拉薩那邊發生了什麼樣的暴亂，只要自己低頭繼續耕種土地，這裡的生活就會像幾個世紀以來一樣繼續下去。

從寺廟的頂端，可以俯瞰河谷和整個村莊，老年人坐在陽光底下，婦女們在田裡除雜草，年輕男人在地裡灌溉。從我第一天進入嘎東寺以來，眼前就一逕是這樣的景觀，從日常的景象中，完全看不出以後將要發生的事情。

大師的身體恢復得很快，他又開始傳授講課。鄰近的幾個寺廟都來邀請他去教授本寺的僧侶。那一年的五月，我跟隨他到因貢去，這是嘎東以北一個偏遠的地方。那裡的僧侶們對於拉薩平暴事件似乎完全無動於衷。大師在因貢講授一個月的課。我回到嘎東，到家中去看望了一下後，就退隱到寺廟去，相信不久之後，我將會跟仁曾丹巴大師一道回拉薩。

1959年6月，三個中國軍官在一個翻譯人員陪同之下來到村裡。他們宣佈，大家得把手裡的藏幣換成中國的紙幣。他們設立了一個臨時的辦事處，那兒放著兩只巨大的金屬箱子，裝滿了中國的新貨幣。村民排著隊，把藏幣交出來，換取新貨幣。

聽說中國人已經接手江孜的寺院，並且逮捕了所有僧侶。但我在嘎東仍然感到安全，這個寺院沒有參加動亂，而我在拉薩的參與是微不足道的。中國人能用怎樣的罪名來加罪於我呢？7月間，我到因貢去接仁曾丹巴大師返回嘎東，他再次受到非常隆重的歡迎。想想眞奇怪，幾個月之前我們逃回寺院時，簡直就像乞丐。

一天早上，我正在房內誦經，聽到雷神殿那邊傳來一陣緩慢的擊鼓聲。我停止誦經，接著有人敲門。一位比丘非常激動走上來告訴我，全寺的僧侶都得集中到庭院中去。僧侶們站在庭院中望著列隊站在寺院外牆的中國士兵，他們的步槍都上好了刺刀。幾名僧侶把一張桌子抬到院子中間，年長的住持吩咐在桌上擺上花，一個小比丘被遣去拿花瓶。中國軍官一言不發，只是冷眼旁觀。我們按慣例向他們奉茶，可是遭到回絕。

所有的僧侶都坐在庭院中的泥地上，我坐在仁曾大師的旁邊。中國軍官坐在藏式的桌子後面，跟我們遙遙相望。這些人我們都不認識，他們不是原來那些對我們寺廟的情況瞭如指掌、駐紮在帕南村裡的中國士兵。他們站在屋頂上，和外牆的中國士兵們自上往下監視著我們。陽光把他們投影在白牆上面，槍上的刺刀影子拉得長長地，更多的士兵把守在大門口。

一個中國軍官站起來宣佈：反動匪徒破壞了祖國的統一，並綁架了達賴喇嘛。他說得很快，雙手在空中亂舞。他說嘎東寺應該表明它的忠誠是向著誰。接著一個名叫桑木林的藏人從軍官身邊站起來說，嘎東寺跟反動份子有勾結。他大聲說這個寺廟也「背叛了祖國的統一」。桑木林說話帶著拉薩口音，他說僧人應該潔淨自己的心靈，並且辨認誰是人民眞正的敵人。他對我們大聲辱罵，好像敎師責備一個犯了錯的孩子。他一邊指責我們，一邊來來回回地邁著步子。

開始我還不明白桑木林所說的話，他常常停頓，好像在等待反應。然後他從口袋裡掏出一本小册子，拿給中國軍官看，並且開始點寺院裡有職位的僧侶的名字：司庫丹巴曲培、副司庫曲扎、儀禮長老程列和紀律住持。當桑木林喊出這些名字時，點中的人就站出隊，士兵們逼近來，舉著槍瞄準每一個僧人的面孔，另外一個士兵就把他們的雙手掰到身後，戴上金屬的手銬。

事情的發展直轉急下。藏文裡有種說法：「心跳到嘴巴裡」，這是我當時的感覺，恐懼征服了我們。我望著仁曾大師，他的眼睛裡充滿了淚水。被銬上手銬的長老們卻沒有顯出畏懼的態度，只是臉上帶著問號：「你們爲什麼這麼樣對待我們？」這是無辜的人臉上常有的表情。

中國軍官往前跨了一步，桑木林替他翻譯。他指著僧侶的鼻子，控訴他們跟叛匪有關聯。僧侶們默默地垂頭而立，軍官在他們面前邁著方步，厲聲咒罵：「你們中間有一些人必須認罪，必須服從群衆的意志。」他說我們是一群批著羊皮的狼，他很快會把罪犯全部揭發出來，這只是個時間問題。在刺刀下，僧侶被帶走，鎖在寺院的一個房間裡。

我們都必須參加「學習班」。更多的中國軍官在年輕士兵的簇擁下抵達了。他們都穿著藍色的毛裝，右邊胸前的口袋裡插著一支筆，看上去像胸章一樣。有些人的胸前口袋插著好幾支筆，這似乎代表職位的高下，職位愈高，筆插得愈多。共產黨要每個人都穿同樣的制服，以示平等，但是卻用其他的方式來顯示職位的尊卑。職位高的軍官，衣服上的口袋就比別人多。中國人比那些被他們趕走的藏族官員似乎更注重區分職位的高下。

「學習班」由一個叫朱西的軍官主持，他是地方委員會的主席，黝黑的皮膚顯示出他已經在西藏居住過很長時間，這種乾裂而粗糙的皮膚是喜馬拉雅山上的風所留下來的痕跡。朱西講課，要大家認清「三大剝削階級」。

「西藏人民生活在三座大山之下，今天我們推翻了這三座大山，揭開了西藏歷史的新篇章。被剝削的群衆推翻了幾世紀以來就在吸食民脂民膏的奴隸主，現在我們改天換地了！」

我感到很迷惑，我們是單純的鄉村僧侶，這個人的官腔對我們毫無意義。被剝削的群衆？三座大山？他到底在說什麼？他開始解釋：「你們仔細聽著，壓在人民頭上的三座大山是：西藏的封建政府、貴族和寺廟的僧侶，這三個階級剝削壓迫了西藏人民長達幾世紀。」

我們還是不明白什麼叫做「剝削」。

「你們承認自己是剝削者嗎？」他問。

我們搖搖頭。這名長官停下來，尋思一個比喻。他接著說：「剝削群衆，就像一個木匠，用刨子來刨一塊木頭，群衆就是木頭，剝削者就是木匠。」

大家臉上一片茫然，這位軍官無法保持鎮靜了，他認爲我們的不理解是一種頑強的抗拒。結束時，他丟下一句話，叫大家「放棄舊思想」。中國人還創造了另外一個新的名詞，說我們有「綠色的腦子」，以後這個詞就變成罵人的話。

接連幾天，僧侶都被召集在一起，表演一再重複地進行。學習本來是一個很高尙的詞彙，但在中國人口裡，它代表不同的意義。所謂「學習班」，其實是把一組人隔離起來，然後進行各式各樣的控訴和威脅，士兵們圍在四周監視。我們在寺院整整被關了一個月，每天強迫參加「學習班」。從我的窗戶望出去，可以看到村民們被趕到地裡，強迫學習，他們像牛群一樣擁擠地蹲在一起。

七月底八月初，是農忙的季節，村民本來應該準備進行收割了，但是現在誰都不許去田間工作，中國人宣佈，有比收成更重要的事情。我很擔心家中的情況，因爲即使是老弱病殘，甚至小孩，都必須參加學習班。

在下一次的學習中，他們向我們解釋壓迫和剝削的區別，桑木林替中國軍官充當翻譯，講述「三座大山」，他拿出一些筆記高聲念給大家聽。他抬高聲音：「受壓迫的群衆就像套上牛軛的牛一樣，被軛控制著，不能隨便逃走。西藏人民是在封建制度牛軛的壓迫下生活的。現在在共產黨的協助之下，他們擺脫了這個壓迫。」

讓我們明白壓迫和剝削之間的區別似乎非常重要。僧侶們是剝削者還是被剝削者？中國人對於我們給的答案似乎很不滿意，這些人都受過訓練，非常善於辯論，他們學習過中國各地鄉村的變革，所以手段上駕輕就熟。

中午，僧侶被分成十人小組，討論早晨學習的課程。我牽著仁曾大師的手，把他帶到一個小組來。我們不知道怎麼開討論會，就都乾坐在那兒，彼此互相望著。後來一個中國軍官帶著年輕的翻譯，加入了小組。我們坐在地上，中國人坐在小木頭椅凳上。這位軍官先說舊的封建制度有多麼殘酷，然後他解釋階級和階級鬥爭的意義。

他說，一共有四種不同的階級：地主、富農、中農和貧農。他問每個人屬於哪一個階級，我回答說我是一個僧侶，他不滿意這種回答。他說，即便在一個修道院裡，也有階級的區別，指出我們對於馬克思主義中對階級與階級鬥爭的區分概念還沒有弄清楚。後來我們被分成富裕僧侶、中等僧侶和貧窮僧侶。由於家庭背景，我被定為富僧，亦即，在新的無產階級社會中，我是沒有前途的。每個人的身份證上都蓋上階級成分的印，從此以後，階級成分決定一切，包括受教育的資格和工作的分配。

這種小組會逐漸變成危險的集會，沒有人能躲開中國軍官的審問，我們必須自己說是被壓迫了還是被剝削了，更要緊的是，要交待自己是壓迫者還是剝削者。幾天下來，大家一直試圖避免回答這些問題，最後只得承認實在弄不懂這些討論的要點。

一天，有個年輕的軍官加入我們的討論會。「僧侶不是受壓迫者。」他說，「你們怎麼可能是被壓迫者？當清晨號角吹響的時候，你們只需拿著空碗到大廳裡去，等著別人來侍候。

」他特別強調「空」這個詞。他又問道：「你們的茶是從哪裡來的？」他停了一會兒，假裝是在等待回答，可是大家都已經學乖了，知道保持沉默是最好的方法。最後軍官自己回答了自己的問題：「寺院裡每一件東西都是從西藏人民身上剝削來的。」

會議和學習班天天都有。我們的沉默讓中國人十分窘迫，認爲大家是在負隅頑抗。他們要求僧侶彼此檢舉，以便加速理解階級鬥爭的意義。他們使出新招，讓出身貧苦家庭的僧侶統一到另外一個會上，他們被告知，由於出身貧苦階級，所以跟受到壓迫的西藏人民屬於同一階級。但是僧侶們說，我們的寺院對所有普通老百姓都很仁慈。一個中國軍官宣佈，村民指責寺院是人民群衆的主要剝削者、壓迫者，我們無法對證這種說法是否眞實，因爲僧侶不允許跟在村裡的家人接觸。後來我們才知道，中國人同時也告訴村民說，僧侶已經坦白交待，承認欺騙了當地的人民。

由於沒辦法引誘僧侶檢舉他人和坦白交待，中國人就開始懲罰單獨的個人。第一個受害者是個跟我一樣來自於富裕家庭的年長僧侶。中國人把他所有的衣物都收來，堆在庭院裡，在他東西的旁邊，堆著另一攤一個出身貧寒僧侶的雜物。這兩個人沉默地站在兩堆自己日用生活品旁邊，中國軍官手指那兩堆衣物大聲申斥，他從年長僧侶的那堆衣物裡挑起一件厚厚的毛料袈裟，通過翻譯厲聲問：「這是從哪裡來的？」「羊毛。」僧侶回答。

簡單的答覆把對方楞住了，他以爲翻譯漏翻了什麼，就盯著他看。翻譯重複了問話。「這是從哪裡來的？」「綿羊。」接著他哭了起來。

我們都認爲他回答得很好，既正確又聰明，可是回答顯然不正確，他沒有算計農奴所付出的勞工代價。按照唯物辯證法和階級鬥爭的理論，他應該回答，袈裟的來源是被剝削的農奴的勞動成果。

很長一段時間，僧侶們每天都面對類似的問答。有次問題是：「誰養育了你們？」我們的回答當然是：「母親。」這自然又錯了，應該說是無產階級的勞動成果哺育了我們。對我們的遲鈍，中國人解釋爲：我們具有「綠色的腦子」，可是大家眞沒辦法在短短的時間內，把這些每天在學習班裡砲轟到頭上的新名詞消化掉。過了很長一段時間後，我才學會怎樣用唯物辯證法和階級鬥爭的語言來掩飾眞正的答案。

僧侶跟村民被隔離開有好幾個月的時間，終於中國人認爲二者當面對質的時候到了。八月的一個早晨，我聽到有人在喊「消滅三類剝削者」、「打倒反動份子」。從窗戶望出去，可以看到村民四人一組，正朝寺院走來，他們手裡拿著巨大的橫幅，上面有藏文和中文寫的標語。兩個村裡的小孩走在隊伍的前面，手裡撐著大幅的紅旗。當這支隊伍走在通向寺院的羊腸小道時，整齊的隊伍開始騷動混亂，村民們使勁在泥土路上跺腳，引得塵土飛揚。他們大聲吼叫，拳頭在空中揮動。平時民衆接近寺院時總是非常謙卑，低著頭跨進門來。我看得出來，有些村民由於他們如今這樣吼叫喧嘩地來到寺院，感到非常尷尬。

中國人把寺廟改成一個展覽館。村民穿過嘎東的河谷，來看司庫長老丹巴曲培個人用品的展出。他僧舍中所有的東西都被陳列出來：細羊毛的坐墊、嵌了珠寶的銀製枱燈、中國式的織錦緞掛聯、講究的法器、一套鑲著銀邊的木製碗。跟司庫長老的展出物形成對比的是旁邊一個貧窮僧侶的日用品：一個破茶壺、幾支舊而粗糙的木製碗、打滿補丁的毛毯、一雙很舊的靴子。

「你們看看這些展覽品！」一個年輕藏人用很激動的聲音對展出物進行評論：「剝削者的生活多麼奢華，他們身穿絲緞，用銀杯喝水，這都是勞動人民的血汗。」他又指著窮僧侶的衣物說：「你們看，這就是窮和尚的日子，他只靠一張薄薄的毯子渡過漫長冬夜。」

現在村民們對階級鬥爭的理論已經很熟悉了，看到這些展出品，他們顯出非常驚訝的神情，聽講解時，總在恰當的時候搖搖頭，或表示吃驚。僧侶們也排著隊去觀看院子裡的展出，評論員用很嚴厲的聲音來批判寺院裡的不平等情況。

司庫長老本人不在場，不能爲自己進行辯護。他和其他的僧侶已經成爲中國人的階下囚。中國人在寺院下方臨時設置了一些勞改營，他們都在那裡勞動。司庫長老的竹扁擔的左右兩端，掛了兩個鋁作的鈴鐺，這種挑東西的方式對於西藏人來說非常新奇。每天下午司庫長老用他的竹扁擔和兩只桶，往來於河和營地之間，他爲營地的中國士兵負責挑水的任務。

我們把這一段期間叫作「中國人暴露眞面目的時期」。大家心理都嚮往著有一天達賴喇嘛會回來，一切的事情都會回復到原來的樣子。我們跟自己說，有一天太陽又會從烏雲後面露臉。

1959年的夏天，會議鋪天蓋地而來，檢舉大會、坦白交待會、批鬥反動份子大會、反對帝國主義會、還有一個「憶苦思甜」會，會上大家坐在那裡聽一個「農奴」敘述他在地主壓迫下過的悲慘生活，會上大家都應該痛哭流涕。

中國人開始在帕南重新分配土地，我父親的家產全部被沒收了。我家被定爲富農階級，這表示我們失去了一切機會。作爲一個富農的兒子，我自然而然被認定爲剝削階級的一份子。

當貧農們突然爆發一種革命熱忱的時候，也會把人嚇一跳。我記得有一個名叫貢卻的窮人家青年，住在非常破爛的屋子裡，每天從一個村子走到另外一個村子去打零工，他常常替農民把穀類背到磨坊去。當中國人分配土地給貢卻時，他並不快樂，因爲他一點都不喜歡農事。我還記得他編了一首歌，歌詞好像是這樣：

共產黨員慷慨，可是我並不把土地愛！

請讓我走來走去，還我個自由自在！

1959年11月的時候，這些會議算是收尾了。我想，對於中國軍官來說，天氣已經太冷了。有一天大家排著隊，領取一張紙，紙上面是中文字，沒有一個人能讀懂。中國人叫我們隨身攜帶這張紙，隨時拿給檢查的長官看。幾個月之後，有一個從江孜來的西藏青年把這張紙上的中文翻譯給我聽：「姓名：班旦加措，年齡：27，階級成分：富農子弟，政治背景：尚未調查。」

最後一欄顯示每個人的政治劃分。有些藏人被稱爲藏瑪，表示「乾淨」的意思，如果屬於乾淨類，那可能出身於貧農家庭，並且未參與過任何反華行動。另外一類被稱爲「藏瑪麥巴」，是「不淸白」的意思。我還沒有被歸類，當局尙未對我的政治參與進行調查。

到帕南和嘎東來指導學習班的中國軍官們開始打點行李，要前往江孜，他們把村子交給村民自己管理。他們來去都是匿名，我們只稱呼他們爲「中國人」，他們也從來沒有介紹過自己，彼此之間互相稱呼的時候總是用「主席、副主席或書記」。

希望生活恢復正常的幻想很快就破滅了，中國高層認爲這兒的反動份子和黨以及祖國的敵人還沒有淸除乾淨。所以1960年年初，中國人又發動了一場「新的淸查運動」，更多的大會和更多的學習班被組織起來了。像我這樣政治背景還屬於「尙未調查的人」，很快就成爲新一輪運動的靶子。

記得有次一位中國軍官大搖大擺走進寺院的庭院，指責僧侶們還繼續頑固地依附在舊的封建制度上。他說，僧侶必須對自己進行改造，因爲封建的農奴制度和舊西藏已經被擊潰，無論是美帝國主義還是我們過去的神明都不能挽回頹勢。他的宣佈僅僅拉開了序幕。中國軍官們問我們是否參加了拉薩的暴動，沒有一個人開口，這顯然讓他們很生氣，就宣佈整個寺院都參與了支持「反動匪軍」，都有罪。一場搜查武器的行動展開了，從一個僧舍搜查到另一個僧舍，他們一無所獲。

我接收了伯伯的僧舍。仁曾丹巴大師住進最好的一間房間，上師讓我料理他的生活。我每天給他做早飯，盡可能地服侍他，使他覺得安適。大師是一位非常謙和的客人，他的口味十分簡單，我們日常生活在一起很是親近。他是印度籍的公民，可以要求中國方面遣返回國。很多從拉達克和司比提來的僧侶都住在札什倫布和拉薩，他們已經返回印度了，但是仁曾大師選擇了繼續留在嘎東。

從拉薩來了新的調查小組。有謠傳說，前一個調查小組的官員們已經被撤職了，他們自己被送進「學習班」。新來的一批人更爲威風，衣著也更爲光鮮。當搜查我們僧舍的時候，大師和我就站在庭院中等待。大師的東西使中國人騷動起來，一名年輕的士兵把一張照片交到長官手裡，他們走到屋子裡面去，二十分鐘以後出來，向我們走來。那個軍官一身講究的藍色毛裝和倨傲的態度，明白顯示他們認爲有人拒不認罪，並且隱瞞自己的反黨和反人民行爲。非常淸楚，我和大師是他們要的人。

大師告訴翻譯，他是印度公民，年輕時就到拉薩學習。他還說是我幫助他從拉薩來到嘎東的，隨後他很禮貌地要求被送返印度。在翻譯還沒有把他的話翻完之前，這位軍官舉著一張黑白的團體照，要求大師作出解釋。

照片上是一些西藏人跟印度獨立領袖們的合影。1946年3月，西藏政府派遣一個高級代表團到印度和中國，祝賀聯軍在第二次世界大戰中的勝利。仁曾丹巴大師被推舉爲代表團的成員，他們到了印度之後，受到瓦威爾爵士[8]的接待。當時印度

[8]Lord Wavell是當時英國駐印度的總督，也是1945年希姆拉(Simla)會議的召集人。

正要獨立，西藏代表團因此會見了印度國大黨的領袖。中國人沒收的這張照片上，就有尼赫魯和甘地。

他們允許我陪著大師走進屋子，我替他整理了一些書籍和日用品放在一個小的背包裡。看著他走出寺廟，被帶上一輛吉普車，我跑出去跟他道別，他只說了一句：「我會留在錫金一段時間。」兩個中國士兵用槍指著他喊：「走！走！」他上了吉普車，這是一次永別，我永遠沒有再見到仁曾丹巴大師。

一名士兵把我帶到一個小屋子裡去，這原是另外一位僧侶的住處，現在改成審訊室。裡面有三張木凳和一個當桌子用的大木頭箱子。木箱子的一邊腳下墊了紙，使得它不至於因地面不平而搖晃。門口站著兩個警衛，一位軍官姓廖，他的臉和嘴唇都乾燥脫皮，這又是喜馬拉雅山上的風所留下的痕跡。他牙齒之間的縫很大，一支接一支不停地抽著烟。藏語翻譯加增坐在一個小凳子上，聽候指示。

廖的態度嚴厲暴燥，兇狠狠地說：「你有很多機會坦白自己的罪狀，卻長期隱瞞身份，黨的工作人員很寬大，你偏選擇了隱瞞自己這條路，這是非常嚴重的。我知道你反對祖國，參加了拉薩的示威遊行。」

他停下來猛吸了一口烟，「只要你承認錯誤，共產黨會對你寬大，黨會原諒你的錯誤判斷。」

廖又掏出另外一根香烟，指著桌上那張照片：「這件事我們不能忽視。」他說。

他要知道關於大師的每一件事，我跟大師之間關係的每個細節。我告訴他一切所知道的大師的背景，這是哲蚌寺每個人都知道的事情，廖完全無動於衷。

「我們知道你的老師是印度政府的間諜。」他生氣地說。

我抗議，說大師對政治毫無興趣，但是中國人自己已經作了決定——仁曾丹巴大師是一名間諜。

「你必須承認你老師是一個間諜。」廖堅持道。

我也堅持著，拒絕在要求我作僞證的事情上合作。幾個小時過去了，廖似乎對我的頑固大惑不解，然後他說了一句以後我在監獄裡經常聽到的話，他的聲音突然變得非常溫和，翻譯也用同樣秘密耳語的聲調重複了他所說的話。

「你知道我們黨的政策嗎？」他問。

「不知道。」我回答。

廖強調黨的政策是寬大的：坦白從寬，但是如果我還繼續頑抗，黨將對我進行「反擊」。我再一次重複說仁曾丹巴大師不是一個間諜。廖的聲音尖銳起來，堅持仁曾丹巴大師是個間諜。

我說：「你要怎麼說就怎麼說吧！」

我的話還沒有說完，廖的巴掌已經搧了我一耳光，把我打倒在地上，門口站著的兩個警衛走上來，抓住我的雙臂，翻譯加增往後退，看起來十分驚恐。守衛們開始踢我。

「你坦不坦白？」廖厲聲道，「你說。」

「隨你們怎麼對付我！」我叫道，憤怒得失去理智。兩個士兵把我的手用繩子捆在身後，然後再把繩子綁在一個木樁上。他們收緊繩索，把我的雙臂從背後往上吊起來，越收越緊，兩隻手臂被拉得幾乎脫臼。我痛得尖叫，小便失禁了，除了自己的尖叫以外，我什麼也聽不見了，守衛的拳頭雷雨般落在我的身體上。

過了一會兒，守衛把繩子解開，我還沒有回過神來，廖又開始審問。他問我現在坦不坦白，我說沒有什麼話可說。廖向守衛打手勢。他們給我雙手戴上手銬，腳也戴上腳鐐。「仔細考慮吧！」廖直瞪著我的眼睛，丟下一句話：「坦白。」

我被帶到另外一個房間，單獨關在裡面。那天下午，一個藏人給我送來食物。「你爲什麼不坦白？」他悄悄說，「不坦白，他們會殺了你。」

審訊又持續了幾天。我一再重複解釋自己跟仁曾丹巴大師的師生關係。中國人對於我參與拉薩起義的事件並不十分感興趣，他們要的是從我嘴裡套出對仁曾大師的指控，說他是間諜。我怎麼能做這樣的事呢？在西藏的佛教裡，老師和學生之間的關係是建立在眞誠和信任上。我把大師當成良師，出賣他，我良心怎麼能安？如果中國人還沒有把他遣返印度，只把他放在某一個地區的監獄裡，而我又指控他是間諜，那會有怎樣的後果？我絕不能作僞證。

有一天清晨我醒得很早，守衛把我拖進另外一間房間。一個高個子的中國人走進來，他身上穿著一件長的棉軍大衣，顯示他的身份較高。這人後來成爲惡名昭著的西藏扎奇第一監獄的主管，大家都叫他殷主席，他的大鼻子總讓我能立刻認出他來。一個年輕女孩陪著殷走進屋子，從這個女孩的兩顆金牙和她的比較柔軟的拉薩口音來判斷，她似乎是拉薩富有商人家的女兒。她沒有穿傳統的藏服，而是穿著一身中國幹部的制服。

後來我才知道這年輕姑娘曾在拉薩監獄工作，名叫多卡。

中國軍官腰間別著一支手槍。多卡向我提問題，從名字開始，她拿出一個筆記本，把我說的話都記下來，並跟我核對，記錄是正確時，我就點頭。

「你的事我都知道，」她說。多卡注視著我，觀察我臉上的瘀血和青紫，她問我怎麼回事，我沒有回答。多卡輕聲用中文跟殷說話，命令守衛把我的手銬和腳鐐解開。

多卡似乎比其它藏語翻譯有自信得多，看來她似乎對殷有某種影響力。大部分時間是她在講話，她讓我從八歲以來的經歷講起，我背後坐著一名軍官不停地在作記錄。只有當她替殷及其他的軍官作翻譯的時候，多卡才打斷我的敘述，全部的記錄都是用中文寫的。多卡一直審問了我好幾天，有些細節必須不斷地重複。坐在屋子裡的那位軍官把我說的每一句話跟紀錄核對，看看有無矛盾的地方。每當有任何細微的、合不上的地方，我都必須作出解釋，軍官把每處修改的地方交給我，讓我在上面簽字。

當局把我的交待材料跟其他僧侶和村民作的交待拿來對照比證，中國人一向如此處理事情。他們把你的證詞和你兄弟姐妹和其他任何跟你有一點關係的人的證詞來作對照，每個人都有一個非常詳盡的資料袋。他們要讓你明白，他們對你知道得多麼事無鉅細。「可是你哥哥是這樣說的，」審問者會說，「你怎麼不記得啦？」因此，你就會開始思考：他們真的什麼都知道嗎？我哥哥真的告訴了他們那件事嗎？我還應該坦白到什麼程度？

這十天之內，多卡和殷從來沒有發過脾氣。多卡特別禮貌，她說起話來就像一個非常有教養的拉薩姑娘一樣。有一天他們又讓我在記事本上簽字，多卡隨便挑了一段念給我聽，以便確證這些記錄是正確的。我在上面簽了字，並且用拇指在最後一頁畫了押，他們把本子拿走。

「我們還有一個問題沒有解決，」殷主席說，「那就是你跟印度間諜仁曾之間的關聯。」

房間裡的氣氛起了變化，多卡開始稱呼我「反革命」，殷指責我在拉薩起義中扮演的角色。

「我已經把所有事情都告訴你們了！」我說。

殷重擊我的臉，兩個守衛上前按住我，讓我跪在地上，並把我的頭往下按。殷把他的臉湊到我眼前，反覆地要我「坦白」。他把手槍拔出來，頂住我的太陽穴。

「這是你唯一的一條路。」殷說。

這時，我感覺寧願死，也不願再受這種折磨了。我喊道：「殺了我吧！殺了我吧！」

殷退後一步，多卡開始踢我，守衛咒罵我，並且用繩子把我的手綁起來。他們把繩子繞過樑，然後把我吊起來，我當即昏過去了。再度有知覺的時候，發覺自己躺在地上，手和腳已經上了鐐銬，殷站在房子中央。

「你的案子非常嚴重，」他說，「我們跟你還沒有完。」

「你是個頑固的反動份子，」多卡接著說，「我會毫不猶豫地槍斃你。」

到了1960年的夏天，審訊終於結束了。殷和多卡不再繼續問我仁曾丹巴大師，我被帶回到寺院的天井中去。首先讓我十分吃驚的是，所有的僧侶們看起來都憔悴衰竭，好像心中的火焰已經熄滅了，大家一臉茫然，默默無語。我幾乎認不出那些老朋友們了，他們能夠認出我嗎？現在大家都穿上平民的藏服了。

我們一共七個人被領出寺院，走在寺後的小道上，手被綁在身後，七個人綁在一起，一條很長的繩子把我們像登山者那樣，串連在一塊兒。我們往帕南走去，我聽到很多人的喊叫聲，這是我最後一次看到我的繼母、父親、兄弟和姐妹，我低著頭往前走。

我們被帶到一個叫羅布昆澤的小寺廟去，這個寺廟離帕南只有幾小時的路程。我在新社會的牢獄生涯開始了。

第五章

逃亡

以前我只從遠距離看過羅布昆澤，關於它的歷史，唯一知道的是，此處是一個被遺棄的破廟。中國人在寺廟的頂層建了兩座木製的瞭望臺。我們在步槍瞄準之下，被推進大門，很多年紀只有十幾歲的士兵們好奇地盯著我們。裡面有更多的士兵在等候，我們被交付給一個年長的軍官，兩個守衛開始搜查我們隨身帶來的物品。

我帶來了臥具和家裡給的一些衣服，另外還有一個珍貴的禮物——一只金的勞萊斯手錶，這是1956年我進入哲蚌寺時，哥哥送給我的。「拉薩離這裡很遠，」他對我說，「你如果碰到任何的困難，可以把這只手錶賣掉。」僧侶們是不可以戴手錶或珠寶的，我從來沒有戴過這只勞萊斯手錶，可是記得哥哥的忠告，所以始終把錶帶在身上。現在羅布昆澤的中國人把錶收走，交給我一張紙條，說是錶的收據。看守人把我們隨身的東西都沒收了，也拿走皮帶及藏人用來繫藏袍的長腰帶，他們給了些長的細繩子，用來繫褲子。

我被帶到一間很大的長方形屋子裡，佈滿塵土的地上放著七張墊子。看得出這間屋子以前是很華麗的，牆壁上還有已經褪色但是隱約可見的壁畫。守衛們把我的棉被往地上一丟，揚起一陣灰塵。其他的犯人立刻圍過來，好像是在自己家裡歡迎客人那樣，他們伸出手來幫我把背上的袋子取下來。一個老人挪出一塊空間，把我的棉被放了上去。

這裡的犯人都穿著平民衣服，但是從他們的光頭可以看出其中三個人曾是僧侶。他們急切地要知道，我從哪兒來以及爲什麼被逮捕。他們大都因爲捲入了西藏的抗暴而下獄，雖然大家在那次行動中都只扮演邊緣角色。中國人堅持說我們犯了反抗共產黨和祖國的罪，這是一項嚴重的罪狀。在嘎東時，他們就說過，共產黨會無情打擊一切它的敵人。

羅布昆澤有二百名犯人，大部分是鄰近的村民。我在這裡待了幾個月的時間，手和腳從來都沒有離過手鐐和腳銬。由於雙手被銬在身後，沒有別人的幫助無法吃東西。

第二天早晨我被一陣腳步聲吵醒了，一名守衛打開了沉重的木門，提進來一壺茶。我們就靠著茶和各人家裡送來的食物爲生。我大哥也關在羅布昆澤，雖然不能交談，但是在院子相遇的時候，我們總是交換眼神。我很擔心家裡怎麼能負擔我們兩兄弟的食物和煮食的燃料。家人提供給我們糌粑和牛油，外加一些油炸的小餅。接見家人是不允許的，他們只是每天把食物送到守衛那裡。

這套系統著實聰明，監獄的費用攤到普通西藏人民的肩上。囚犯家屬被告知，他們是否跟當局合作會直接影響到犯人待遇的好壞。普通家庭都以爲他們如果能夠按時供應食物，牢裡的家人就會受到比較好的待遇。但是事實並非如此，文化大革命時，上面認為犯人家庭越跟政治犯保持聯繫，就越表示他們的思想反動。

第二天早晨十點鐘，我又被叫去審問。一個中國軍人上身穿著普通士兵的土色制服，褲子卻是官階比較高的幹部所穿的藍色長褲。他的頭髮剪得很短，長圓的臉。一個叫鄧珠的翻譯作了自我介紹，像很多其他替中國人做事的藏人一樣，鄧珠看起來緊張而缺乏自信，他也穿一身中國幹部的藍色中山裝。

審問開始很溫和，同樣的開場白：你知道黨的政策嗎？接下來又是那句口頭禪，坦白從寬，抗拒從嚴。翻譯用詩歌所特有的輕柔和韻律，把這兩句話說了出來。

「你懂不懂什麼叫做寬大？」中國軍官問我。

我沒有回答。

「寬大，」他緊接著說，「不表示黨對一切反革命行為閉上眼睛，如果一個人應該被判死刑而政府卻判了他無期徒刑，這也算是寬大。」

我點點頭，但是這並非表示我同意。

次日，我被帶進另外一間很暗的房間。從一張狹窄的窗戶射進來的一束光，使我可以看清楚靠牆的桌上擺著刑具，一根大棒子和一些粗麻繩。屋子的角落有一堆手銬、鐵鏈和腳鐐之類的東西。

中國軍官提了一大串我八歲以來的生活的問題，我的回答被記錄下來，並且跟我以前說的話做了對照。審問者靜靜地聽，偶爾打斷我，讓我解釋一些更細節的事。刑具在桌上，牆角是那堆手鐐腳銬。

第四天談到1959年的事情。這名軍官現在提高警覺，對我說的每個細節都仔細分析，他特別想知道，拉薩起義是不是有組織的行動，如果是的話，是誰在幕後組織？他一再重複地問：誰指使你的？你有哪些朋友？我當時還沒有意識到，我提到的任何名字都會被當作嫌疑犯。

我堅持說沒有任何人指引我在3月10日那天，到達賴喇嘛的夏宮羅布林卡去參加示威活動。軍官突然用手猛拍桌子，舉起一雙手銬在我的面前搖晃。我警惕地觀察他手的動作。

這名軍人開始問仁曾丹巴大師的事情，他指控大師是一個印度間諜。非常奇怪，一提起大師的名字，我的精神如獲甘露。軍官說已掌握了證據，證明仁曾大師是間諜，我知道他在設圈套。我說，他應該直接去問大師，並拒絕再說話。軍官拍著一個本子說：「所有的證據都在這裡面。」我依然拒絕合作。

軍官拿起一支筆，把它放在桌子的邊上，指著筆對我說，我的命運已經到了邊緣，他發出最後警告：坦白是唯一的出路。兩名士兵把步槍底座頂住我的背後，我從椅子上跌下來，跪在地上，全身顫抖。

這個軍官怒吼道：坦白！坦白！鄧珠也跟中國人一起打我，同時還把軍官的命令翻譯成藏語給我聽。

中國人要我檢舉我的精神導師，我怎麼能夠做任何會傷害仁曾丹巴的事呢？我不知道他現在怎麼樣了，不知道他是被關起來還是已經被遣返印度了。我自己從來沒有做過任何跟政治有太大關係的事情，沒有什麼可以坦白的。不管他們對我怎樣拳打腳踢，也不能引誘我對無辜的仁曾丹巴大師套上這種荒謬的罪狀。

很久以後，我才眞正明白，中國共產黨多麼重視坦白交待，每一次開會的時候，他們都強調坦白是一種美德，而抗拒人民解放軍是多麼的不自量力，有一個中國軍人拿西藏人跟解放軍的對抗比作鷄蛋碰石頭。每個犯人都必須坦白自己的罪狀，只要還有一個犯人沒有坦白交待，當局就認爲工作尙未完成。

一個西藏人被逮捕之後，中國人總能夠羅織一些罪名，把他投入監獄，然後用盡一切詭計從他口裡套出所謂的坦白交待來。他們找此人的家屬、朋友、和任何跟他哪怕只有分毫關係的人談話，如果這一切都沒有用的話，他們會對他周遭的人用盡威迫利誘的手段，最後找出一個人來檢舉他是反革命份子。

在羅布昆澤有一個從帕南來的藏人名叫松西旺加。他非常固執，拒絕承認犯過任何罪行。中國軍官從來沒有告訴過他，爲何逮捕他，所以松西不知道到底應該坦白什麼。「我沒做錯什麼事。」他一再重複。最後，他們告訴他，他的妻子已經坦白交待，檢舉他是個反革命匪徒。

中國人發現松西跟帕南的一個婦女有過曖昧關係，就把這件事告訴他的妻子，這個女人在盛怒之下檢舉丈夫「曾經窩藏康巴的游擊隊員」。松西可能連康巴人是難民還是戰士都搞不淸楚，不過他妻子的「坦白」剛好是中國人要的。

開始我弄不明白，爲什麼當局堅持要人們承認自己犯了罪。不久才發覺這是共產黨政策裡的一個重要環節，如果一個人承認自己有罪，就表示「黨是正確的，而個人是錯誤的」。

對黨來說，坦白是眞是假並不重要，重要的是，黨可以證明一名暗藏在人民裡面的敵人被消滅掉了。

我承認西藏起義時自己在場，這一點我以爲並不重要，如果中國人要把所有抗暴時在場的人抓起來的話，那就得把拉薩全部的居民都算逮捕。然而不管怎樣的毒打，他們都沒有辦法逼我對仁曾丹巴作僞證，最後只能以我參加三月間拉薩抗暴的罪名起訴我。

一天早上，大家在院子裡排著隊，幾個新的中國軍官到達了。一個年紀大的軍人站在臺階上宣佈，調查結束了，我們被軍事法庭判定有罪。拉薩暴動之後，整個藏區都實施軍事管制，並設有軍事法庭。

點到我的名字，我往前跨出一步，接下發給我的一張紙。信箋是紅色的，正文是黑粗體的中文，「江孜軍事裁判庭」是唯一的藏語，我不明白這文件是什麼。大會結束後，大家都拿著手中的紙，圍著那個年輕的藏語翻譯。這年輕人拿著一張張紙看，並且讀出上面所寫的判刑年數。他看我那張紙，說：「七年。」

在宣佈判刑之前，我並不感覺害怕，因爲這段時期我一直有種奇怪的感覺，認爲這些磨難終究會過去，我會被釋放。並不是我一個人這麼天眞，所有被關進監獄的人都相信，只要達賴喇嘛從印度返回拉薩，大家都會獲得自由。我作夢都沒有想到，以後的三十年我將會在監獄中渡過。

中國軍事法庭發給我們正式的判決書，沒有法院聽審，僅僅這樣一張空泛的文件就是全部的法律程序。他們關起門來作了所有的決定，我們沒有任何申訴的權利。我被判決七年，並劃爲反動階級，刑滿之後三年，還得繼續戴這頂帽子，並剝奪一切政治權利。

黨獲得勝利，正式的調查結束了，暫時不再遭受毒打。但是審問還是持續不斷，他們每天都要問我們在想什麼，是否還反對社會主義。他們說，在共產主義制度下，進監獄不只是一種懲罰，也是一個通過勞動來改造自己的機會。第一項任務是改造思想，把舊西藏的一切都從記憶裡磨滅掉，學著擁抱新的社會主義社會，勞動是爲建設新的社會貢獻力量。

我們被強迫勞動。每天早上犯人排隊點名，然後列隊走到田裡，這裡本來是藏人放馬的地方。村民們很早就發覺這塊不毛之地很難耕作和開墾，所以聰明地決定，把這裡當作放牧地區。現在中國人認定這塊地應該耕種開發。1961年嚴寒的春天，我們六個人背著一個巨大的犁到田裡去墾荒，必須想法來拖這把犁，試著把繩子套在車軸上，一邊三個人往前拖犁。一個年輕的解放軍士兵站在犁上以增加重量，這樣犁的刀刃可以伸入土地裡去。

這名士兵很得意，站在犁上好像駕著一輛戰車，如果他感覺到我們沒有用足力氣拖犁的話，就用一根粗線編成的鞭子抽我們的背。午飯時是唯一的休息時間，可是這段時間裡還要進行社會主義教育。一個長官給大家唸《人民日報》，介紹其他社會主義國家和領袖的事。我們應該學習的兄弟友邦有：阿爾巴尼亞、保加利亞、捷克斯洛伐克、波蘭、羅馬尼亞和南斯拉夫，蘇聯也在名單上，那時蘇聯還是中國的朋友。我們也應該記住一些社會主義敵國的名稱，打頭的當然是美國帝國主義和英國。

我們還學了社會主義偉大領袖們的名字：馬克斯、恩格斯、列寧、斯大林和毛澤東。這些人的巨幅肖像掛在監獄裡最顯著的地位。斯大林的地位特別崇高，後來在文革期間，毛的肖像占了牆上最重要的位置。我們花了差不多五個月的時間耕作那一塊地，每天拖著犁在充滿石塊的地裡勞動。我痛恨聽到犁的鐵片刮在石頭上的刺耳聲音。唯一的安慰是當家人來送食物的時候。

1961年7月，我們被轉移到拉薩去。一天早上，我突然被從田裡叫回監獄。其他的犯人都已經在院裡等著了，士兵們叫我趕快打鋪蓋捲。

我背著一捆毯子走出來，四五十個士兵圍著院子裡站立的囚犯們，五輛軍用卡車停在寺廟前面，行李背包集中放在一個大卡車上。士兵把我們的雙手用粗繩綁在身後，看到犯人雙手綁在身後，試圖爬上卡車的滑稽無助樣子，我簡直哭笑不得。大家推搡著，有的人甚至笑了出來。士兵們非常不耐煩，他們兩人抓住一個犯人的肩膀，把他直直往卡車上一甩，我被同樣的方法甩進卡車。一共三十個人塞上了這輛卡車，囚犯挪動身體，調整到比較舒適的位置。

四個看起來很緊張的年輕士兵端著槍坐在後面，更多的軍人坐在卡車的頂棚上，另外一些人坐在我們坐位之間的木板上。汽車兩邊插著兩面巨大的紅旗，車頂上也是一片紅旗飄飄。一上路之後，汽車就加速，士兵們開始敲鑼打鼓，命令我們唱歌，只准唱一首「贊歌」，歌名叫著「社會主義好」。

社會主義好！

社會主義好！

社會主義江山人民坐得牢！

反動派打倒了！

帝國主義夾著尾巴逃跑了！

全國人民大團結，建設社會主義新高潮呀，新高潮！

我們必須情緒激昂地大聲唱，如果不這樣，他們就指責我們暗藏了反社會主義的情緒。犯人只好聲嘶力竭高聲唱「社會主義好」。後來這支歌由於其它的原因，變得非常有名。有一名犯人無法通知家人，自己已遭到逮捕，就想出一個辦法來。他看到同村一個叫達加的人也在田裡，就編了另一個版本的「社會主義好」：

達加兄弟！

達加兄弟！

捎個信給羅布扎克。

告訴家人我有東西吃，

也有衣服穿，

他們要心安。

只把孩子照顧好，

就說我上拉薩了。

中國守衛只知道這支歌的韻律，因而不知道它的內容已經被偷樑換柱了。

卡車往前開著，紅旗飄揚，汽車引擎聲淹沒在喧天的鑼鼓聲中。在田裡耕作的農民向我們揮手，大概以爲這是一個歌舞團，萬萬想不到幾輛卡車裡裝的都是犯人。

兩天之後，我們到達了拉薩外圍的堆龍扎村，這裡已經改成一個軍營了。每人發了一套制服，是卡其布的舊軍服，拉掉了口袋，全部染成深藍色。

從這兒再繼續開往扎奇，此處以前是拉薩城外的一個西藏營地。那天晚上我們擠在一個大房間裡，打地鋪過夜。整天沒有吃任何東西，卡車上一天的顚簸，弄得人筋疲力盡。

第二天早上，一個高大的人打開門，把兩個犯人叫出去爲大家準備茶水。我隨身帶有家裡給我準備的糌粑，就著茶吃了。屋子裡的氣氛稍爲鬆馳下來，大家開始交頭接耳。大門是開著的，開始我們還有一點猶豫，但是逐漸地大家一個個走到門外去，好奇地打量著這所新監獄。

在狹小的空間裡，犯人們肩擦肩擠成一堆。這裡關的是藏軍部隊的殘餘，和一些光頭上長出短髮來的數百個僧侶，他們現在都成爲中國人的階下囚。我猜想扎奇西藏第一監獄大約有六千左右的犯人。

有幾天時間沒有審問，也沒有大會和勞動任務，大家稍爲放鬆了一口氣。我發現一些以前哲蚌寺的僧侶，就坐在陽光下交換彼此的經歷和最新消息。一天晚上，回到臨時監宿，同伴說我錯過了今天的一個集會，有個中國軍官把大家的名字和有關細節都登記下來了。第二天早晨，這些人又被點了名，將被轉運到另外一個地方去，我的名字不在名單上。

犯人們被分派到西藏和中國各地不同的監獄裡去。我在羅布昆澤的同伴們被分配到偏僻的藏南茂密森林地區的山南監獄。

山南後來變成了死囚監獄，很多同伴在那兒餓死和病死。我能逃脫山南的命運，是因爲那一天沒有參加點名。我被分在一個勞動組裡，沿著拉薩的河谷從一個地方轉移到另一個地方，替中國軍隊修建房屋。

我們在露天搭帳篷過夜，隨身只帶了很少的個人日用品和臥具。早期，中國人不發棉被給犯人，所以必須隨身帶著自己的被子。帳篷四周圍著非常密的鐵絲網，連一隻手都伸不出去。一大團活動的鐵絲網用來充當大門，兩個士兵日夜守在那兒，另外有幾個守衛背著步槍，在營地的周圍走來走去。每天早上我們從營地步行到工地去，中國人加緊在西藏地區築路、建造房屋。

我不太清楚缺乏食物和生活必須品也屬於懲罰的項目，還是僅僅因爲中國人沒有準備好，不知道怎麼應付巨大數量的犯人。總之，我們必須自己設法張羅用具，這實在不是一件容易的事情。大部分的人都是在沒有準備的情況下，受到突然的逮捕，根本沒有時間打點行李，帶上搪瓷杯子和碗等日用品。而沒有碗就領不到食物，有一些犯人帶了自己的木製碗，可是這些碗很快就裂開不能用了。平時藏人的奶茶給木碗上了一層油，所以很耐用，但是牢裡分配到的熱湯把這層保護油層沖刷乾淨，木製碗很快就裂開了。

在堆龍扎，食物很快變成嚴重的問題。我家因爲不知道我在哪裡，所以沒有辦法供給我食物。我的腦子整天都在想著吃食，所有的人都想方設法尋找食物。伙食一成不變，每天早晨有一杯紅茶，晚上有一碗面上漂著幾片菜葉的稀湯。每晚獄方分配給每個人4盎司糌粑，這是第二天的食物。可是很多犯人太餓了，他們等不到第二天，當天晚上就把它狼吞虎嚥地吃下去，這表示他們第二天中午沒有任何東西可吃。

每天晚上返回營地的時候，可以得到一碗湯。如果誰幸運地有一只大碗，那他就可以得到一整碗湯。如果只有一只小碗，那就只能得到小碗湯。一切只憑碗的大小來決定，沒有其它的辦法。

在整個監獄體制裡，食具成爲最珍貴的東西。有些犯人弄到中國士兵定糧的錫罐子，我們常常在垃圾堆裡面尋找這些非常珍貴的空罐子。這些罐子易鏽，用了一個月左右就鏽穿底了，沒法再用。有時候犯人把生鏽的罐子再重新打造成稍爲小一點的形狀。最搶手的罐子是裡面鍍了一層黃色塗料的，這種表示它們不會生鏽。

我們學乖了，不常洗刷這些罐子，否則黃色的塗料就會剝落，罐子也會很快穿底。有塗料的罐子原來是裝了豬肉的，有時候在找到的罐子裡面還殘留著一點碎肉。

這種罐子被視爲稀有珍品。

我在軍營附近找到這樣一只罐子，我把它珍藏著，甚至還專門爲它做了一個木頭的盒子來存放，這樣便於隨身攜帶。在監獄裡，你甚至會用珊瑚綠寶石或金戒指去換一個有塗料的罐子，因爲在牢裡生存下來是頭等要事，珠寶都已經失去了價值。

食物的匱乏越來越嚴重，分配的少量糌粑根本不夠延續我們的生命。我已經沒力量承受自己的體重了。飢荒開始了，有天早上我醒過來，發覺兩個囚犯已經在夜裡死去。我們晚上睡覺，不知道第二天能否活著醒來。

以前的僧侶生涯使我訓練有素，我把糌粑配糧分成很多小團，每隔一段時間，就放一小團在嘴裡。大家把皮靴的皮放在一起煮成一鍋很稠的湯，人們吃一切能夠找到的東西。有的人吃草，這使得他們脹氣，病就更加重了。

我們忍受了一年多的飢餓。後來中國人解釋說，社會主義友邦蘇聯取消了對中國的援助，並且逼迫中國償還以前的借貸。有個中國軍官說蘇聯要求中國用五穀來償還貸款，這就是當時中國全國面臨嚴重飢荒的原因。中國人從來沒有承認，糧食的短缺是錯誤的農業政策造成的。

1962年年底，我們又被調回扎奇監獄。大家都必須參加大會，總結經驗。整個藏區的囚犯都來到拉薩，我們發現，過去兩年之間，很多1960年被逮捕的人都餓死了。上面還是根據舊的名單點名。當一個名字被點到，沒有人回答時，其他的犯人就大聲喊：「他已經餓死了。」

年紀大的中國軍官明白這些問題，可是又不能承認。他們警告大家不要提餓死的事情，因爲社會主義社會怎麼可能有人餓死？後來點名又開始了，對中國人來說十分尷尬，一個死人的名字被念出來，沒有人回應，大家都保持沉默。點名的軍官等了幾秒鐘，在群衆裡望望，沒人反應。最後有些人用藏文說：「他斷氣了。」中國幹部對於這樣的回答相當滿意，因爲這就不至於讓社會主義新社會背黑鍋了。從此以後，每次點名，點到死人，我們就回答：「他斷氣了。」

後來我們被編成較小的組。有一天，中國幹部在藏人翻譯的陪同下，過來跟犯人談話。他似乎被我們的故事感動了，表示可以把我們送回原住地附近的監獄去。對我而言，我可以被送回羅布昆澤監獄。中國人做任何事都有目的，我們很快發覺，把藏族囚犯分成很小的組，是怕發生暴動。當時印度和中國正頻臨戰爭爆發的邊緣，數十萬藏族囚犯對中國內部安全構成相當嚴重的威脅。表面上的仁慈只是一種策略，爲了穩定人心而已。

在我返回羅布昆澤之前的幾個月，監獄裡的學習會集中討論新的題目：指控印度爲「擴張主義者」，還罵印度元首尼赫魯爲「帝國主義的走狗」。上面攻擊印度越厲害，我們就越抱希望，西藏能夠很快被解放。我們並不知道監獄大牆外面發生了什麼事情，可是中國對於印度的強烈抨擊，使我們相信達賴喇嘛可能在國際上得到了支援。大家都祈禱能夠及早得到自由，監獄裡人們悄聲地傳說「快了，快了」。

11月的一天，一組人被推上一輛卡車，將被轉運到羅布昆澤去。我覺察到中國幹部提高警覺，對於印度感到極度憤怒，說印度想「蠶食」中國。大家都暗笑，有一些膽子大的囚犯說：「你們也是這樣對待西藏的。」令人驚訝的是，中國人聽了之後居然沒有發作。每當監獄外面的情勢緊張，監獄裡面的控制就會放鬆。犯人現在也能夠得到一點家裡的消息，我獲知家中受到極大的打擊，所有的土地都被沒收了。

上面甚至開始釋放犯人，每天都有五個到十個人回家。能重獲自由的一線希望給人們注入了無限的力量。大家都聚集到院子裡去，跟那些幸運返家的人道別，他們也會安慰地說，不久就會輪到我們了。1962年的10月和12月之間，我們的士氣非常高昂，好像轉機就會來到，只是時間的問題。

我相信自己也會被釋放，我決定返回嘎東寺去。我聽說那裡還剩下一些僧侶。每天我都幻想著是輪到我向其他犯人道別了，我可以走出大門，爬上送我們回家的卡車上去。12月一個寒冷的早上，我們囚房內的二十名囚犯中的五名被命令捲鋪蓋，我是其中之一。我把東西捆成一捲，笑聲夾著竊竊私語聲，每個人都在微笑。我走出門口，看見其他人都已在外面等著了。原來以爲只需要辦一個很簡單的手續就可以回家，可是等了又等，一點動靜也沒有。

兩輛軍用吉普車開進院子來，上面坐了一些穿藍色毛料服裝的高級軍官，監獄幹部急忙跑出來迎接。他們彼此笑著握手。我們還在等待，又等了幾個小時，還是沒有動靜。

到了下午，一個藏人翻譯叫我們先返回囚房，說到晚上才會被釋放。在房間裡的等待越來越令人坐立不安，也不知道是否應該把鋪蓋捲打開。後來一個守衛來把大門鎖上了，他告訴我們今天回不了家。第二天發了一份報紙，上面有很大的標題：「中國勝利了！」這個標題說明了一切問題，被釋放的希望幻滅了，我又要重新面臨飢餓、少得可憐的口糧、沉重的勞動和不斷的毆打。我得把憤怒按捺下去，我們沒有任何的反抗力量。

大家被集合到院子裡去開會，我發覺中國人都興高采烈，他們走路時帶著一種新的傲慢態度。一名軍官發表了一場勝利演說，宣稱中國非常強大，人民解放軍寬宏大量，暫時停火，接著他開始辱罵達賴喇嘛。

中國人對藏人的精神和政治領袖的態度有了突然的轉變，以前共產黨總是比較謹慎，不直接對達賴喇嘛進行人身攻擊，但是現在卻直接辱罵他是一個反動份子，說印度遲早會把他遣返西藏。一個軍官說：「你們想把西藏從祖國分裂出去的夢想是永遠地粉碎了。」

我知道釋放是無望了，所以開始考慮逃亡。在沒有驚動牢裡其他二十名同犯的情況之下，我悄悄打聽到另外有六名犯人也準備逃亡。其中包括一個六十八歲名叫傑波的老人和他的兒子旺傑。傑波說他寧可死在逃亡之中，也不願意留在監獄裡。還有另外一個嘎東的和尚名叫洛丹格桑。我不太熟悉洛丹，由於他來自於同一個寺院，所以我信任他。另外一個青年名叫達傑，他對山裡和高原地區的地勢很熟悉，這是非常有用的。他家的人已經逃到印度了，達傑想去跟他們會合。

大家推舉我來佈署逃亡的計劃。當然不能夠在白天工作的時間逃走，唯一的可能性是在夜裡。對於羅布昆澤監獄的結構，我相當清楚，認爲有一個方法可以逃脫。這間牢房以前曾經是廚房，一邊的牆後原來有一個專門運送木材和牛糞的小門。我第一次到羅布昆澤的時候，管理人令我把這個小門封閉，所以我知道，把幾塊土製的磚挖開是很容易的。

有一天早上，守衛來把大家帶去勞動，我假裝病了。很幸運，他沒有繼續追問，就把門反鎖，把我一個人關在房間裡。

我走到牆角開始用一根小棍子去挖牆上那一塊比較軟的土磚。泥土很鬆，我很快就感覺到磚頭開始鬆動了。只是現在不應該把它們推倒，否則聲音會驚動守衛。我把縫挖大，伸入手指，把土磚一塊一塊卸下來。爲了不讓別人發現我做的挖掘工作，我們必須當天夜裡就逃走。那天晚上，犯人從地裡返回來之後，我告訴那個老人今夜的行動計劃，並且讓他轉告其他人。

午夜時分我爬到牆角，把泥磚一塊塊卸取下來，已經看到天上的一顆星星了，接著我的肩膀也能夠穿過洞。老人跟在我後面，接著是他兒子和其他幾個犯人。我叫他們貼進牆壁，守衛在我們頭上走來走去，可是這座牆很高，他們在黑暗中看不見我們。當最後一個人也從洞裡爬出來後，我們開始往山下爬行。接近村莊的時候，狗兒吠叫起來，我很怕會驚動守衛，想像著他們拿著火炬從山後追趕上來。月亮晶瑩，整個晚上我們都朝著山裡疾行。天亮時，到達山際的頂端，往下看去，整個村莊都浸在橘色晨曦的微光之中。我們在一個小山洞休息，大家倒頭就睡。

達傑把我推醒，到山洞門口指給我看，山下有一隊中國士兵騎著馬朝山上走來。士兵們把村莊四面包圍起來，進行搜捕。我們決定繼續入山，往不丹邊境逃亡，這有四至五天的行程。

那是隆冬時節，山路被雪覆蓋，我們走過的地方，都留下腳印，給搜捕的中國士兵提供了線索。必須日宿夜行，太陽一下山，溫度就降到零度以下，我們襤褸的衣衫不足以禦寒，疾行卻使身體保持溫暖，月光也在夜裡照亮了小路。白天很暖和，太陽照在雪上非常刺眼。我們隨身帶著糌粑，加一點水，這就是乾糧。

翻山越嶺，走了五天四夜，追趕的人似乎越來越逼近了。達傑是嚮導，他對於山裡的情況瞭如指掌。第五天我們從一個高山上往一個叫甘巴羌塘的河谷走去。達傑說我們只需要穿過一條小路就可以到達邊界，一切就安全了。正在我們眺望不丹邊境的時候，一隊騎士兵騎著深色的馬從東邊的雪地裡朝我們趕來，同時開槍。大家都開始奔跑，我跳到一塊大岩石的後面，這裡是放牧者搭建起來的牲畜棚。一顆子彈打在我身旁的石頭上，聲音震耳欲聾。我把身體緊緊貼在石壁上，幾乎停止呼吸。我聽到槍聲和士兵們踩在雪地上的腳步聲，他們正向我走來，接著步槍的槍托打擊我的頭部和背部。腦袋深處有一長串的響聲，我失去了聽覺，還沒有站穩，兩個年輕的士兵已把我的雙手綁在身後，並且把我扛在肩膀上。其他的同伴們也都被逮捕了，我看見三個士兵在打那個老人，其他的士兵在打他的兒子。

我們被帶到一個名叫旺丹巴左的村子裡。村民站在狹窄的泥路兩邊，手在空中揮動，口中喊道：「打倒反動份子！」我們被拉在村民面前遊街，有人大聲喊叫：「反動份子應該接受處罰！」村人懼怕中國人，如果不辱罵我們，就會被指控是協助反動份子逃亡。我試著不去想下一步的命運。

那一夜我們被關在牛欄裡。午夜聽到輕微的腳步聲走來，停了一瞬，又消逝了。天亮的時候，我們發覺有人在門口放了食物，大家像畜牲一樣狼吞虎嚥地吞食。

第六章

藍天之下無處可逃

到達羅布昆澤，已經是太陽下山的時分，晚霞下的監獄看起來非常祥和。守衛把監獄的大門打開，嘎吱的響聲向難友宣佈亡命者回來了。大家全被召集到院子裡，警衛把我們交接了。一片死寂，只有獄警來回踱方步的聲音。一名衛兵命令我們把頭低下來，接著所有的犯人開始喊道：「打倒反動份子！」這種口號以前都聽慣了的，但是下面一句卻是第一次聽到：「槍斃反革命份子。」

群衆的吼聲慢慢平息下來，一個名叫嚴培的犯人走上來，他平常是一個受犯人尊敬的好人，現在他顯然受到命令，來主持這場鬥爭大會。他按照例行公式，指責我們的反革命行爲背叛了「黨的仁慈」，他說話的時候結結巴巴。接著少數幾個留鬍子的犯人中的一名往前跨了一步，他同樣高聲斥責反動份子，舉著拳頭湊近我們說：「你們今生今世完了！」聽了他的話，我很震動，怕中國人會藉機說囚犯們要求把我們處死。

那天晚上我們被關在露天裡，氣溫非常低，沒有棉被和毯子。全身疼痛，冰涼的金屬手銬和腳鐐嵌進手腕和足踝的肉裡。我試著把衣服的袖子和褲腿塞在刑具和皮膚之間，可是一下就滑落出來。大家都筋疲力盡，沒有力量再去抵抗飢餓和寒冷，一會兒就睡著了。第二天溫暖的陽光照在臉上，把我弄醒。

我們被轉移到江孜監獄，這是藏區主要的監獄之一。一行七個人由守衛押著推上一輛牛車，一路上不許說話，經過了一整天的行程，夜裡到達江孜。那裡沒有電燈，幾個獄警拿著火把出來，把我們推進一個房間。我跟伙伴們說，我們要承認逃跑的事，這是無法否認的，但是不應該彼此指控對方，也不要檢舉別人。

我曾經在江孜第一次親眼目睹中國人入侵西藏，現在我成爲入侵者的囚犯，又返回這裡。對這個城市，我記憶猶新，因爲我在這裡第一次看到了達賴喇嘛。這個監獄原來是西藏政府所在地，傳統的泥磚砌成的房子，中國人只做了很小的修改，把它變成了一座監獄。江孜大約有二千名犯人，大部分都是以前的藏軍。

一到江孜，我跟其他六個人就分開了，偶爾我們會在院子裡舉行的大會上見面。我被關進一號牢房，跟其他十一人一間，他們像是在家裡接待客人那樣對我表示歡迎。這個牢房很新也很乾淨，我猜想是犯人們自己修建的，這就是共產黨所謂的「對社會主義建設事業的貢獻」。

牢房是一個很簡單的長方形房間，由土磚修砌成的，兩邊都有較高的平臺，上面鋪了薄薄的草席，算是床，我嗅到新鮮泥土的味道。門上貼著兩張以藏文和中文寫的監規。第一條，任何時間都服從守衛的指揮；第二條，犯人不可以散佈謠言或攻擊社會主義；第三條，犯人不可以跟親戚或朋友聯繫；第四條，不可以把棍子、石頭、繩子帶進牢房等等。

牆上高處有兩個狹窄的開口，算是窗戶。每個人在平臺上的那一見方地就是他的活動空間。犯人之間有不成文的規定，不可以侵犯別人空間，這一點是非常重要的。每過一段時間，當局就把我們搬到另外一個牢房去，這種固定的轉移就把原有的私有的空間打亂了。牢房的角落裡放了兩只巨大的便桶，一到夏天，泥土的新鮮味就被人的糞便味道掩蓋下去。每天早上兩個人輪流去倒糞桶。白天出工，夜裡，牢房的門從外面反鎖。

我又重新被提審，這一次持續了整整一個月。到達江孜的第二天，審訊就開始，我被帶進一個房間，裡面有幾個中國幹部等在那兒，他們都穿著法制人員的深色制服。長官名叫方遠，是高個子，牙齒被烟熏得黃黃的。通過一個翻譯，他足足審問我六天，這段時間裡，他的嘴沒有一刻不叼著香烟。方遠通過翻譯用一種奇特而精確的方式提問，頭三天的問題集中在我以往的經歷，又得從八歲那一年開始講述，這些故事我已經重複講了很多次。

第四天，方突然把目標轉到這次審問的關鍵上，「你為什麼要逃跑？」他突然問。

從被逮捕的那一刻，我就已經算準了他們會提出這樣的問題，這是等了兩年才有的吐露心聲的時機。我告訴方，逃跑的理由是明擺著的，1960年我被審問的時候，遭到毒打；關在堆龍扎期間，很多犯人都餓死了；存活下來的犯人總是在飢餓邊緣掙扎，唯一等待他們的是死亡。

中國幹部聽著我的故事，在第一個小時內，沒有人打斷我的話。我提到食物短缺時，方遠從他的椅子上站起來，緩慢而做作地說：「缺乏糧食是蘇聯所造成的。」他說中國欠了蘇聯大量的債務，對方要求中國以糧食償還。方遠坐下來讓我繼續說。我說1962年12月釋放犯人那一次，我不在釋放的名單裡，感到非常失望。

後來的幾個星期，我常常會出奇不意地被帶出牢房。方遠態度溫和，很少發脾氣。但是審問後半段的問題越來越難對付，他們要知道我逃跑到哪裡去，如果不在不丹邊境被逮捕的話，我要去跟什麼人碰面。這些問題都是假設性的，所以我一再重複地說我唯一的意圖是要到達賴喇嘛居住的地方去，這時他們會立刻終止審問，最後整個審問過程也告結束了。

他們沒有讓我勞動，因爲我帶著手銬和腳鐐，根本沒辦法作任何事。獄方使用幾種不同的刑具。有一種是用很重的生鐵打造的，兩只銬之間只用很短的鏈子連結起來。另外一種比較輕，兩者之間的鏈子也比較長，但是手銬上有鋸齒狀的邊緣。在審訊期間，守衛會用力捏犯人的手銬，尖銳的金屬鋸齒就會陷入手腕的肌肉裡去。

腳鐐也有兩種，一種是兩只鐐中間有一金屬環子，戴上腳鐐就幾乎無法行走。戴這種腳鐐的犯人總是痛苦地在屋子裡搖搖晃晃地移動，生鐵會刺到肉裡，直到骨頭。夏天，腳鐐下的肉開始化膿腐爛，嚴寒冬天的溫度會使皮膚在鐵鏈下破裂。我戴的腳鐐之間只有很短的鏈子，僅兩個圓環那麼長，因此只能蹣跚地移動。

整整六個月的時間，我一切都依賴同監房的人，沒有他們的幫助，我連飯都不能吃。大家輪流照顧我，餵我，幫我清洗身子，幫助我坐便桶。我現在還常常想念他們，多麼希望能夠回報這些難友。他們中間有些人還在西藏，一小部分的人已經逃到印度了。我記得有一個犯人把糌粑做成一個個小團子放在我的床邊，這樣我躺在床上的時候可以自己吃。仁慈的難友們舒解我的一切不便和痛苦。

中國幹部考慮得非常周到，讓哪一個犯人用哪一種刑具，他們做的任何事情都跟社會主義意識形態有關。被關押、受懲罰以及偶爾施以小惠，在在都顯示了共產黨的無上權力。每個演講和每次問話都是以共產黨的偉大作爲開場白，對共產黨人而言，肉體的懲罰是要達到控制犯人思想的目的。每次大會，他們都要講一段關於改造犯人的思想和信仰之必要，叫我們學習用眞心誠意來讚美共產黨。手鐐腳銬並不能控制我的思想，宗教信仰能帶給我心靈的平靜，肉體的折磨只是牢獄之災加在身上的印記，我依然有能力讓自己的思想自由翱翔。

有一天牢房的管理人葉西旺傑來找我。大家都叫他江孜大爺，即父親的意思，因爲他雖然還不到五十歲，卻已經像個上了年紀的老人。他非常負責，總是提醒我們不要跟當局發生衝突。談話時他留意不讓別人聽到，葉西告訴我，他剛剛參加了一個牢房管理員的會議，會上宣佈每個參加逃亡的人都要作爲鬥爭大會的批鬥對象。

自從中國人入侵以來，我已經經歷過幾次「鬥爭大會」，我的家人由於階級出身不好，也在鬥爭大會上被鬥過。黨宣稱鬥爭大會能夠宣洩平民對地主和其他剝削階級的仇恨。鬥爭會開始的時候，僅僅是口頭上的辱罵和譴責，然後逐漸發展成拳打腳踢，中國官員一般都在遠距離旁觀，好像那只是街上行人發生口角。他們幾乎從不介入這種暴力行爲，因爲暴力行爲只顯示了「農奴們的憤怒」，這就能爲黨和它的官員們開脫一切責任。如果有人受傷，這是因爲群衆的憤怒，跟黨無關。

村民、犯人和勞動單位全在中國幹部的監視下，如果有任何人在批鬥大會上沒有表現出應當有的熱情的話，當天晚上或者第二天，黨幹部就會找上門來。他們會帶著一臉的關切說，你沒有表現出很大的積極性呢。這是警告你，他們已經盯上你了。到下一次大會的時候，你就必須抓住一個無辜者的頭髮，對他咒罵踢打，以此來表示對黨的熱愛和對人民的支持。西藏所有的喇嘛高僧和官員幾乎都挨受過這種形式的暴力。沒有其他的方式更比這種批鬥大會更能展現黨的權力了。

江孜每個月都有一次所謂「獎懲大會」，在會上，改造好的犯人得到獎賞，而那些沒有改造好的就會受到懲罰，懲罰常常以批鬥大會的形式舉行。江孜大爺的警告使我對將來到的懲罰稍微有一點心理準備，然而還是十分擔憂，在這種大會上，你永遠不知道什麼事情會眞正發生。

星期一早上輪到我了。中國軍官們坐在院子裡的一張大桌子前面。整個監獄都被士兵圍住，他們的槍上都上了刺刀，獄警們也列隊站在那兒。我們幾人被帶到天井，排著隊站在那兒，等候宣判。我的心砰然跳動，這次的集會似乎比平常的批鬥大會更爲隆重。從逃跑到現在已經六個月過去，一直都還沒有判刑。我想我們可能被判死刑，一般判死刑的犯人都會戴上腳鐐，防止他們自殺。

一個生面孔的高個兒軍官站起來，宣佈這是一次獎懲大會。一個藏人獄卒大聲宣佈：「逃離羅布昆澤的犯人踏步向前！」我和同伴們戴著腳鐐走出群衆，灰塵在腳跟後揚起。我們站在高個子官員面前，其他的犯人被命令坐下，我們轉身跟群衆面對面。

一個年輕的藏人翻譯員站起來開始譴責我們，說我們是出賣祖國、背棄人民的反動份子。這名青年大概是從江孜來的，他說的方言裡夾雜了很多新的社會主義術語。他鼓動其他犯人也來揭發我們的罪狀，要求大家對我們背叛人民政府的罪行進行懲罰。所有的犯人就像合唱團一般開始高聲叫喊：「鏟除反動份子！鏟除反動份子！」兩千名西藏犯人的聲音震天價響。當聲音沉寂下來的時候，一個魁梧的犯人走近我們，捲起袖子，非常兇狠地辱罵我們，我以爲他會打我。

「你爲什麼要逃走？」他問，他說社會主義的監獄是個改造教育人最好的地方，我們出賣了黨和國家。他再一次地對我們一個一個地發問：「你爲什麼要逃跑？」

我現在要決定是發言還是保持沉默。我知道，雖然大家震耳欲聾地合聲責罵，但是內心是支持我們的。我認爲自己不應該保持沉默，這是一個羞辱中國人，顯示獨立人格的機會。

「理由非常清楚。」我說。然後就開始把我的受難經過，包括很多犯人餓死的情況說出來。中國軍官們顯得坐立不安，而犯人們聽到我的話都暗暗高興，大家心裡明白我們越獄的原因。那名魁梧的犯人被自己的問話引出這種亂子，嚇呆了，獄警命令他返回原地。

獄警點了另外一個叫塘澤沃帕的犯人，拉薩起義時，塘澤在江孜地區擔任政府的低級職員，由於階級出身而被投進監獄。他總是以巴結中國人來改善自己的境遇，在監獄裡以毆打其他犯人而出名。當他走向我的時候，我想他會對我下毒手。塘澤先贊揚黨和社會主義，然後又問：「你爲什麼要逃走？」

「爲了怕餓死，所以我逃走！」我回答。

塘澤狠狠摑我的左臉頰，我倒在地上。他用手抓住我的後頸，把我摜在泥地上。他說：「土地是黨，藍天是人民，在天地之間，你無處可逃。」他走到每個逃亡者面前，抓住頭髮，往他們臉上吐口水，像瘋子一樣暴跳如雷。一個士兵告訴他不要動手打人，這當然是裝模作樣，表示黨的寬大爲懷。其實在這種大會上，沒有任何一件事情不是在黨的幕後指揮下進行的。如果有人挨打，他必然是在共產黨的授權之下被打的。

批鬥大會結束了，一個高級軍官站起來宣判刑期。我們被形容爲「重刑犯」，我的刑期第一個被讀出來：帕南縣的班旦加措八年，連續服刑，加上三年剝奪政治權利。我憂喜參半，不被處死，我感到高興，但是現在我的刑期變成十五年了。

其他的人受到類似的判決，傑波因爲已經判了二十年的刑期，所以這一次就沒有再加刑。他的雙足戴著沉重的鐐，中間只有兩個圈圈長短的鏈子，軍官宣佈他要繼續戴這種腳鐐四年。

雖然這次被逮捕，但是我要逃跑的決心並沒有減弱。中印戰爭勝利以後，中國人的態度更爲粗暴和傲慢，他們一再重複那句最得意的話：「藍天之下，你逃不出黨的掌心。」犯人們都非常沮喪，很快能被解救的希望再一次消逝了。

判刑之後，方遠來找我談話，他說關押我的目的是要改造我，變成新社會的一部分，我沒答話。他要我參加監獄裡組織的教育學習班，這樣就能夠了解到共產黨是關懷人民幸福的。我知道中國人所謂的「改造」是什麼意思，是要藏人全盤接受中國的一切，全方位否定西藏的生活方式。我拒絕了，決心拒絕配合中國人的要求，跟他們進行合作。

過了幾天，監獄官來找我，這是一個神情緊張的中年漢人。犯人一般跟中國官員沒有接觸，我們都是跟受雇於中國人的藏語翻譯打交道。這是我首次跟一個官階較高的監獄官接觸。他通過翻譯問我，是不是還打算逃跑，我說不是。他又問：「你還有沒有別的話可說？」

我問可不可以把我的手銬解開，立刻遭到拒絕。他接著開始長篇大論講述對人民的犯罪，最後問我願不願意學習一種新的技術。他說，「你還很年輕，應該對社會主義建設有所貢獻。」我沒答話，監獄長陰沉著臉對翻譯說：「叫他說話啊！說話啊！」

「我連飯都沒法自己吃，」我回答，「手腳都被銬住了，怎麼能夠學習其它的事情呢？」翻譯把我的話轉給他，監獄官非常生氣，叫守衛把我帶走。

後來我告訴難友這件事情，他們說我不接受監獄官的建議，眞是大笨蛋，大家都搖頭。監房的頭兒葉什也問我，爲什麼要給自己找麻煩。

次日兩個警衛帶著翻譯走進來告訴我，他們選中我去學習西藏傳統的羊毛地毯的紡織技術。一個守衛替我把手銬打開了，我感覺一部分肉也被揭走了，我的手仍然保持在背後的姿勢，我試著把雙手移到前面來，可是沒有辦法。我一再嘗試，但是雙臂完全是僵直的，手無法從背後移到前面來。我在肩膀上著力，要把臂膀往前扳，但是一切都沒有用，我還是不能移動。一種刺骨的疼痛通過肩膀沿著手臂往下延伸。

我突然想到也許雙手已經作廢了，這使得我的心狂跳起來。過去七個月是我進監獄以來最痛苦的一段時間，我沒有能力作最簡單的事情，一切生活起居都得靠難友們的幫助。我常常做夢，夢見自己可以做最普通的一些事情：把一個杯子舉到嘴邊；自己解開褲帶；用指頭梳理頭髮，從進監獄以來，我的頭髮已經長得很長了，裡面長滿了虱子，我很想用手去抓一抓。想到雙手可能作廢了，使得我幾乎發狂。

獄卒讓難友們替我摩擦雙臂，這反而更增加了巨痛。他們把我帶到醫務室去，一個中國醫生給我打了一針，並且按摩我的雙臂。大約兩個星期之後，我才慢慢開始能使用雙手，幾個月之後才逐漸恢復了原來的靈敏和速度。

一個名叫瑞布沙卓拉[9]的老人教我紡織。瑞布沙是江孜地區卓有聲譽的紡織師傅。他看到我腳上戴著腳鐐，就對守衛人

---

[9] 卓拉(Jhola)是大哥之意。

說：「戴著腳鐐不能工作。」他要求把我的腳鐐打開，但是守衛說我是一名重犯，拒絕了他的要求。

腳鐐使得我的紡織工作進行困難。藏式的紡織機是一種木結構，需要靠在一面牆上。紡織者應該盤腿坐在紡織機的面前，現在無法盤腿。瑞布沙和我設計了另外一種方法，我們在紡織機前面挖了一道兩尺寬三尺長的溝，這樣我就有地方放我的腿。

紡織需要手腳靈巧敏捷，我的進步非常慢。手指十分無力，打結的時候引起劇烈的疼痛，幾乎沒有力氣舉起梭子來把鬆散的羊毛線壓緊成一排排整齊的線。瑞布沙很安靜而且有耐性，他從來不會因爲我的笨拙而發脾氣，僅僅說：「我們再從頭開始。」他一再地重複示範給我看。

1963年年底，監獄的日常生活慢慢上了軌道，中國人的組織工作更有效率。中印戰爭之後，監獄管理重新獲得自信，在舉行大會的時候，中國人表現得更爲傲慢，總是炫耀中國的豐功偉業。他們一再告訴我們，逃到印度的西藏難民都流落街頭，成爲乞丐，而且達賴喇嘛遲早總會返回中國。

我的生活是勞動、開會、睡覺，一成不變。每天太陽露臉後，就被獄卒叫醒，不管天氣多冷，大家馬上衝出牢房。跑到外面新鮮的空氣裡，給人一種自由的感覺。清新的空氣也會流進那間被糞桶弄得臭氣熏天的牢房。每天犯人們輪流地去倒糞桶，他們把一根扁擔穿過糞桶的把手，挑在肩膀上，也許戴腳鐐的唯一好處是不需要擔負這種任務。所有的糞便都被挑到離監獄遠處角落的大池裡，春天的時候，這些糞又被拿來當作肥料澆到田裡。起床以後到開始勞動，這中間有兩小時的時間，勞動犯人就會給大家送來兩大壺很淡的紅茶。

每個犯人每月的定量是二十五磅糌粑。每日的定糧都在頭一天晚上分發下來，管次日一天用。採石礦的犯人可以得到額外的配額，因爲他們的工作特別消耗體力。中印戰爭之後，食物供應略有改善。附近有親屬的犯人，被允許每月接受家裡寄來的食物包裹，雖然有時候，獄警們會把包裹扣留下來，自己享用。

午飯鈴響了，我們就返回牢房。值日犯又送來紅茶，茶的唯一好處是熱的，上面浮了一些茶葉，增加了水的顏色，實際上茶水沒有一點茶的味道。接下來有很珍貴的兩小時自由時間，監獄管理人這時都去休息或者午睡。我學會了利用這兩小時的時間來集中思考或者休息，並坐在床墊上默默背誦經文。有些犯人睡覺，其它人坐在一起交談自己的身世和談論家人。

監獄裡犯人之間很難建立友誼，因爲當局非常留意不讓人們之間互相熟絡。每過三個月，所有犯人都要換一次牢房，這是防止犯人有機會搞同謀活動。新的友誼很快就被切斷，你每天總是會見到不同的面孔，永遠也不知道是否還有機會見到老朋友。有一些刑事犯人被指派爲「線民」，他們對任何關於社會主義的談話都非常警覺。監視無所不在，如果一個犯人對監獄裡的食物表示意見的話，馬上會當作惡毒攻擊社會主義的言論而報告上去。

我們本來是勞作六天，星期天休息，但是這種規矩永遠沒有實現過。雖然星期天有時候沒有事，但是這一天總是拿來開大會或者學習，而這些會都是陷阱。管理人員對每個人的發言都有記錄，並且把它放入個人的檔案裡。學習班其實就是不斷的洗腦過程。我們大家都寧願進行勞動，而不願意參加這種會。

1963年監獄沒有電燈，每天的勞動和作息都完全依靠陽光。太陽下山之前的一道橘黃色餘輝照亮監獄，監獄管理人來察看是否每號人都返回牢房了。爬上床，躺在那兒聽到遠遠其它牢房的門被上了閘的聲音，然後腳步聲慢慢靠近了，守門人把我們的門也關上，同時上了門栓。最後一線陽光也退縮了，整個牢房陷入黑暗之中。除了睡覺，沒有任何事情可做，我們等待清晨的來臨和木柵門再度被打開的聲音。

我很喜歡我的活兒，紡織似乎比其它的工作悠閑一點。大部分的犯人都被派去從事建築工。冬天的時候，紡織機從外面移到室內，這樣機器不至於遭受冰雪和風霜的打擊。但是到冬天，我腳上的鐵鏈子就像冰塊一樣貼在皮膚上。我設法織一些羊毛在鐵環上來作爲襯墊。

1964年年終，有謠傳說江孜監獄將被關閉，犯人將合併到西藏其它的監獄去。有一天早上，上面讓我們把紡織機撤下來，因爲所有的紡織工都要被轉移到日喀則去。第二天我被命令捲起棉被，一個小時之後我就被放在一輛軍用卡車上。

在行路當中，我看到了嘎東。過去三年每天看到的只是監獄的泥牆。現在我看到以前的寺院和形狀奇異向天邊沿伸的山峰。嘎東就像幾個世紀以來那樣座落在那兒，遠遠望過去，看不出這個山谷充滿了憂傷和苦難。唯一能顯示人們在遭難的是，寺院屋頂上沒有新的祈禱旗在風中飄動。在江孜的監獄，我偶爾可以得到一點家裡的消息，才知道家人曾經是被毒打的對象，一切土地和產業都被沒收了。父親和繼母從原來的房子裡被掃地出門，分配到一間原來是倉庫的小房間。由於他們的地主出身，境況比犯人更爲惡劣，以前的村民和佃戶對他們像痲瘋病人一樣避之唯恐不及。在新的社會主義社會裡，地主成爲人下人，任何人都可以打罵他們，特別是那些貼上「農奴」標籤的人。

到達日喀則，天已經黑了。幾個拿著火把的守衛把我們帶到一個大院裡，說今天晚上就在露天過夜。第二天早上，我們被帶進一間沒有窗戶的屋子裡，僅有一扇很低的門。地面非常粗糙而且高低不平，沒有墊子，我所擁有的破舊衣衫現在既要當被子蓋，也要當墊子用。

我在這所新監獄的任務是建立一座地毯工廠。到達日喀則不久，我就發覺時局對我們而言眞是糟得不能再糟了。1964年10月，中國第一次進行核子試爆。一天早晨，犯人被召集去開會，中國人宣佈了這個消息，軍官們都興高采烈，趾高氣揚。一個穿藍色羊毛裝和肥肥長褲的軍官站起來，宣佈中國是個強大的國家，以後永遠不用再受帝國主義的欺凌了。他謾罵美帝主義和蘇聯修正主義，說到目前爲止，這兩個國家因爲擁有核武器而任意稱霸世界。

一個星期之後的一天，我坐在牢房裡讀著每個犯人必須閱讀的《西藏日報》，學習課的時間，犯人必須坐在一起，討論當天的社論。我當時被頭條新聞中那句「班禪一伙」的字眼嚇住了，「一伙」這個字眼一般是用來指責那些意圖推翻共產黨的有組織的小團體。這篇文章謾罵班禪喇嘛，指控他建立了一個「黑組織」，反抗無產階級專政並且要把西藏從祖國分裂出去。

這一篇文章特別使我感到震驚，因爲我家以前就住在班禪仁波切[10]居所的下面，目前所在的監獄又是塔什倫布寺院以前貯藏糧食的地方。我很困惑，以往中國人總說班禪活佛是一個「愛國喇嘛」，他的寺院被稱爲「愛國寺院」，現在卻如此嚴厲地譴責他。1960年西藏所有的寺廟都被中國收歸國有，唯一只有扎什倫布寺沒有遭到毒手。

一天早上，整個監獄都被士兵包圍了，說是犯人今天不用出工，這只有一種可能：要召開大會。大家在院子裡集合，等待中國軍官的到來。他們立刻開始譴責班禪喇嘛，宣佈班禪犯了叛國罪並且背叛了黨。一位幹部憤怒地指責班禪一伙脫離了人民群衆，跟達賴一伙的反動匪徒們靠攏了。說到中途，這位幹部把音調降得低沉而柔和，假裝他被班禪喇嘛的行爲深深傷害了，不過我們還是沒有明白，班禪喇嘛到底做了什麼。

我首先想到的是，他可能跑到印度跟達賴喇嘛會合了。中國人把達賴喇嘛和班禪喇嘛稱爲「印度擴張主義扶持的兩個奴隸主」。很久以後，中國的報刊才提到班禪活佛向中國領導上了一份七萬字請願書，中國人責備他污蔑了黨和人民政府。打擊班禪的運動更加深化，很多扎什倫布寺的工作人員被逮捕，

---

[10]Rinpoche是活佛的意思。

關進了日喀則監獄，可是我從來沒看見過這些人。

這件事使我非常擔心，達賴喇嘛已經被趕出國門，我們現在唯一只能寄望班禪喇嘛成爲西藏的領袖。在帕南地區，我們對班禪總是有特別深的情感，雖然過去有一些藏人不滿他「親中國」。現在他突然倒下來，令我非常悲傷，我很知道中國人怎麼對待其他藏人領袖。監獄領導告訴我們，必須對班禪喇嘛重新評價，每個人要表態，這表示我們將很快地被強迫對班禪喇嘛進行控訴。

在日喀則沒有待多久，一天夜裡我被一個照在臉上的火炬弄醒了。「誰是班旦加措？」火光後的一個人問道。

「我就是。」我迷迷糊糊地回答。

他將火把直直湊到我眼前，命令我捲起鋪蓋走出監房。我已經略有所聞，知道將會再度被調到另外的工作組或是另外一間牢房。火把照著睡眠中犯人們的身軀，這人又喊了我朋友洛登格桑的名字。洛登醒了，朝我的方向望過來，還不明白發生了什麼事，他也受到同樣指令。我在捲鋪蓋的時候，腳鐐發出了金屬撞擊的聲音。我把所有東西和被子捆成很整齊的小捲，在監獄裡我學會了珍惜每一件細小的物品，我的手在黑暗中摸索地面，看看有沒有遺忘其它的東西。火把後面的人看不清，可是從聲音我聽出來他是一個藏人翻譯員。他在露天舉著火把指點我們坐下，又給了一些熱水喝。這時他說，我們將被轉移到拉薩去。

把我們轉移到西藏第一監獄的原因是那裡也新建立了一所織地毯的單位，需要我們去指導那邊的犯人。這是第一次有人告訴我，爲什麼會轉移以及將會到什麼地方去。這個翻譯接著說，我們必須在天亮的時候搭乘公共汽車到拉薩去。

接著而來的是一個大好的消息，一名中國軍官在四名警衛的陪伴下到達了，翻譯員的態度突然改變，中國軍官對翻譯說了一些話，他安靜地聽著，點點頭，接受指令。令我非常吃驚的是，他給我開了鎖，把我腳上的腳鐐取了下來。

我的心飛騰起來。過去兩年，這一對腳鐐已經變成我身體的一部分，習慣它限制我的行動，耳熟它敲在院子石頭上所發出的沉重聲音，也習慣了早晨不能像其他犯人那麼快跑到廁所去。在這段漫長的時間裡，我養成了一種特殊的走路方式，看上去比較自然，也較爲舒服。

他們命令洛登和我背起行李，步行到汽車站去，前後各有兩名士兵把我們夾在中間。那名軍官和藏人翻譯緊緊跟在士兵的後面。走了大約一個多小時，我必須全神貫注地進行這個最簡單的走路動作，因爲不戴腳鐐，我已經忘了如何走路了。坐過牢的人一看我現在走路的這副怪樣子，就知道我戴腳鐐戴了很長的時期。

已經有一大群藏人和漢人聚集在汽車站了，有些人立刻辨認出我們是「重罪犯」。我們在離開其他旅客幾米以外的地方站住了，放下背包，士兵們把我們圍在中間。那個軍官離開了一會兒，回來的時候，手上拿著幾張紙，我以爲是我們的旅行許可證。他讓翻譯告訴我們規矩一些，又打開一個袋子出示兩付手銬，說上面命令給我們銬上手銬，他不要我們覺得過於尷尬，決定免了。

爬上公共汽車，車上已經有十幾個其他的乘客。從日喀則到拉薩的旅程開始了。道路崎嶇不平，沙塵滿天。塵土穿過窗戶落到我們的衣服上和臉上，婦女們用頭巾包住了頭。當道路比較平坦的時候，一個旅客拿出一盒餅乾傳遞給大家。當這盒子傳到我和洛登面前時，一個年輕藏人婦女用中文徵求中國士兵的許可，他擺擺手表示同意，我就拿了一小塊餅乾，洛登也拿了。那個女孩說：「多拿一些。」我極力克制自己，把籃子推開了。這個女孩用手抓了一把餅乾放在我腿上，也抓了一把給洛登。她的細心讓我非常感動，這是四年來我第一次嘗到這種美味。在監獄裡我學會了節省，所以我把這些餅乾留起來沒有吃。

那一天太陽落山後，我們到達了日喀則和拉薩中間的一站——羊八井。記得以前第二次到拉薩時，曾經過這個城市。很多大卡車排列在路邊，城裡有很多新修建的中國式房屋，整個區域看起來像個大軍營。

我們被帶到一個大廳裡，這是卡車司機夜宿的地方。衛兵給我們端來了一碗碗熱騰騰的麵，我狼吞虎嚥吃下去，太美味了，洛登跟我一樣地吞食。其他的藏人旅客看見我們那副饞相，好像從來沒有吃過這種東西。那一天夜裡有人又給我們送了一份，我也設法把這些得到的食物保存起來。

我們就在羊八井過夜，第二天早晨繼續上路前往拉薩。警衛允許其他旅客跟我們談話，大家問了我們許多問題，我也問旅客關於西藏發生的事情。在監獄裡，我們唯一的消息來源是中國人，而那些消息經常是不準確的。

我們風塵僕僕地到了拉薩，下車時，有旅客把一些中國錢幣塞到我的手裡，我試著退還，但是他們很快下車，消逝在人群之中。

汽車站擠滿了來自拉薩各地的旅客。我在監獄的幾年期間，拉薩已經發生了巨大的變化。人們看起來跟以前不一樣了，他們都改穿中國式的服裝，年輕人不再穿傳統的藏袍，取而代之的是藍色的無產階級制服，男女的衣著都一樣。開始我以爲他們都是屬於部隊的，後來才發覺是當局鼓勵這種時尙。

一輛吉普車來接我們，車子快速穿過城市的街道，到達了扎奇。這裡的建築物也改觀了，看起來像一座現代化的監獄，而不再像一座軍營。洛登看起來憂心忡忡，我叫他不要擔憂，我們一定會見到一些哲蚌寺的老朋友，而且我們來到這裡的目的是指導紡織。

1964年，扎奇已是一座現代化的監獄，也叫西藏第一監獄。犯人都穿著光鮮的制服，監獄有電燈，天花板中間吊著一支電燈泡，這是我生平第一次在一間有電燈的房間裡。我站在那兒，睁大眼睛，欣賞著這支電燈泡。其他的犯人都笑我，叫我鄉巴佬。這支燈整夜都開著。

許多西藏最有名的犯人和異議份子都關在扎奇。監獄分成五個大隊。原來西藏的政府官員和高僧都關在第五隊，包括洛桑塔什——西藏最後一任總理，還有拉勒，原藏東地區的藏軍司令。一大隊關的都是無期徒刑犯，二大隊關的是老年犯，第三大隊是女犯，我被分在第四大隊。

每個大隊下面又有好幾個組，每一組裡有十二至十六名犯人。組其實就是我們睡覺休息的牢房，每組有一個組長，組長是監獄系統裡最重要的人物。

第二天，我被帶到一個堆滿了羊毛的大倉庫去，有的人在梳理羊毛，有的人在紡線，這裡看起來根本不像監獄，更像一個工廠。洛登和我被作爲師父介紹給大家，當我們穿過廠房的時候，其他的犯人都對我們很尊敬。

幾星期之後，扎奇當局宣佈不要在這裡建設地毯工廠，因此新近從外地轉來的犯人又要被調到其他地方去。點名開始了，從各個地方調到扎奇學習紡織的人，又得重新捲起鋪蓋，除了洛登和我。

不知道發生了什麼事，好在監獄裡的氣氛還算輕鬆，也沒有定期的大會。這表示幹部們太忙或者還不知道黨的政策如何。監獄裡似乎有很多行政上的變化，但是我們無從知道變化對每個人的命運將有怎樣的衝擊。

第七章

紡織師傅

1965年的春天，打擊班禪喇嘛的運動進一步深化，關於他命運的各種謠傳，在監獄裡流傳著。我們大隊被帶領去看一個展覽，據說是展出班禪喇嘛和同謀的犯罪證據，要我們看班禪自己組織的一支私人軍隊，和他擁有的大量私人財產。我記得看到一張黑白的照片，下面的解說是：「印度派遣帝國主義間諜跟班禪一伙建立秘密聯繫。」我在照片上認出那個「間諜」，那是澤旺南加，一個消瘦的青年人，他1959年跟母親逃亡到印度，後來在江孜跟我關在同一個監獄裡。澤旺在他母親去世後的次年返回日喀則，因爲她以前常在扎什倫布寺祈禱，她最後的願望是兒子能夠到扎什倫布去爲她供奉一次。這是澤旺返回西藏的理由，但是他被捕了，並被控以間諜罪。這張照片使我認識到中國人對班禪的一切指控都純屬子虛烏有。

現在我們的另一位宗教領袖也被中國人當作敵人了。我逐漸明白了中國人如何操縱、利用他人來達到自己的目的。班禪喇嘛顯示了他的才華，因此中國人要毀滅他。監獄裡的情形也一樣：犯人只要拍當局的馬屁，就會得到嘉獎和報酬。在批鬥大會和學習班上，中國人強迫犯人彼此檢舉，出了任何事情，責任反正都落到犯人自己頭上。

監獄裡的生活越來越規範化和上軌道，食物稍爲有所改善，每天都可以吃到一些蔬菜。這段時間比較寬鬆，檢舉和批判大會也少一些，也許我們已慢慢習慣了，也許我們已經接受了命運。

我最初是被當作紡織師傅派到第一監獄裡來的。當局堆集了一大堆羊毛，讓我跟木匠一道設計紡織機，同時從西藏地區調來很多人，準備開設一座工廠。後來黨改變主意，不要建工廠了。我問管理人員到底怎麼回事，他們僅僅說，「這是黨的政策。」在監獄裡待久了就會習慣，人們不在乎從事毫無意義的工作。

我個人的情況倒是有了相當大的改善。我不再戴手鐐腳銬，並且有較大的活動空間，跟別人一樣可以隨便走來走去。自從不戴腳鐐以後，我在夜間也能夠安然入睡。以前戴著腳鐐時，我不能習慣夜間睡眠，總是輾轉反側，尋求一個比較舒服的位置，身體任何不留意的遷動都會導致極大的痛苦。現在終於擺脫枷鎖了，但是由於當局打消了設立地毯工廠的計劃，我的紡織技術無用武之地，擔心會被派到建築工地當採石工。

有一天我跟一位來自哲蚌寺的年老僧侶說我還沒有分派工作，他建議我跟他一道作木匠工。監獄方面無暇顧到這類瑣碎的事情，我當木匠沒有多久之後，他們又派我去做裁縫。這是好消息，不需要從事強度勞動，我感到鬆了一口氣。自從被逮捕以來，目前的情況算是最好的。

當然我並不因此感到愉快，中國人現在已經把我的國家鉗在鐵掌之中，一時還沒有任何改觀的跡象。我察覺到，中國人對於統治西藏越來越感到自信，他們不斷吹噓自己的進步，說西藏人的生活水平已迅速提高，然而新來的犯人往往把各地老百姓受苦的情況告訴我們。

有一天我去上工時，一個年輕女人朝我走來，我立刻認出她是多卡，那個在羅布昆澤審問我的拉薩女孩。她穿著一套藍色服裝，頭髮梳成兩條短辮子。她只輕蔑地打量我，沒認出我來。我記得她當時說過的那句話：「我會毫不猶豫地槍斃你。」

多卡是婦女分隊的主管，第一監獄裡每個人都認得她。普通犯人都說她多麼漂亮。多卡是模範幹部，中國人的寵兒，她的聲望和權力達到了巔峰，每個人都懼怕她。她新近跟一個綽號「霹靂啪啦」的中國軍官結婚了，因爲此人講話快速，像機關槍掃射一樣，他是負責建築分隊的。

1965年年初，當局要犯人給黨提意見，開始大家都不願意發言，因爲黨會利用我們的發言做爲把柄來反擊。大部分的人還是像往常一樣，只說讚美黨的話。

只有一個康巴人站了起來要提意見，他說有一次檢查牢房，一個警衛偷了他的貓眼石，這是一種藏人極爲珍貴，認爲具有神奇力量的寶石。他說這塊玉石是幾代祖傳，最後由母親交給他的，他說多卡是賊。整個院子陷入沉寂，大家都望著「霹靂啪啦」，他的臉扭曲得像個拳頭。

這個康巴人的勇氣令我非常驚訝，從來沒有聽過有犯人敢對個別的管理人提出抱怨。這一次中國人寬宏大量是有原因的。爲了紀念西藏成爲自治區，表明西藏是中國不可分割的一部分，官方發動了一場盛大的慶祝會。北京的高官們到達拉薩，也派了一個代表團到監獄來。

監獄當局要安撫犯人，確保在慶祝期間不出事故，因此很重視康巴青年的批評，他的勇氣鼓勵了更多的人發言。所有的抱怨都指向多卡，婦女分隊抱怨她扣減口糧，另一個組指出她向監獄農場要求提供額外的新鮮牛奶。當局很快作出反應，多卡被革職，派去照管監獄的牛群，這是管理人員最低級的工作。

幾天之後，她的態度整個轉變了，失去了原有的飛揚跋扈，走路時也形色匆匆，避免跟犯人的目光接觸，不像以前那樣充滿信心地在監獄場走來走去。雖然我有一點可憐她，但是卻很高興她被拉下馬，可惜她的霉運沒有持續多久。

大家都非常思念達賴喇嘛，相信只要他在外面爲西藏的自由努力，我們總有一天能夠取得獨立。有一天，《西藏日報》上很憤怒地報導，達賴喇嘛在美國設立了辦事處，這個消息給大家很大的鼓舞。

美國！這條新聞透露了美國支持西藏人民的訊息，大家非常興奮，竊竊私語，互相傳遞好消息。我聽到一個名叫登達那波的犯人問另外一個名叫尼瑪丹增的犯人，是否聽到這個好消息。尼瑪說：「我們只要再堅持一段時間，現在全世界最強的國家美國將要幫助達賴喇嘛，不需要多久，大家都會重獲自由！」

這類談話是很危險的。在監獄裡第一件要學會的事就是不要洩漏自己的想法，犯人學會了隱瞞自己喜怒哀樂的技巧，感情的自然流露是不可能的，一個人只能在黨的指令下表現高興和憤怒，連對最親近的同伴都不能表露眞實的想法。

總有少數人爲了討好當局而打小報告。登達和尼瑪的談話被人打了報告，消息傳到多卡那兒。她一直在等待這種機會。多卡把關於登達和尼瑪的對話向當局報告，上面讓她進行調查。第二天早晨，多卡衝進我們的牢房，命令大家到院外集合。她在一個高級的中國幹部和三個警衛的陪同下來的，顯然她是牽頭人。

其他單位的犯人也都被召集到院子裡，列隊站在那兒，好像等候點名。多卡憤怒地發言：「這裡有人在散佈反革命的宣傳，讓犯人產生『空洞的幻想』。」「空洞的幻想」是共產黨新創造出來的詞語，我們在會上經常用這個詞，意思是西藏獨立和達賴喇嘛返國都是空洞的幻想。

多卡在大家面前來回踱步，厲聲申斥，「這些罪犯們假裝已經接受了改造，」她說：「其實他們繼續陰謀反黨和反人民。」她下令：「罪犯站出來坦白自己的罪狀！」眼睛瞪著最前面一排犯人。

大家都保持沉默，不知道這次會議的目的是什麼，也不知道她稱爲「罪犯」的是指什麼人，這種突發性的大會最讓人摸不著頭腦，有的時候它會轉變成一個槍決大會。沒有人站出來，一片死寂。看著犯人們恐懼得發抖，似乎給予長官們無比的快樂。

多卡進一步說得更清楚：「昨天有一些人到醫務室去，他們利用這個機會進行反黨的陰謀。」氣氛鬆馳了一點，因爲大部分人昨天沒有去醫務室。尼瑪丹增跨出一小步說：「我昨天去了醫務室。」兩名守衛立刻抓住他，把他扭轉跟我們面對面。「你坦不坦白？」多卡大聲叫嚣。尼瑪是個有膽識的人，不像別的犯人在小小的威脅下就崩潰了。他知道，除非多卡透露出她已經知道了多少，否則他不需要坦白。多卡很得意能成功地把「罪惡的反動匪徒揭發出來」。尼瑪開始發抖，快要掉下眼淚了。

審問和批判大會是審問者和犯人之間的神經較量。審問者的目的是不亮出底牌，讓被審者自己交待。「坦白」是這種大會的關鍵詞，犯人問：「我犯了什麼罪？」審訊者回答：「我們掌握了一大堆你犯罪的資料，你趕快坦白交待。」

這時候犯人就會絞盡腦汁，思索自己有沒有不留心地污辱了或反對了黨的言行。由於任何行爲都可以被定罪，有經驗的犯人就會先察言觀色，然後作出對方所要聽的坦白。但是在高壓之下，犯人往往被弄糊塗了，承認一些自己沒有犯過的罪，或者爲了避免挨打，而對別人進行假檢舉。尼瑪嘗試保持鎮定，想從多卡口中探出來她知道多少，然後再決定下一步。可是他的沉默使得多卡更爲憤怒，她高聲叫道：「坦白交待！」拳頭在空中亂舞。

一名監獄的中國主管目睹了整個審訊過程。我們後來知道在登達那波的建築分隊，也進行了類似的審訊大會，由「霹靂啪啦」主持。登達拒絕承認任何事情，但是尼瑪後來讓步了，他承認曾經跟登達談過話。

多卡勝利了，「惡劣的反動份子登達和尼瑪結盟散佈反革命宣傳。」她宣佈：「他們讚美我們祖國的敵人。」尼瑪被拖到登達面前，因爲後者依然拒絕坦白。

調查進行了數天，犯人被召集起來開另一個大會，聲討登達和尼瑪。晚上牢房下鎖的時候，起了一陣巨大的騷動，一個名叫格登索南的僧侶失踪了，警衛開始尋找他，我聽到吉普車開出監獄大門的聲音，哨崗上士兵們進入緊急狀態。一個警衛高聲喊索南的名字，說上鎖的時間到了，好像索南只是忘記了返回牢房的時間。

我很奇怪索南膽敢逃跑，他是哲蚌寺的和尙，年紀比我大很多，現在在我們分隊的廚房擔任炊事員，他性格活潑友善，學問淵博。

衛兵們在廚房裡找到了他，他用一把切肉的刀割斷了自己的喉嚨。格登索南的自殺使得尼瑪和登達的案情有所扭轉。當局宣稱這兩件事情有關聯，登達和尼瑪要負索南死亡的責任，他們倆人被判無期徒刑。一個星期之後，尼瑪也自殺了。他的同監跟我說，尼瑪找到一塊尖利的金屬塊，他安靜地上床，用毛毯蒙住頭，第二天他沒有起床，監房的頭頭拉開他的被子，裡面全是血。尼瑪刺斷了自己的脖子，一點聲響都沒有發出，沒有驚動睡在旁邊的人。

很多犯人都自殺了，有人覺得這是懦弱，也有人認爲是勇敢的舉動，我不敢下任何判斷。沒有人能夠理解，極度的失望會驅使一個人結束自己的生命。作爲一個佛教的僧侶，我認爲生命是世界上最寶貴的，有一種力量支撐我，使我有種願望要向折磨我的人顯示，他們並沒有眞正打敗我，我依然有勇氣活下去。

登達和尼瑪唯一的罪行是他們對自由有一種憧憬，共產黨最懼怕人們有這樣的夢想。渴望自由使得我們這些犯人還有力量支撐下去，達賴喇嘛的自由塑造了我們的這種希望。

每當開會的時候，中國人總愛教訓我們：「放棄你們空幻的夢想。」他們常常說我們要「等到白頭」。也就是當我們的頭髮都白了的時候，西藏還不會獨立。表達任何這種希望，都是一種嚴重的罪行。

尼瑪和格登索南自殺之後，多卡的名譽恢復了，她被上級嘉獎爲社會主義的堅決擁護者，又被調回來管理婦女大隊，我常常看到她在監獄的場地得意地走來走去，好像那是她的私人領地。我感覺到她正在尋找下一個代罪羔羊，所以大家都盡量避開她。

然而不闖禍幾乎是不可能的。往往我們認爲非常單純的行爲，卻被當局看成是犯人故意觸犯了不成文的法規。1965年10月有一個慶祝共產黨在全中國取得政權的紀念慶典。我被派去幫助分隊作準備工作。我以前在哲蚌寺時就認識這名炊事員，我發現他的神情愉快，臉上佈滿了笑容。他對我說：「今天可以吃到肉餃子，你不覺得興奮嗎？」

我引用了西藏最偉大的浪漫詩人之一的第六世達賴喇嘛的一句詩作爲回答：「不能永遠擁有自己的最愛，那麼單獨的一天又有什麼意義？」

我說完之後也就忘了這件事。幾個星期之後，在一個例行的集會上，每間牢房都必須「揭發罪犯」，這名炊事員受到很大的壓力。大家沉默地坐著，心砰砰地跳著。人人都怕自己被選中成爲打擊對象。

我知道自己沒有犯什麼罪，但是犯人都學會了要不時地進行坦白交待來取悅黨。我慣常用一種技巧來矇混過關：即先「坦白」一些不重要的小罪狀，然後把它用誇大的意識形態用語包裝起來。比如，我會說自己經常爲了避免勞動而頻繁地上廁所，這種行爲是要顛覆社會主義，降低生產。然後信誓旦旦地宣稱，我要貢獻自己的力量來增加生產。每一次上面叫犯人控訴和批判別人的時候，總是引起我巨大的焦慮。

在這一場會議上，這名炊事員被命令批判一個人，他選中了我。他把我那天在廚房隨口說的話，解釋成爲污蔑社會主義和讚美舊封建社會，我當時引用的那一句詩是復辟舊封建秩序的一種企圖。

我被命令站起來，一個警衛帶著誇張的驚奇表情盯著我：「你這個死不悔改的反動份子，」他說：「你膽敢把封建時代跟我們新社會作比較？」然後他向在場的囚犯發問，他們是不是也認爲以前西藏的情況比中國人來了之後好。他宣稱，在舊社會，犯人都沒飯吃，都悲慘地餓死了，而在新社會裡，連拿著槍指向黨的罪犯們都還能夠得到改造的機會。

我保持沉默，不願意嘗試替自己分辯，一個人一旦被控訴了，就沒有辯解的機會。他們要我檢討自己的思想和行爲，「我們要觀察你，」這名警衛人員說：「你應該跟封建意識畫清界線，擁抱新社會。」接下來的十八天，我每天都被審問，爲什麼舊社會比新社會好。

我已經被關了五年，還是沒有習慣監獄裡的統治，失去自由令我痛苦萬分。在第一監獄的勞動，體力上並不沉重，但是怕受到控訴的恐懼，對我是一種持續性的精神折磨。更糟的是我跟家裡完全斷絕了聯繫，在牢裡不准寫信，跟外界聯繫的任何方式，都立刻會引起猜疑。

同樣地，家庭也被迫跟我們畫清界線，跟任何政治犯的聯繫和交往都被視作犯罪行爲。黨的幹部會去拜訪犯人的家庭，命令他們接受所謂的「再教育」。他會問他們，要站在社會主義和勞動人民一邊呢，還是站在「反對黨和分離祖國的反動份子」那一邊。對於這種問題，當然只有一個答案。

對犯人來說，忘記家人是比較安全的。在獄中，我們都學會了像個孤兒一樣地過日子，外面沒有父母，沒有兄弟姐妹，甚至沒有朋友。對一個出家人來說，做到這點比尋常人容易一些，我已經習慣孤獨了，沒有強烈的繫掛，沒有妻子和兒女牽引我的心。有無數婦女爲了證明跟反動的丈夫撇清關係而再嫁的例子，黨欣賞這種公開決裂的作法。

1966年的2月，我再次被轉移到另外一個監獄。接到命令要打鋪蓋卷，我們很怕會被派送到東南面靠近緬甸邊境的山南地區。那所監獄在茂密的熱帶雨林中，遠離拉薩，那種天高皇帝遠的地方，幹部們可以任意毆打和體罰犯人。

犯人從來不知道被轉移的原因，轉移犯人並不是出於行政理由，而是爲了阻止他們形成牢固的小集團，黨認爲陰謀叛變無處不在。

每隔幾個月，所有的犯人都要大搬家，沒有人能夠在一個地方待上較長的時間。如果當局懷疑兩個犯人成爲朋友，立即就會被分開。任何有人性的仁慈行爲都不被容忍，友誼被稱爲「糖衣砲彈」，特別是當友誼存在於一個勞動階級和地主出身的人之間時。記得一名以前的藏人貴族因爲給同監獄的犯人遞了一支香烟，立刻被抓出來批鬥，這種行爲被詮釋爲要收買勞動階級。

當局警告我們，階級敵人會發動「糖衣砲彈」來阻撓社會主義革命。犯人之間盡量避免相互之間不必要的接觸。他們要求刑事犯和出身貧困的政治犯支持社會主義革命，來揭發階級敵人，有些人會認眞地執行這種命令。

我經常被從一個牢房調到另外一個牢房，有時候甚至被換到一個不同的分隊去。在一個寒冷的2月早晨，我被轉移到生葉波監獄，它是按照一個離拉薩西北十五里以外的狹窄河谷裡的村子而命名的。

四周陡峭的山壁掩護生葉波免於受到風暴的襲擊，這裡發展成一大片監獄場地，有三座單獨的監獄和人民武裝警察的培訓所以及西藏全部犯人的行政管理中心。1966年我到達那兒的時候，只有兩座監獄是開放的，第一號監獄和第五號監獄。我被分到第五號監獄第五分隊。在露天扎營，哪兒需要勞動力，我們就很機動地被派到那兒去。

所有的犯人都住在圍有密封的鐵絲網的帳篷裡，衛兵們日夜地巡邏。每個帳篷是一個單位，裡面住著十五名犯人。我的單位在建築工地從事一些很雜亂的工作，如油漆粉刷，敲石塊或焙磚。

夜裡的溫度降到零下，為了暖和大家都擠在一起，我常常因為帳篷外凜冽的寒風而不能入睡。每天早上醒來，就會發覺帳篷的油布上結了很厚的霜。

中國人在努力趕工，要快速在生葉波造好監獄的建築。當局顯然準備接收更多的犯人。我開始擔任的工作是用一個很大的鐵錘，把大塊岩石敲成小碎塊，後來從事比較輕鬆的勞動，油漆窗戶。

每個星期在帳篷裡也要舉行批判會，這成為很傷腦筋的事。在監獄裡已經關了六年，很難再想出新的坦白材料。每次開會的頭一天，我總是絞盡腦汁地思考，看能夠挑出自己什麼樣的毛病來作檢討。通常我會重複地交待說自己偷懶，逃避工作，阻礙了社會主義的生產。如果幸運的話，監獄長會接受我的自我批評，只對我進行一番申斥。有時候他們會反覆地說我犯了罪，指責我反對共產黨，通常沒有進一步更嚴重的罪名。

1966年春天，我注意到黨的政策有一些調整。每天午飯的時候，有一組人給大家閱讀《西藏日報》上的社論，並且領導大家討論。一般我們都討論社論裡面所批判的對象：美帝國主義，蘇聯修正主義或者印度擴張主義等等，反正只是按照官方正式的言論和報紙上的文章，依樣畫葫蘆。

可是那一年的春天，社論變得有點朦朧不清，常常批判階級敵人和修正主義者。中國幹部似乎也被社論弄糊塗了，因為他們不知道這一篇篇社論到底矛頭指向誰。後來當我了解了共產黨是如何運作時，才知道《西藏日報》的社論變得語氣模糊，表示黨內高層開始一個難分勝負的權力鬥爭。這種混亂，揭開了文化大革命的序幕。

五月的一天，犯人接到命令停止勞動，拆除帳篷。東西都捆在一起，放在卡車上，又被轉移到生葉波監獄。雖然五個分隊裡，只有三個長期駐紮在那兒，但是那天下午卻擠滿了人。一名藏族管理人命令我們在露天扎營，每個單位都急忙找一塊空地下寨，不久場地的泥地全部被新扎上的帆布營所掩蔽。

在五月開這樣的大會是很不尋常的。通常中國人會在冬天把犯人召集到一起，召開「獎懲大會」，會期一個月。經驗告訴我，戲劇性的變化往往是一個兇險時期將要來臨的徵兆。

夜裡很難入睡，一方面是害怕將要發生什麼異樣的事，一方面是因帳篷都擠在一堆。第二天起床以後，也沒有往常那樣的擁擠和匆忙。沒有警衛人員來把我們驅趕出帳篷，相反地沒有人管我們，大家在場地上交談著，連營地的大門都是敞開的。

一些中國幹部走進場地來，每一個分隊開始集合點名。一個主管幹部主持會議，他說毛主席親自下令，要全中國的男女和小孩都參加文化大革命，要清除黨內的修正主義者。

每個人都發了一本毛主席的「十六條指示」。中國幹部很嚴厲地警告我們必須背誦這「十六條」，要我們站穩立場，並且警惕黨內敵人的進攻。我很驚訝，當局能快速生產這麼多的藏文小册子。這種速度顯示了他們對於新的運動是非常看重的。

他還宣佈，犯人有疑問的時候可以發言，也可以提出批評。毛主席顯然認爲人們可以表達自己的意見，而不受到懲罰。這個幹部用很眞誠溫和的語調向我們宣佈這條消息，可是我並不相信他。每次被審問時，「 坦白從寬 」這句話聽得耳朵都起繭了。

然而大家心裡懋著一肚子的話，當黨用寬大的政策作爲誘餌，讓犯人們吐苦水的時候，大家就把他們藏在心裡多年的話匣子打開了。我們缺乏自由，厭煩每個星期的學習大會，獄卒的殘暴等等，大家不再保持沉默，渴望有機會自由發表意見，而不必害怕自己的話被扭曲地解釋爲污蔑社會主義或共產黨。後來證明這些寬大的承諾只是一個陷阱，這是中國人稱爲「引蛇出洞 」的一種策略，他們用這種承諾揭開了文化大革命的序幕，持續十年的文革把西藏推進了最黑暗的地獄。

第八章

文化大革命

那年夏天的一個早晨，我被派到扎奇去油漆一座新房子。我剛開始工作沒有多久，就看到一大群人打著紅旗朝我的方向走來，在碧藍的天空下，紅旗在風中飄揚。敲鑼打鼓聲震天價響，群衆的呼聲超越了鑼鼓聲：「毛主席萬歲！毛主席萬歲！」看到這些打著旗幟的隊伍，我覺得好像是一群孩子在節日裡遊行，隊伍裡的人沒有一個看起來年紀超過十五歲，這些孩子後來被稱爲「紅衛兵」。有些年紀更小的孩子也跟在後面走，雙手熱情地鼓掌。遊行的人臂上都戴著紅衛兵的袖章，對我們這些路旁圍觀的犯人都視若無睹。

那天晚上，有類似的一幫年輕人到監獄來，他們發表一項聲明，要求所有幹部都參加文化大革命，鏟除黨內的反動派。紅衛兵們在未來的年代裡製造了大量的騷亂，打著毛澤東「造反有理」的口號，狂熱地衝到街上，把一切他們認爲阻礙革命前進的東西砸爛。我唯一對監獄有一點感激的是，它保護了我們免於遭受紅衛兵的殘害。

有一次在四組，我看到紅衛兵把整棟行政大樓的工作人員都驅趕出樓，把紙捲成圓桶做成帽子，讓主管幹部們戴著，把他們的衣服都剝光，然後命令他們站在一棟白色建築的前院裡。看見這些人站在那兒，兩隻手放在膝蓋上，心中很納悶。他們害怕得全身發抖，手足失措。一個紅衛兵命令他們低頭彎腰。

開始我覺得這些幹部們是罪有應得，自食其果。這種報復心理雖然違背我的宗教信仰，卻是人性裡面很強的一種衝動。監獄管理員和警衛只不過是整個行政系統最下層的人，但是他們的殘暴導致了犯人的痛苦，我們的憤怒很自然地發洩在他們的身上。紅衛兵們在他們臉上吐口水，辱罵他們妨礙革命的發展，拒絕暴露黨內的敵人。

第二天這些幹部官員彎腰駝背地在監獄場地走著，看起來很可憐，而且不知所措。紅衛兵們命令他們也要開檢討大會，坦白交待自己缺乏支持革命的熱情，終於輪到這些人進學習班了。

1966年5月中，我們的分隊也被命令要進行學習，這種學習持續了一整個月。主要學習毛澤東思想，並且閱讀報導文化大革命進步的《西藏日報》社論，還放了一個電影，是毛澤東在北京天安門廣場檢閱了成千上萬的紅衛兵。

文化大革命被宣稱是在毛主席和林彪的直接指導之下發動的。我以前沒有聽過林彪的名字，他被形容成「偉大領袖毛主席的親密戰友和接班人」。接下來的兩年之間，沒有一次會議漏掉過這兩個人的名字。

文化大革命是毛主席親自發動的，爲了要鏟除一切妨礙社會主義進步的力量，並且消滅試圖顛覆革命的黨內敵人。他們讓我們眞誠擁抱革命，改造思想和行爲，也警告我們，如果任何人離開進步的道路，他將會像一棵毒草一樣被鏟除。

我不明白這一切跟西藏有什麼關係。

那年夏天的一個早上，上面讓我們停工一天，我的心開始往下沉，大部分人寧可勞動，也不願參加無休無止的會議，勞動可以讓我們躲開讚美黨和毛主席的義務。各組都列隊站在院子裡，面對坐在高臺上的監獄官和外地來的長官。瘦瘦的、還不到五十歲的監獄長發言了：「舊的封建制度社會已經滅亡，社會主義是唯一的道路。你們應該改造自己，要學習熱愛黨和群衆。」他接著說，我們首先應該放棄「四舊」：舊文化、風俗、習慣、思想。他揮舞著拳頭喊道：「在無產階級的鐵拳下，你們無處可逃！」

在接下來的幾個類似的演講之後，會議結束了。我們返回監房去討論剛才會議的重點。牢房的頭兒已經在那兒，他又重複早上大會宣佈的要點。他正在說話的時候，外面傳來巨大的聲響和騷動。大家都衝到門口去看，庭院裡已經堆了一大堆的毛毯、書籍、鞋子和衣服，還不斷有囚犯把東西往上丟。

他們都在破除四舊。那堆東西被點燃了，一會兒就大火熊熊。我們受到慫恿，把自己的東西都丟到火焰裡去。我有一整套的袈裟，平時用來當毯子蓋，現在我把它丟到火裡去了。其他犯人也把他們最珍貴的物品，包括宗教書籍和法器都丟入大火之中。濃厚的黑烟從火焰中升入天空。一個年輕的警衛衝進牢房來，指著一雙皮鞋說這應該燒掉。「可是這是全新的，」

鞋子的主人說。「這是印度擴張主義者製造的，」警衛反駁。他接下來望著我的小皮囊問道：「你爲什麼還貪戀這種舊東西？」一般藏族畜牧人都用這種皮囊來裝糌粑，朝聖的人也在他們的皮帶下繫一個小皮囊，它也可以權充一只碗的作用。

「這是勞動階級喜歡的東西。」我回答他。

「這是封建主義的殘餘，我們不需要這種東西，」他怒氣沖沖說，「感謝黨的仁慈，連你們這種犯人都可以用『現代』食具，在以前只有剝削階級才用得起。」

我走出去把我的封建小皮囊丟入火焰之中，注視著它在大火中慢慢捲縮，感到哭笑不得。這樣一只簡單的小皮囊也成爲我們新的統治階級的打擊對象。

從此以後，所有的東西都被區分成「封建社會殘餘」或「社會主義新生事物」。有些犯人被迫把他們傳統的藏式木碗丟進火裡。警衛們來檢查我們的物品，不讓我們隱藏這類東西。任何橘色和黃色的物件都被摧毀了，因爲這兩種顏色代表了宗教。要不就得把它們染成紅色或深綠色，因爲這是人民解放軍制服的顏色，我把我的東西都染色了。大部分的人爲了表示對革命的熱情，都把個人的東西丟到火裡去。整個監獄陷入混亂之中。

幾天之後，色拉寺的方向有裊裊黑烟上升，色拉寺是西藏第三大寺廟，離我們監獄以東只有幾里的路程。我注意到幾乎整個星期烟都從四面八方升上天空，表示到處都在燒東西，書籍、衣物、袈裟、鞋子和其他我們所心愛的東西都被摧毀了。直到後來我被放出監獄，才眞正地了解到，文革對於西藏文化遺產所造成的全方位的摧毀。

記得當時我從大廳走出來，穿過庭院，一頁紙像一片秋天的落葉飄到地上。我把它檢起來，發覺這是我以前當小和尙時所學習的經文。燒焦的紙頁在我的手中破碎了，我忍不住哭起來，但是又很快用袖子把眼淚擦乾。走回牢房，發覺房子的進門處掛著一幅巨大的毛澤東像。

「破四舊」運動使一切進入癱瘓狀態。說話作事時，很害怕別人會說我還有舊思想、舊習慣或舊文化的習氣。不久上面宣佈我們已經唾棄了「四舊」，從現在起應該接受社會主義的習俗了。我們學習在說話和書寫方面都要用一種新的社會主義術語，因爲這更適合於新的無產階級文化。爲了要活下去，我們不得不裝出一種順從的樣子。

每天的會議都讓人心驚膽跳。下完工返回監舍，吃了晚飯就是學習的時間，要讀毛澤東的「小紅書」或者是《西藏日報》的社論，每個星期還舉行一次坦白交待和批判大會。我以前那種批判自己和其他犯人懶惰的策略，現在已經不能滿足當局了。監獄長親自抓「人人批判人人」的工作，我常坐在床上等候被點名，心裡很慌亂，不知道如何進行坦白和批判。監獄的頭頭對我的猶豫不決非常生氣，他大聲地諷刺我：「班旦已經完全改造好了，他認爲自己應該被釋放，對不對？」

他在挑釁，我最好保持沉默，但是他毫不放鬆，令我無處可逃。他下決心要逼我說出一些可以稱爲「反黨」的話報告上去，最後他寫報告，說我拒絕坦白交待，態度傲慢，自以爲已經是一個改造好了的人。

第二天晚上，有兩個監獄的領導到我的監房。年紀大的坐在門邊，嘴上叼著一支香烟，年輕的在屋子裡踱著步子，最後站在房間盡頭。他們是衝著我而來的，因爲牢房的頭頭已經向上面打了報告。其他犯人都沉默地坐著，年紀大的幹部抱著手走向我，「有些犯人自以爲已經變成新社會的公民，」他說，「但是有罪的反動犯人不能一夜之間就革面洗心。他們就像包在布裡的石頭，外軟內硬。班旦，你以爲我們會放過你？」我無語。他陰陰地笑著說：「誰拒不坦白，就是抗拒社會主義。」

突然他提高聲音，命令我站到房子中間，像申斥小孩一樣喊道：「對你只剩一條路了！」他向監獄管理點點頭，後者舉起拳頭吼道：「消滅反動份子！」其他的犯人也跟他一起合聲叫喊。警衛和監獄頭頭開始打我，我拿手擋在臉前，他們不停地對我拳打腳踢，大概持續了二十分鐘之久。他們離開之後，我不顧全身的疼痛爬回床上倒頭就睡。醒來之後，把上衣脫下察看肩膀肋骨上的瘀血和青紫。當我一跛一跛走向廁所時，其他犯人都假裝忙著做自己的事，避免跟我的目光接觸。

文化大革命延續了十年，一直到毛澤東去世。在那段時間裡，我大概挨過三四十次毒打，沒有一個犯人免於被批鬥。由於批鬥大會有很多犯人參加，所以黨總是可以開脫責任。我們都變成傀儡，無法保護自己。如果上面跟我們說太陽從西邊出來，也沒有人會去爭辯。

西藏分裂成兩種針鋒相對的派別：「造反」及「結盟」。每個辦事處、工作單位，甚至家庭，都按著這兩種不同的路線站隊，往往同一家庭的成員發覺家人分成兩派，監獄管理人員和警衛也不能避免這種派系鬥爭。年輕的管理人常常控訴他們的上級是「掌權派」，妨礙革命的進步。原國家主席劉少奇被指控爲資本主義滲透進共產黨的總代表，《西藏日報》鼓動群衆鏟除劉少奇的代理人。

內部鬥爭使我們不得安寧，會議和懲罰跟以前一樣日以繼夜。監獄又進來一大批新犯人，大部分是年輕的藏人和中國幹部，很多是以前政府和黨的工作人員，後來被指控爲劉鄧在西藏的代理人。1967年夏天，「造反派」和「結盟派」的鬥爭使整個國家都癱瘓了，唯一還能運作的，似乎只有軍隊了，所以監獄的日常行政工作就被軍人接管，我們被告知，這些軍人是「保衛祖國者」。

有天我走進公共廚房，發覺這兒的情勢也陷入混亂。一群中國犯人正坐在那兒，享受著溫暖的陽光。他們身上穿的衣服比較整齊，看得出是剛到的一批。有個人看起來有點面熟，他正在一邊抽烟一邊跟別人談話，當我走過他身邊時，他盯著我看。

「歡迎你，蔡組長！」我說。

他跳起來跟我握手，一邊熱情地笑著。

1960年我關在羅布昆澤的監獄時，他是那兒的監獄長，雖然他沒有審訊過我，可是我對他很熟悉。他的臉圓圓胖胖，並不是一個壞人，只是脾氣暴躁，常常會突然發怒，但是又會很快冷靜下來，把犯人打發走，不再繼續刁難。看到他也被關進來，我感到非常驚訝。同樣令我驚訝的是，我還看到一個從江孜來的名叫旺傑的年輕西藏人，他曾經是蔡的翻譯。旺傑是中國人統治西藏的受益者，出身於貧苦的家庭，後來被共產黨送到中國去受教育。現在他看起來茫然而失意，他也認出我來，但是沒有任何的表示，也許他覺得不好意思，也許他怕人家說他跟一個反動犯人有關聯。蔡一直被關到1976年。他和旺傑的罪名是盜用公款，這是一個當時經常被加給一些幹部的假罪名。

那段時間大家都覺得度日如年，只有在勞動的時候才能免除被控訴和懲罰的恐懼。批判別人和坦白交待的壓力非常無情，這造成一種犯人們彼此監督的氣氛。總是有幾百雙眼睛盯著你，恐懼使人變得更加卑屈和溫順，我內心深處對於中國當局的殘忍和無情，感到深惡痛絕。

犯人之間逐漸形成一種彼此心照不宣的理解和同情，大家都明白，在高壓之下每人幹的事都一樣。雖然批判別人會給自己帶來敵人，但是我們很快學會了寬恕，不管對方怎樣批判自己，我們都能諒解而不心懷怨恨。

沒有選擇的餘地，不參加批鬥大會就會被當成反社會主義者，同時也被視爲一個反叛者。批鬥大會上，在場的軍委會工作人員會把你說過的每一句話都記錄下來，如果他們發覺你不是全心全意參加，就會指責你缺乏革命熱情。你應當把監獄的難友當成最仇恨的敵人，無情地打擊他。

由於出身反動剝削階級，我是一個顯著的目標，很容易成爲被打擊的對象，在監獄內外，唯一得到文化大革命好處的是那些「貧農」階級，出身貧窮的人犯罪，會受到寬大的待遇，這類獲得了新地位的人，如今變得趾高氣昂，西藏人稱呼他們爲「粗脖子」。「貧下中農」被認爲有比較乾淨的政治背景，因爲他們不願意復辟封建社會舊制度。這些犯人像寵兒一樣在監獄裡大搖大擺，雖然有時候也難免被批評，但是大家都非常小心，因爲他們輕易就能把別人的批評說成是反動份子對勞動階級的欺壓。

階級出身掌控監獄大牆的內外。一個出身貧困的犯人如果努力工作，經常檢舉別人，同時對階級鬥爭表現了很高的積極性，他就可以很快受到寬恕而被釋放。

1967年年底，這些會議都成了鷄蛋裡挑骨頭，鷄毛蒜皮的小事都會上崗上線，懲罰還是跟以前一樣殘酷而充滿暴力。連我們坐的姿勢都受到批評。如果大家用習以爲常的模仿佛祖打坐的盤腿方式坐的話，就會被批評爲對佛祖有封建主義的信仰。我們被迫模仿解放軍士兵那種蹲法，我覺得蹲著很不舒服，想來所有藏人都覺得這個方法非常愚蠢，大家不習慣這種姿勢，犯人的腿本來就已經很弱，現在更是蹲下就發抖。蹲幾分鐘我就必須站起來，假裝是需要拿東西去。

1968年的春天我被派到監獄附近的一個製磚廠去勞動。有好幾個月的時間都沒有鬥爭大會，也沒有挨打。晚上是學習的時間，大家清一色地都閱讀毛澤東的「小紅書」。有一天晚上我正在閱讀，有兩個士兵和我們分隊長，名叫瓊先生的藏人走進牢房。瓊先生臉色黝黑，脾氣暴躁。

年紀大的長官開始發話：「共產黨仁慈又有耐心，」他故意用一種非常莊嚴的口氣說，「黨給所有的反動份子改造自己的機會，可是他們仍然繼續反黨反人民，這些罪犯就像屠夫一樣，掛羊頭，賣狗肉。」這個軍官很有表演天才，他突然發難，只有一個可能性：我們中間有一個倒霉鬼將面臨嚴厲的懲罰。連牢房的頭頭都非常害怕，他要是不把任何最細微的小事向上面報告的話，就會被認爲是同謀。長官看了另外那個士兵一眼，他立刻大聲喊：「班旦加措」，我不寒而慄。

同房的難友一聽到是我的名字，都鬆了一口氣，我丈二金剛，摸不著頭腦，站起來走到房間中間，長官命令我坦白交待，他指控我「打悶槍」。

「坦白！坦白！」他大聲地吼道。很多犯人在這種情況之下，嚇得會把內心的秘密兜底倒出來。我明白現在必須鎮定，保持沉默，先等待這位長官透露一點端倪。那名士兵對於我的沉默感到異常憤怒，長官命令牢房的頭頭和其他人抓住我的手。

他們把我的頭使勁往下按，並且把我的手臂擰到背後。「低下頭去！」那個長官叫道：「你這個猖狂的反動份子！」周圍的犯人合聲喊道：「交待！坦白交待！」我仍然保持沉默。這個時候從外面走進兩個人來，一名犯人和一名警衛。牢房的頭頭拉我的頭髮使我抬頭，他指著剛剛走進來的犯人問我：「認識他嗎？」

我認識，他名叫仁曾，是從拉薩來的。我們在同一個分隊，在監獄場地我常常看到他，他也跟我一樣被派到製磚廠去，不過我不明白我跟仁曾之間有什麼關聯。「我認識他，」我對審訊者說。

牢房的頭頭把我的頭往地下按，仁曾開始控訴我。「班旦這樣惡劣的反動份子從來不肯承認封建主義被消滅了，他們還常常做夢，希望封建主義能借屍還魂。」仁曾指控我犯了罪，他說那天下午我做了一種「水祭」，這是一種西藏人常常舉行的儀式：把手指浸入水中，然後在空中用指頭一彈，就算祭奉神祇了。文化大革命以來我就沒有做過這種儀式了，因爲我知道如果被任何人抓住，後果會有多嚴重。

「你認不認罪？」長官問。

「我根本沒有做這個儀式，」我很生氣地回答。

這個長官又轉向仁曾，讓他把我犯罪的詳細經過重述一篇。我簡直不相信自己的耳朵。仁曾形容我如何把手浸到河中，然後彈向空中。可是事情並不是像他說的那樣，下工以後，我們沿著一條狹窄清澈的河返回監獄，我把手套掉在河裡了，所以彎下身去揀。我用雙手掬起水來喝，水非常清涼，所以我往臉上拍了一些水，之後我把手甩了一下，想把水甩乾。

仁曾把這件簡單的事扭曲成爲一種宗教儀式。長官立刻命令其他犯人對我開批鬥大會。同監的難友們擁過來，從後面和兩側推我，有些人甚至踢我。牢頭拿了一條舊的粗繩子把我全身捆住，雙手捆在後面，使我無法動彈。我的胸口、手臂、肩膀以及肋骨上遭到了雨點般拳頭的捶打。犯人們知道如果不重擊我，那麼自己也會被控訴成爲不支持社會主義。我沒法舉手保護頭部。

我看過有人在批鬥大會上死去。一位名叫薛康・永登的溫文長者，曾經是第十三世喇嘛的文書，因拒絕批判達賴喇嘛而挨打。他失去知覺，在送往醫院途中死了。

我其實希望快一點死，我告訴警衛最好把我殺了，他們被「我的挑釁」激怒了，回答我的是，重擊我頭部的側面和踢打我的肋骨。

這一陣拳打腳踢結束之後，警衛都氣喘如牛，汗如雨下。我倒在地下，牢頭把我鬆綁，繩子一解開，我的呼吸又恢復正常了。警衛撤離房間，那個長官還回頭看我說：「別以爲你的案子結了，我們要一直審問到你招供爲止。」

我爬回床上，劇烈的疼痛慢慢平息，我進入了睡鄉。第二天輪到我到公共廚房提茶水。我的臉腫得厲害，胸部和手臂都是青紫瘀血。大家看得出來，我疼痛得厲害，如果不是怕被指控爲「跟反動份子拉幫結派」或「同情反社會主義的罪犯」，誰都會願意代替我去擔任這項工作的。現在大家只能對我行注目禮，看我掙扎著提起壺，走到院子去。

後來我還是去磚廠工作。我犯罪的證據對大家而言，是顯而易見的可笑，但是犯人們都裝作沒事的樣子，把眼光調開去了。我盡可能努力工作，知道一旦停止工作，情況將變得更糟。那天下午我越來越焦慮，精神沮喪地回到牢房，還沒進門，就看見牢頭已經含著一支香烟在等著我了。我爬上床，可是他瞪著我說：「你想幹什麼？」

我說想躺下來，他大聲辱罵我：「落後份子。」接著分隊隊長瓊先生帶著昨天那兩名守衛進來了，他重複昨天的控訴，說既然我知道這種行爲是禁止的，爲什麼還繼續這種「水祭」，我重複地否認了。牢頭又命令大家開批判會，我低下了頭，其他的犯人開始推我，並且一個接一個地罵我，有些人只是來拉我的衣服，搖我，他們實在不忍心再來打我這樣一個完全無助的人。

這種情況持續了十三天，我無法進食。勞動是我唯一能夠得到的鬆弛的機會。可是一到傍晚，哨音響起，大家站隊返回監獄的時候，我的胃就抽筋，心裡充滿恐懼和憂慮。記得就在這段災難時期，有另外一個犯人自殺了，大家叫他大黑斑，因爲他臉上有很大一塊胎記，以前是布達拉宮南加寺的僧侶，由於參加1959年拉薩起義而被逮捕，他在批鬥會上被作爲打擊對象，因而自殺。

他跟我在同一個製磚廠工作，工廠和監獄之間是一條土道，每天我們沿著這條路往返於監獄和工廠之間，經過的卡車揚起滾滾塵土。一天晚上當我們往監獄走去的時候，黑斑走在我前三行，突然間，他走出隊伍，撲向一輛剛從大門開出來的卡車。卡車停下來，已經太晚了，我看見他的腳猛烈地抽搐了幾下就躺在塵土道上不動了，我調開頭去。大家被命令快速地走回監獄。

沒有人談論黑斑的死亡，這件事情就像每天例行的生活一樣，過去就過去了。大家都恐懼得不敢有任何感情的流露，眼淚也都成爲秘密。

每天的日子都籠罩在巨大的痛苦之中，大家對於毒打和折磨都變得麻木了。我的神經繃得越來越緊，逐日增加的焦慮快要把我的精神壓垮了。我也在考慮是否要步大黑斑的後塵。每當返回監獄的時候，批鬥會就緊接而來，我肉體上遭受的毒打比以前減輕了，連瓊先生都有一點意興闌珊。

兩個星期以來，我拒絕坦白交待，堅持自己的說詞。監獄管理人最後放棄了，他說我的案子將交給年度的批審大會來處理。我想我的固執最終贏得了難友的尊敬。

每年的批審大會在冬天舉行，分隊隊長會在大家面前宣讀他收集的報告。那些打了別人小報告的「積極份子」會得到一張毛澤東的像或者一本「小紅書」作爲獎賞。「改造失敗」的犯人會被加刑，每一年總有幾名犯人會因爲無法改造而被判處死刑。

1970年10月的一天清晨，我聽到大鐵門刮在地面上的聲音，門打開了，隊長對警衛大聲喊叫，讓他把犯人叫醒。監房的門開了，警衛衝進來喝令我們立刻起床。大家在外面集合，天還是漆黑的，天空中佈滿了成千上萬的繁星，冷風刮著臉。有大卡車開進監獄，牢頭說卡車要把我們送到扎奇，參加年度的獎懲大會，這表示將要執行死刑了。

到達扎奇的時候，天還沒有亮，我們跳下車，警衛命令我們坐在泥地上。更多的卡車運來了幾百個其他的犯人。拉薩附近監獄的犯人都被召來參加這個大會。天亮的時候，我們排隊走進監獄的場地。地上有粉筆寫的每個監獄每個分隊的號碼。

一個幹部向我們宣佈開會的三條注意事項：不許說話、不允睡覺、不許上廁所。清晨的太陽帶來了一點暖意。司法部的幹部走進來，坐在我們對面的一張長桌前面。其中一個人打手勢，警衛帶進將要被槍斃的犯人。我雖然慶幸不在中選之列，但是對即將發生的事情心裡極爲厭惡。

持槍的警衛把那些雙手用麻繩捆得緊緊的犯人一個接一個

地帶進來。每個人的脖子上掛了一塊木牌，上面寫著我不認識的中國字，猜想是犯人的名字和被加諸的罪行內容。越來越多掛著木牌的人被拖進場地，不久大約有五十來人站在我們面前。一個警衛打了手勢，牢頭和積極份子們就大聲喊道：「消滅反革命份子！」幾千個人的聲音跟著響起來，叫著同樣的口號。

在這些將要被處死的人裡面，有兩個我們大隊的人。兩天之前，梅周貢卡的提貢・班達和拉布秋兩人被點了名，謠傳說他們將會被釋放，當時沒有任何跡象顯示，他們將要面對死刑。現在這兩人站在那兒，眼見認識的人即將死去是很難忍受的。

臺上的一個軍官喊出了我的名字，我被叫到前面跟那些跪在地上、一動不動馬上要處死的犯人面對面。有一名犯人被揪住頭髮，拉到我臉前。她是一個滿臉皺紋、沒有牙齒的老婦人，腫脹的臉滿佈了瘀血，差不多已經奄奄一息了。直到今天，我想起她，全身都要發抖。

兩個警衛抓住我，把我的頭往下按。有人高聲讀出這個婦人的名字和她的「罪狀」：反叛祖國、參加反革命行動、謀圖推翻無產階級專政。我並沒有留心去聽她的罪狀，因爲單單她的名字就已經使我的心砰砰跳動。

她是貢噶林・貢桑女士，我以前多次聽過她的名字。貢噶林出身於西藏一個很有聲望的貴族家庭，大家都很敬佩她對抗中國人的英勇行爲。她組織並領導了1959年3月12日拉薩婦女的抗議活動。我聽說她在批鬥大會上堅持宣稱西藏是一個獨立的國家，她是西藏1959年起義的一位英雄。

我們彼此相望，她的眼睛霧朦朦佈滿血絲，臉上有一種表情，似乎要求我替她祈禱。雖然是冬天，但是太陽照進院子，使我覺得頭暈目眩。我想像在萬里無雲的天空中，有一隻鷹在我們頭上盤旋，我有一種感覺，這隻大鳥會俯衝下來，叼起我，把我帶離這個地方，遠離這場即將來臨的死亡。

我旁邊突然出現了一個士兵，我吃了一驚，他把手放在我的肩膀上。大隊長走到我面前。

「班旦加措，」他叫我。

我的喉嚨發乾，他並不期待我的回應，「你知道嗎？」他繼續說：「你站在懸崖邊走鋼絲。」他用大拇指和食指比了一下，「就差了這麼一點兒。」他指指那些等待死刑的犯人。我心裡又是恐懼又是厭惡，他的威脅，我幾乎沒聽入耳。

大會一直持續下去，宣讀犯人的案件一直持續到下午，最後他們宣佈黨決定剝奪罪犯們的生存權。幾千個嗓門拉開喉嚨喊道：「堅決消滅反動份子！堅決消滅人民的敵人。」這些人被拉上一輛敞開的卡車，卡車緩緩駛過在場的每個大隊，最後停在監獄門外，這裡有一條犯人們自己挖的大約五尺深的溝。幾名軍人爬上監獄的圍牆，以便看得更清楚，有些人捲起雙手眺望。

囚犯被命令跪在溝前，然後一排機槍掃射了。子彈的力量把他們彈到溝渠裡，士兵們再度瞄準，從近距離給那些在第一輪沒有打死的人補上槍。開槍之後的一分鐘是完全的死寂。那一天共有十五個人被槍決了。

死者的家屬會收到一張帳單，上面列具發射子彈的數目和捆綁他們的繩子價格，從而得知他們的親人是被槍決的。

死亡對我們如影隨行，這是黨權力至高無上的表現。面對死亡時，每個犯人的表現都不同。記得在1971年的秋天，又有一批人被一個個召喚到一個小辦公室去。辦公室的門是大開著的，房間有一張很大的窗子，從外面可以把裡面的情形看得一清二楚。有一個名叫強巴曲培的老年僧侶在我前面被叫進去。

強巴是祥拜陀寺廟的住持，是噶甘地區一位聲譽很高、學識淵博的僧侶。他的腰圍很寬，臉圓圓的，無數的毒打和刑求都沒能使強巴放棄他的宗教信仰。但是沒有一個人能夠想像，當他聽到被宣判死刑的時候所作出的反應。強巴哀聲請求寬恕，他在中國軍官面前匍伏在地，就像一個僧侶在老師或者高僧面前表示敬意那樣，他失去控制，不停地哭泣，旁邊的士兵衝上去，把他拖到桌子前面。將他的手印按在一份文件上。然後把他像一個袋子一樣捆綁起來，丟在屋子的角落。

下一個被叫進去的人名叫白瑪董丁。白瑪曾經是達扎地區的總管，達賴喇嘛尚未成年時，他是西藏的攝政。他在監獄裡很受人愛戴，白瑪也不知道將被判死刑，他站在桌子前面，一個軍官宣佈黨要剝奪他的生存權。白瑪說：「謝謝你。」他聽起來十分愉快。不但我，連中國軍官們都感到意外，他接下來說的話讓大家更是大吃一驚。白瑪引用了西藏的諺語：「長而快樂的生命固然好，不快樂卻短暫的生命則更佳。」說完之後，他非常鎮定地把手指沾在印墨裡，然後在文件上畫押。

回想起來，我感到震撼，白瑪是一個世俗人，沒有受過冥想和佛教哲理的訓練，當他面對死亡的時候卻充滿了勇氣，然而另一個僧侶平時總是在思索死亡，他的信仰讓他明白肉身不過是一個短暫的現象，但是在面對死亡時卻如此錯亂而請求寬恕。白瑪的態度把漢人的權力抵消化解，他面對死亡的鎮定使得他們的殘忍變得毫無意義。

另外一個犯人由於偶爾污損了毛的像而被判處死刑。在一個周會上，他的罪行被揭露了，牢頭像往常一樣主持這個會議。一個犯人指控另外一名犯人對偉大舵手懷有刻骨的仇恨，證據是有人看到他那張毛的像上有一道很深的指甲印。會上還公開了這一道印子的確切尺寸，當局要這個被指控的人解釋，這條印子是怎麼弄到毛主席像上去的，他無法解釋，就被判處死刑。

這段時期，中國發動了批林批孔運動。在西藏這場運動則是針對達賴喇嘛和班禪活佛的。我們知道漢人要我們批判達賴喇嘛，指控他是黨和社會主義新社會的頭號敵人，我們想方設法繞過達賴喇嘛，只指控西藏的貴族階級。幹部們反覆地問：「誰是西藏所有苦難的源頭？」

一天，有名叫圖丹貢卻的犯人在開會的時候站起來，他因爲參加了1959年的騷動而被判刑二十年。他鎮定地把其他犯人刻意避免的話說出來了：「達賴喇嘛是西藏苦難的原因。」大家都不能相信他會說出這樣的話來。「達賴喇嘛，」圖丹繼續說：「是出賣祖國的奴隸主，我們應該揭發達賴喇嘛的罪惡。」他被減刑至七年，後來被任命爲牢頭。1970年年底，各種派系的鬥爭慢慢結束了，軍隊掌控一切。絕大部分的寺廟都被關閉或摧毀了，所有的西藏人都住在公社裡，這被形容爲「發展的最高階段」。

第九章

勞動改造

到1970年的年底，我在監獄裡已經度過了十載春秋，我逐漸開始相信我不能活著走出監獄，重享自由。我非常孱弱，精神和體格都極度衰弱，經常上氣不接下氣。我向大隊長申請許可，想到醫院的醫療室去看病，但是被拒絕了。我們一共二百多人被派到拉薩以南的堆龍，修建一所水力發電站。他們說水力發電站是西藏發展成爲一個現代化社會的標誌。我們挖掘一條溝渠，把河水引過來，由於大家拚了命幹，所以一個星期的工作在三天之內就完成了。水電站的領導祝賀我們，並發給每個人一塊肥皀一條毛巾。對於我們而言，拚命工作能讓人逃避一下沉重的精神負擔。

我回到生葉波時，健康情況越加惡化了。到診所看病的申請再度被拒絕。監管人說我是裝病想偷懶，我被派到一個採石礦去，這是體力勞動最重的一種工作。有一天我暈倒了。

我被送到當地的醫療站去，這個小屋子裡空空蕩蕩，充滿了消毒劑的藥味。醫生告訴我這是一座醫院，他問我：「你爲什麼不早來看病？」我告訴他大隊長不允許，這位醫生非常生氣，他說我病得很厲害，應該轉到更大的醫院去，我被送到扎奇。

在這兒我一輩子頭一回作了一次全身檢查。一個姓王的年輕漢人大夫給我檢查，他不斷用簡單的藏語說：「不好！不好！」我默不作聲。檢查完以後，醫生讓一個藏人護士來給我解說醫學名詞。他說我有心臟病，可是他的診斷結果一通過翻譯，就都丟失了。

對我來說，躺在一張自己的床上，遠離監獄的嘈雜聲是非常奇怪的。白色潔淨的棉布床單非常奢華，他們給我乾淨的新衣服，我甚至一天能吃三餐，有時中間還有點心。早上供應病人一杯道地的西藏奶茶，有時候還有米飯和蔬菜。

王大夫其實非常關心病人的狀況，但是黨的工作也已經滲透到醫務人員之中。王大夫看了我的檔案，知道我的案子的來龍去脈，他常常問我爲什麼堅持反動的信仰，他勸我擁抱社會主義，他說社會主義能夠推動全世界的進步。

很多犯人被醫生和護士的溫和態度軟化了，開始洩漏多年隱藏於內心的秘密。我決心不要落入陷阱，然而有一天我仍然被一名警衛抓住了把柄，說我「污蔑」了社會主義。當局總是在每個牢房、工作單位和醫院裡安插一些秘探，他們會事無巨細地把犯人中間的事報告上去。密探常常是由有「乾淨」背景的刑事犯來擔任，他們成爲當局的耳目，受到幹部的鼓動，往往會對他人直接進行批判。

我被送進醫院的第二天，就注意到這裡有這樣的人。有一個從藏北地區那曲來的青年搬到我旁邊的病床，他看起來沒有什麼病。他自我介紹，並輕描淡寫地說他殺了妻子，又補充一句，他的出身是「貧牧」，這表示在中國的占領之下他是受益者。由於學習好，大家都叫他「紅仔」。

我對紅仔很警惕，他的出身背景使我對他敬而遠之，決心不要給他機會來刺探我，而他總是在我旁邊伺機而動。有一天，他要求我把塞在枕頭底下的新睡衣給他，我再也按捺不住了。

「作爲貧牧，你從黨那兒得到了一切，」我大聲說，「作爲剝削階級，他們拿走了我所有的東西。」紅仔一聽非常高興，我立刻警覺到這些衝口而出的話會被扭曲變形，當作是我對社會主義懷有巨大仇恨的表現。果然，分隊隊長很快來到我的床前，並宣佈我是一個「不肯服氣封建主義已經被擊敗了的反動份子」。

接下來的兩個星期，我又成爲批鬥大會的對象，必須坦白自己的罪狀。在這裡他們不對我拳打腳踢，只是用言語來攻擊我。其他的病犯盡可能裝出憤怒是發自內心的模樣，按照既定方式不斷地辱罵我。我坦白了自己的錯誤，紅仔看起來十分興奮，因爲他成功地暴露了一個反動份子。

我的身體在逐漸恢復，開始在醫院裡做一些輕微的勞動，打掃衛生、整理繃帶或搓棉球，但是我依然有氣喘，並且胸部有劇烈的疼痛。1971年年初，我出院了，被送回生葉波監獄，分到第一號監房，這是以惡劣著稱的號子。

讓我休息三天之後，我又重新被派遣到採石礦去，跟其它幾百個犯人把巨大的岩石敲碎成小的四方型的石塊。開始他們讓我做敲石的活兒，可是很快他們就派我作搬運工作，把石塊背在背上，從礦上運到九十米以外的工地上。

開始工作的第二天，就看見一個年輕人一動不動躺在地上，有一塊巨大的石頭壓在他胸膛上。警衛和管理人員的殘酷是無與倫比的，一個月之後，一天牢頭旺傑用鐵棍把一個犯人的腦袋打開了花。

我的皮膚變得越來越粗糙，手指和手掌結滿了老繭。有些犯人用舊鞋底來做護掌，我也盡可能地收集舊鞋底，我一共收集到六隻舊鞋底，把它們用鐵線縫在一起。這些墊子成爲我最珍貴的所有物，保護我的手不被石頭的尖銳邊緣磨傷。

九月的時候，我注意到有兩個士兵把林彪的相片從牆上取下來，林彪是黨在人大上指定的毛澤東的接班人。將近五年以來，我們每天早晚都必須高聲呼喊「林彪萬歲」。現在他的肖像被取下來，這表示有很嚴重的事情發生了。

幾天以後又開大會。監獄長宣佈林彪企圖謀害毛，他的陰謀沒有成功，林彪和他的同盟坐飛機逃走，飛機失事，機上全部的人都喪生。中國幹部們對這件事情似乎也一頭霧水。不久新的批林運動展開了，我們每天學習《西藏日報》，並且展開相應的批判。進行這類控訴，對我們來說已經得心應手了。一切跟林彪有關的黨刊都被刪改了，壁畫或像也被塗改或銷毀。書上凡是有他名字的地方，都不動聲色被撕下來。

不久，一個名叫丹巴的藏人幹部在一次會議上宣佈，亨利・季辛吉將訪問中國，我從來沒有聽過這個名字，登巴向我們解釋季辛吉這個人物，並且說中美之間的關係更爲加強了。

幾個月之後，我們聽說美國總統尼克森將訪問中國。

尼克森訪華被看成是中國和無產階級革命的巨大勝利，令我們感到非常失望。從1960年開始，藏人一直希望美國能來解放我們的國家。1961年我在扎奇聽到一件消息，說美國在印度訓練了一支藏軍。有一個犯人說，他曾經被送到美國接受訓練，然後又被空降送回西藏。

有一段時間，由於中國嚴厲地譴責美國，使我們的期盼增強了信心。美國被形容成是一個幻想統治全世界的反動國家，被中國當成頭號敵人。我們在無數的大會上對美帝國主義進行譴責，現在聽到美國將向中國低頭的這種消息非常令人沮喪。中國愛說「東風壓倒西風」。

每天必須聽冗長的勝利演說，中國人說藏人希望從美帝國主義那兒得到支持的希望落空了，美帝就像藏人的神一樣，不能幫助我們。上面讓我們看尼克森到達北京，受到歡迎和接待的電視新聞。幾個星期以來，監獄裡的廣播器不斷播報中美友好關係，還說美國總統像一隻狗一樣夾著尾巴到了北京。次年中國變成聯合國的成員國。西藏得到解放的一切希望都似乎化成幻影了。

唯一的安慰是達賴喇嘛在印度還能享受到自由。

看來我得到釋放是無望了，事實上獲得釋放也不再是一件值得期待的事情。我聽到了一個名叫扎姆師傅的人死亡的消息，他是專門製作慶典上所使用的銅器的工藝師傅。扎姆於1960年被捕，在監獄裡待了十年，於1970年釋放，返回自己的村子，歡迎他的只是另外一場批鬥大會。所有的村民包括他自己的家人都聚集在一起，出來作證批判他，譴責他是階級敵人和反動份子。獲得「自由」數天之後，扎姆師傅自殺了。

當局拿這個故事來警告我們，說如果我們不徹頭徹尾進行改造自己，是無法逃避群衆的憤怒的。他們說西藏人民現在燃燒著革命的熱情，期待毛主席來成為照亮他們前途的火炬，還說監獄裡跟外面的世界是沒有什麼兩樣的。

1975年，我十五年的刑期結束了。12月24日的早晨，他們告訴我不需要去勞動，應該到行政大樓去報到。我知道這並不意味著釋放，只不過是換一種方式的轉移。大樓外面已經有其他幾個犯人在等候了，他們同樣也知道這並不表示獲得釋放，快樂地跟家人和朋友團聚。正式的刑期結束之後，犯人通常被遣送到另外一個勞動改造營去，那是另外一種形式的監獄。

一個藏人走出辦公室喊我的名字。監獄長和大隊長都在屋子裡面。他們假意營造一種興奮的氣氛，使我相信現在是獲得釋放了。大隊長接著告訴我，我將被分配到寧塘磚瓦廠。

「磚瓦廠！」我喊道，幾乎失聲笑出來。那是一個聲名狼籍的賣苦力的地方。平常警衛們總是用送我們到磚瓦廠來威脅我們，這個勞改營在離拉薩十五里的地方，靠著雅魯藏布江邊，幾乎是全國數一數二的大工廠，專門生產大量的磁磚和磚塊。這種分配跟我心裡想像的去處是不謀而合的。

我回到牢房去打點行李，找到一張1960年進監獄時沒收東西的收據。我拿著這張收據到辦公室去，大約二十分鐘過後，一個警衛拿了一包東西出來。我查看了那包東西，發覺我的錶不在裡面。我告訴中國幹部，並且給他看收據。

他叫我在外面等。過了幾分鐘，大隊長出來了，他說我的錶已經被銷毀了。

「可是我還活著呢！」我說。

只有當一名犯人死了以後，他的遺物才會被銷毀。幹部又返回辦公室，我聽到他們在裡面進行討論。一個藏人幹部走出來要看我的收條。

「那是一個金的勞萊斯錶，」我說，「這是全世界最好的一種錶。」聽說即使把它丟到火裡或雪裡，它都可以照常走。

「如果我們不知道詳情，怎麼能找到那只錶？」這個幹部說。

「在我的檔案裡應該有這張收條的原本。」我回答。

我們又走回辦公室，幹部拿給監獄長看。

「我們會賠償你的錶。」他安安靜靜地說。

我不滿意，告訴他這只錶非常昂貴。

「反正有黃金的正式兌換率。」他說。

我開始覺得有意思了。「當初我哥哥買錶的時候，並沒有按照你們的兌換率，我還是要我的錶，不願意要錢。」

我假裝非常生氣，指責他們盜竊，破壞了監獄的規定。多少年批鬥的經驗告訴我，要攻擊一個幹部的最佳方法是，質疑他對黨的忠誠和他的意識形態。

「毛主席用三大紀律，八項注意教導解放軍，禁止他們拿走人民一針一線。」我說：「只有反動士兵才會偷竊犯人的東西。」

最後監獄長說他們會調查這件事情，並且會把找到的錶給我送到寧塘磚瓦廠。他說拖拉車已經在外面等著了，我拿起背包就跑出去。跟這些幹部交鋒之後，心裡有一種勝利的愉快感。車子把我們拉出生葉波，朝著拉薩的方向開去。

車行大約三小時之後，磚瓦廠到了。跟我一道搭車的還有一個中國人，他以前是會計，另外還有一個前日喀則的僧侶。車子開過布達拉宮，這是1964年之後我第一次重新看到這座壯觀的寺廟。

工廠的辦公室在一個有鋁皮屋頂的新建築內。一個藏人和一個漢人幹部坐在一張桌子後面。藏人幹部名叫成列，正在仔細看我的檔案，漢人幹部只是望著我們猛抽他的烟。成列一人發話，他先問我的名字和一些細節問題，同時跟我檔案裡面的記錄核對。

「你不再是犯人了。」他說。

我沒有任何的反應，顯示出我不同意他的話，成列也滿不在乎，交給我一雙手套和一個像外科大夫戴的白棉沙口罩，跟我說了一下工廠裡的工作，並告訴我作爲一個「二勞改」的權利和義務。

「二勞改」不可以離開區域，也不允許到拉薩去。在得到大隊長的許可和另外一個「二勞改」的陪伴下，等於互相「擔保」之下，我們可以到合作社的商店去買東西。

我們居住的宿舍跟監獄沒有什麼區別，房子有泥牆和凹凸不平的地面。牆角可以看到結了冰的水窪。馬恩列斯和毛澤東的像掛在牆上。有一個木頭的鈎子可以掛衣服，另外有一長條高出來的地方是給大家打臥鋪的，那上面放著五套棉被，顯示出我將跟其他五人共居一室。

已經是近黃昏了，大家都還在工地裡，我倒頭睡了幾個小時。紛雜的腳步聲和人聲把我吵醒了，進來的人很驚訝發現有一張新的面孔。他們對我笑笑打招呼，彼此互相交談起來。有兩個人以前是哲蚌寺的僧侶，所以我們有好些共同認識的朋友，跟他們在一起，我感到很自在。

這裡的氣氛比在監獄輕鬆多了。雖然也有學習班和批鬥會，但是大家都比較坦誠，說話也比較自由。另外兩個僧侶對我很照顧，他們告訴我作爲「二勞改」的生活訣竅。

每天天還沒有亮的時候，大家必須起床，背上一個大的籮筐出門，任務是去撿滿一籃子的牛糞和人糞拿回來當肥料，這是一項競爭非常激烈的工作。每天清晨二百個「二勞改」滿山遍野到處尋找糞便，要完成自己的指標。

一個名叫次丹旺秋的「二勞改」拒絕去撿糞，在籮筐過磅的時候，次丹把空籮交出去，說他找不到任何的糞便，他立刻被拖出批鬥。

次丹以前當過貴族家庭的管家，因而被貼上「剝削階級代理人」的標籤。他很能言善道，有問必答。他以前東主的地產在離寧塘半英哩的地方，每次他到那邊去揀糞便，都會被當地的農民譏笑。有天次丹跟他們爭鋒相對說：「我們現在過的日子多美啊，每天要撿糞，好像這是什麼寶貝糕點一樣。」這句話傳到上面去，他又因爲污蔑社會主義，變成批鬥的對象。

次丹第二天不肯起床，同房的人一再勸說，他也不理。大隊長帶了幾個警衛進來大聲申斥他，次丹說他在附近的山上走遍了都找不著糞便。隊長說他應該更勤奮地到馬路邊上去找。

「我不知道大卡車也會拉尿，」次丹回答：「社會主義的卡車的確比資本主義的卡車更爲優越。」

那一天勞動取消了，所有的「二勞改」和附近的居民都被召集起來開會，次丹以前地主家的農民都被叫過來批判他。我們這些「二勞改」也都應當對他進行批判。他開始被衆人咒罵，後來遭到毒打，最後他們把他槍斃了。

拾糞的定額完成之後，我就步行到工廠去，他們命我和泥，要和得均勻光滑到可以製磁磚的程度。我得將磚胚放進窯去燒，窯裡灰塵很厚，幾乎不能呼吸。勞動能夠獲得微薄的報酬，我用這些錢來買每月的定糧。每年也可以買定額的十三碼布和十一磅糖。報酬是按每個人的政治成分來決定的，所以我的報酬是最低的一級。

吃飯的時候，我們在大廳的窗口前排隊等候分配食物。每個人報上他想要的窩窩頭數，服務員就在名字後面打上叉叉。一個窩窩頭一個叉，名字旁邊還寫著每個人食物定糧的數額。如果一個人已經到達了每個月的定量，就不能夠再取食。每個月管理人把我們消耗的窩窩頭數加起來從定額裡面扣除。當局也從我們的報酬中扣除電費、水費、鹽費、茶葉、蔬菜和燃料的費用。

勞改營是採取自給自足的制度，一切行政費用都從犯人的工資裡面扣除。維持這樣龐大的勞改營系統，國家不需要任何的開銷。

政府的口號是「多生產，少消費」。原來冬夏有兩套制服，現在只發給一套棉制服，整年都穿這一身。我的鞋子都破爛不堪，制服也很快都綴滿了補丁。

整個西藏都實行公社制度，私有財產和土地都被沒收，進行重新分配。農業生產大幅度下降，人們只能分到很少的配額。整個國家都變成了一座監獄，沒有人可以隨便旅行，沒有許可證不能購買任何東西。

勞改營有兩個目的：第一，孤立階級敵人；第二，提供廉價勞動。上面對我們說，我們唯一的出路是積極勞動和努力改造。就像在監獄裡一樣，每星期都要開會，每個人自我批評並且檢舉朋友。跟其他人一樣，我經常受到批判，也批判過別人。

我始終不能克服被迫檢舉朋友時，內心感受的痛苦，但是大家必須學會去忘記這種無休無止的強迫性出賣。犯人之間同舟共濟的感情是眞誠的，大家都避免作可能導致別人加刑或死刑的指控。然而總有少數犯人爲了要向黨表忠心，不顧後果對他人進行無情的指控。我們稱這種人「積極份子」。

在我到達寧塘沒有多久，一個大家都很喜歡的名叫巴桑的犯人，經過了三個星期的嚴酷批鬥而自殺了。另一個叫索南班旦的犯人總是盡量找機會表現自己如何熱情擁抱新社會。索南發現巴桑藏了嵌著達賴喇嘛小照的像章，在一次周會上，他站出來揭發了巴桑的秘密。巴桑死後，當局宣佈他是因爲不能夠適應新的社會主義社會而輕生。

第十章

舵手之死

勞動營是介於監獄和社會主義新社會之間的一個中途站。從理論上說，勞改營是再教育的中心，但實際上它給共產黨提供了大量廉價的勞動力。勞動營也像免疫中心一樣，把西藏要求自由和獨立這類危險的思想跟社會絕緣。犯人們一旦被送進勞改營，就知道他們最終將死在那裡。

寧塘磚瓦廠的管理跟一般的監獄沒有什麼區別。廠長是一個兇惡暴躁的中國人，他把工廠當成私人王國那樣統治著，連警衛都怕他。他有一個藏人助手，名叫旺堆，這人五短身材，對我們很有同情心。

沒有警衛在整個宿舍地區日夜地來回巡邏，所以我們的住宿區跟其他廠房附近的宿舍看起來沒有太大的區別。但是我們是「二勞改」，不是自由人，沒有哨崗並不表示我們不在監控之下，黨發明了另外一種更有效的方法來進行監視。

我們被分成兩類，一種是戴帽的，另一種不是戴帽的。戴帽的都是政治犯，也就是被打上反動份子標籤的人，不戴帽的是普通刑事犯。這是一種互相監視的機制，不戴帽的人有義務監視戴帽的人。當局繼續利用階級鬥爭的方式來製造矛盾和形成犯人之中的猜忌。不戴帽的人被稱爲社會主義和革命的維護者。

這些人在工廠和宿舍之間大搖大擺，享受他們所擁有的權力，政治犯有任何些微不適當的行爲，立刻會被反應到上級去。作爲一種報償，檢舉人能得到會很快被納入新社會的承諾。到達工廠不久，有一天中午休息的時間，我坐在禮堂的大門口，一群小孩子圍過來，他們互相慫恿走上前來，其中一個走到我面前，向我乞討食物，令我非常驚訝。這孩子說他們一家人已經好幾天都沒有吃過東西。

黨告訴我們，飢餓和食物短缺已經是過去的事了，但是這些孩子面有飢色，比大飢荒年代我在堆龍監獄看見過的情況更糟。他們都浮腫得厲害，皮膚蒼白，顯出一種病態的青色，眼睛幾乎睜不開，沒有穿鞋，衣服也是襤褸不堪，連舊封建社會時代的乞丐都比他們強，至少那時候行走的乞丐肚子裡是填滿了的。

我懷疑他們可能是以前地主的孩子，所以現在特別受到歧視，因爲以前的「反動階級」成份的家庭都遭難了，受到比畜牲還不如的待遇。階級出身現在是最關鍵的，無論糧票證、身份證、以及醫療卡上都寫著階級成份。我問這些孩子是什麼階級。

孩子們說他們是貧農階級，我大吃一驚，因爲黨告訴我們貧農是社會主義革命的受益者。小孩子們跟我說附近的公社都缺糧，有些人的家裡已經不得不開始吃青草，他們把草熬成一種很稠的粥，然後吃下去。我把一些窩窩頭給了他們，不久這些孩子就成了我們營地的常客。

整個西藏現在進入黨所謂的「共產主義發展高級階段」。寧塘地區被分成十二個大公社和大隊。所有的房產和牲口都收歸公社所有，人們按照一種複雜的工分制取酬。

越來越多人到我們營地來乞食。我暗中把他們公社的名字記下來，不久就發覺整個寧塘地區都面對了同樣糧食短缺的情況。當大人來乞討的時候，我要他們述說飢荒的原因，他們說這不是自然災害所造成的。

缺糧的現象是因爲人們必須把收成的一大部分糧食「自願」上繳給政府。本來大家已經付了相當重的稅，而公社行政部門在高壓之下又謊報高於實際的生產指標，因此必須向政府繳納更多的糧食。

爲了盡量提高徵收，黨在農民之間製造一種狂熱的競爭。他們告訴農民向國家貢獻得越多，越能表現他們對祖國的熱愛和對黨及毛主席的忠誠。在這種指令之下，沒有人願意表現怠惰，公社之間也有類似的競爭，大家都爭著表現，要對社會主義建設作出比別人更大的貢獻，這就使得人們謊報生產數字，從而人爲地把稅收往上提升，最後弄得貧農們都在飢餓邊緣。

「新社會主義社會」中，人們甚至於要吃糠，這東西是「舊封建社會」拿來餵牲口的，大家都覺得這種情況駭人聽聞，但是沒有幹部敢對黨和領導質疑，因爲誰反對黨，他最後的下場就是進勞改營。

這些面目憔悴的年幼孩子一出生就見證了社會的災難。作爲犯人，我們被虐待是在意料之中的，但是普通老百姓該怎麼說呢？他們應當是無產階級革命的受惠者。這整個鎮壓機器本來應該把貧苦農民和牧民從封建的奴隸社會裡解放出來，但是過去的二十年，他們所嘗到的只是苦果。

地方官員發覺到勞改犯人用食物來救濟農民，就向監獄當局反應。我被指責是帶頭鼓勵資本主義乞討行爲的人，廠長把我叫到辦公室去，要我交待整個事情，令我很驚訝，事情後來就不了了之了，原因是我們廠和外面這個公社之間有宿怨，管理員認爲我們做的事讓公社十分丟人現眼。

1976年春天，我終於聽到來自帕南我家的消息。一天，有個訪客來看我，這是我成了囚犯之後的破天荒第一遭。我感到迷惑不解，很想知道到底是誰來了，走出去就看到一個胖胖的年輕婦女，戴著一塊藍色的頭巾，身上是打了補丁的褲子，上面一件綠色的棉襖。她臉色憔悴，兩隻眼睛濕漉漉的，手上拿著一個熱水瓶和一個小籃子。

我向她道歉說我認不出來她是誰。

「我是南瑪明蓋。」她說。我沒聽過這個名字。

「也許你把我跟別人混淆了，」我說，「我是班旦加措，是哲蚌寺的僧侶。」

她解釋說，她是我父親的廚師的女兒。我離開帕南已經十五年了，所以不認識她。我問她怎麼知道來這裡找我，她說看見我在工廠裡勞動。

明蓋剛剛搬到寧塘地帶，她和丈夫都參加修建一條靠近我們勞改營的公路。她告訴我，父親於1965年去世了，由於是地主出身，父親經常是批判大會的對象，受到村民們控訴。我最敬佩的那一個哥哥，也於1968年死於一次批鬥大會。我們家成爲紅衛兵最喜歡打擊的目標，家人有時單獨，有時一塊兒，經常地被拉到公共場合去毒打。我的繼母在一場特別殘暴的毒打中，左半邊癱瘓了。

那一天夜裡我不能入睡，滿腦子都是家人的面孔和他們所遭受的痛苦。雖然以前就知道紅衛兵特別愛挑選封建地主作爲攻擊對象，但是知道歸知道，這並不能消減我的悲傷。

明蓋很善於利用她的背景出身，由於她以前是僕人，所以成份很「乾淨」，可以暢通無阻地進進出出。她經常來看我，並且帶一些食物來跟我分享。有一天她丈夫還給我送來一條嶄新的棉被，這一定所費不貲。

他們的來訪和仁慈就像香油一般，在那個黯淡的冬天溫暖了我的心。我那時候心情沮喪而孤獨，明蓋使我回憶起以前的快樂時光。她是工人，所以也被允許回到帕南的家去探親，通過明蓋，帕南的家人知道我還活著。

1976年春天，中國的總理周恩來和人民解放軍創始人朱德去世了。報刊上廣爲報導他們的逝世，勞改營裡舉辦了哀悼儀式。積極份子製造哀悼氣氛，好像是失去了自己的親人一般。當局利用這個機會來偵察每個人對黨的態度，因此大家必須表現得萬分悲痛。

朱德死後一個月，我在《西藏日報》上讀到一則新聞，中國遭到超強的地震。中國人平常懷疑我還擁有封建思想是沒有錯的，因爲我馬上把地震和上面兩件死亡事件看成是不詳的預兆。八月有一天，我在夜空中看見一顆彗星殞落時，我的迷信又加深了。

西藏人把彗星看成一種徵兆，我立刻走回宿舍，想問問看有沒有別人也見到那顆彗星，但立刻警覺到，這樣的問題會引起別人指責我在鼓勵迷信和散佈謠言。

在報上讀到中國某地區下了一陣「石頭雨」，我相信那是一些隕石。第二天我忍不住問了一個名叫扎西拉丁的僧侶，是否也看見了彗星，他點點頭，但是不敢大聲地把這秘密說出來。

關於彗星的消息很快在勞改營裡散佈開來。每個人都記得1950年10月當中國人入侵西藏之前，西藏曾遭到地震，那時候大家也看到過彗星。經過二十年中共的洗腦和打壓，一顆彗星的出現又立刻把我們傳統的信仰喚醒了。

我個人認爲所有的這些跡象都預兆著毛已經接近死亡。大家都知道毛澤東已經年老體衰，但是不敢對此公開發表意見。1976年9月9日我的預感成眞，毛在北京去世。我回憶起來，聽到他死亡的消息，就好像昨天才發生的。多少年來中國人都告訴我們毛澤東是超人，是不朽的，然而現在他像一個凡人一樣也離開了世界。

下了工之後，我手上拿著杯子，跟一大群人排隊站在那兒等候。廣播器裡高分貝發出一長串聲響。大家一般都不留心廣播器裡的那些廢話，只是排著隊，彼此交談著。因爲廣播開始總是用中文播送，大部分的人都不會說漢語，所以從來不去聽廣播的第一部分。

現在換了一個藏語廣播員。「這裡是中央人民廣播電臺，」他的聲音顫抖著，嗚咽地堵在喉間，停頓一下重新開始。我旁邊的人說：「到底怎麼啦？」播音員似乎深深吸了一口氣，然後開始念出一大串慣常加在偉大舵手毛主席前面的形容詞，最後他說：「我們心中的紅太陽，人民熱愛的毛主席已經離開我們了。」

這個消息把人弄得天旋地轉，毛澤東眞的死了？這當然應該是眞的，誰敢開這麼大的玩笑？回到宿舍以後，這個消息沉澱下來，我內心充滿了狂喜，簡直可以跳起來大聲唱開來！毛澤東是我的災星和剋星，二十年來，我每日每夜都要念他的名字，甚至當我病痛得連張嘴喝水的力氣都沒有時，都必須要喊出「毛主席萬歲」。我隨身攜帶他的小紅書，甚至特地製作了一個小紅袋子來裝這本小紅書，因爲有些犯人只因把書弄髒而被判處死刑。

我的一切苦難和成千上萬死去的犯人的生命中都刻有毛澤東的名字。他的名字把我們串在一起，我認爲他的死終於把這條災難的鎖鏈給拉斷了。

我相信其他人也有同感，當然我們只能把這種感情隱藏起來。我擺出一副沉思的樣子，假裝在思考問題。不知道下一步的發展會怎麼樣，但是有一件事情是非常明確的，事態將要起變化了。我想像著達賴喇嘛也許會返回西藏，但接著又想，會有另外一個比毛還壞的人掌權嗎？我既快樂又恐懼，暴君已死，但是誰將繼承他的寶座呢？

第二天大家被召集起來開會，所有的監獄管理人都帶著黑臂章，有些人還在胸前口袋上別了一朵紙花。一個幹部宣佈：「我們敬愛的領袖、我們心中的紅太陽和我們的導師、偉大領袖毛主席去世了。」廣播器傳出來哀樂，有些犯人眼裡充滿了眼淚，放聲痛哭起來。我聽到有一個人哀嚎：「毛主席比我爹娘都親。」其他犯人都肅穆地站在那兒，大家都很警覺，知道在這種哀悼的場合，必須保持一種「正確的態度」。我已經變成相當出色的演員了，臉上掛著悲傷的表情，保持著沉默。不久有些犯人開始哭泣，甚至於假裝暈倒，這是中國人所謂的「正確態度」。在臺上，幹部們失去控制地哭泣著。

兩個警衛出現，拿來滿滿一袋子黑色袖章，除了政治犯之外，其他犯人都要別上黑袖章，普通刑事犯才有哀悼的特權，我們這些「反動份子」是不配哀悼毛的死亡的。我們單位的一名犯人很驕傲地戴上了黑袖章，向我擺擺手，像一個小孩炫耀他的糖果。次日所有沒戴帽的犯人都到拉薩去參加偉大舵手逝世的哀悼會。

毛的去世使得勞改營裡的政策寬鬆起來，無休無止的會議停止了。1978年，上面要我們把小紅書都燒掉，把這樣一本已成爲我們以往二十年生命中一部分的書燒掉，讓人有一種奇特的感覺。我們也被允許不必再每天早晨進行向毛主席請示匯報的儀式。

生活的變化非常快速，上面讓我開始紡織並且生產地毯。勞改營有一大群綿羊，以往這些羊毛或是賣給合作社，或是被任意地丟到一個角落去。囤積的一大堆羊毛等待著被處理，我很高興有機會擺脫磚瓦廠的工作。

問題是我是整個監獄唯一會紡織的人，每個程序都需要自己動手，包括把羊毛紡織成線，然後染色，這是非常繁複的工作，但是我可以不在其他人的監視之下單獨一個人工作。

報紙上有整版關於「四人幫」、特別是毛澤東遺孀江青的報導，「四人幫」被指控要於毛去世之後在黨內奪權，同時應對文化大革命的暴亂負主要責任。黨承諾要改正過去十年來的錯誤，我們在勞改營中很快感覺到了好處。犯人的工資提升了，比較繁重的工作甚至能夠拿到叫做「陽光與風」的額外報酬。

1977年的冬天，所有的戴帽犯人都召集來開會，我們又再度被審問在1959年抗暴中所扮演的角色，我重複了自己的故事。滑稽的是，有些犯人說動亂的時候，他們根本就不在場。我們不明白，過了這麼多年之後，爲什麼重新翻出這件事情來審問我們。

幾天之後，早點名時，我和另外三個犯人被點到，讓我們到拉薩去。車把我們帶到城市邊緣的一個很大的軍營去，我們跟從其他勞改營來的幾百個犯人，一起聚集在很寬敞的大廳裡。大廳佈置得像有宴會一樣，一邊牆前放著長條的桌子，上面放滿了食物，我從來沒有看過這麼多食物。和善的士兵給我們倒茶，好像我們是貴賓一般。我看到一些來自扎奇、和四組五組的熟悉面孔，大家彼此親熱地打招呼，以爲不久就能夠獲得自由。

一個年紀比較大的名叫旺秋的藏人黨員幹部走進大廳，開始發表演說。「同志們！朋友們！」我簡直不能相信自己的耳朵。旺秋讚美黨的偉大，然後說西藏最近二十年所發生的一些事情是脫序現象，大家不該因此而反對黨。他把一切責任都推到「四人幫」身上，然後以一種很溫和清晰的聲調宣佈，所有的政治標籤和帽子將被摘除。

旺秋接著說，在華國鋒主席的領導之下，我們將面對一個新紀元，大家都應該貢獻力量，來建設社會主義的西藏，這是我們聽熟了的老套。

我旁邊坐了一位名叫曲培塔慶、來自哲蚌寺的年老僧侶，這位可敬的有著長長灰白鬍子的老人，讓我想起寺院牆上畫著的那種壽星。

我問他：「你打算做什麼？」

「我想回到寺院去。」曲培回答。

這提醒了我，其實我也想回到哲蚌寺去。

當局讓大家在第二天把自己的要求提出書面申請。幹部們說可以允許我們回家，但是旺秋很快接口說，我們大部分人都識字，受過很好的教育，最好還是考慮爲建設新的社會主義而貢獻力量。

會議持續了三天，大家都睡在大廳裡，每天早上有士兵給我們送茶。我聽有些人說，在被屠宰之前要先餵肥了。第三天的早上，上面告訴我，我的申請被批准了，可以得到居住許可，返回寺院去，我揮舞著文件，感到欣喜若狂。我發覺整個大廳裡大約兩百名的僧侶只有三個人被批准返回寺院。其他的人猜想，提出的申請反正不會被批准，所以都要求去當老師，他們以爲這樣返家的機會更大一些。當他們發現我們的申請被批准之後，大家都改變了主意，紛紛向那一位負責送呈申請表的主管要求改變，但是他不能再做任何的改動。共產黨還在其位，一個高級官員一旦做了決定之後，沒有人敢對他的決定置疑或拒不執行。

想到就要被釋放了，我帶著興奮的心情返回寧塘。有些犯人跑過來向我道賀，有些人讓我替他們遞信給家人。我以爲會被立刻釋放，但是一時卻沒有動靜。過了幾天，有一輛軍用吉普車開進勞改營，他們把我和另外兩個僧侶曲培塔慶和圖丹董珠叫去。幾分鐘之後，塔慶喜笑顏開地出來，手舞足蹈，他獲得自由了。

輪到我走進辦公室去，大隊長坐在桌子後面，他的眼睛掃著一疊厚厚的檔案，我的咳嗽讓他注意到我進來了。我盡可能禮貌地說：「我是被允許返回寺廟的。」

勞改營反對我的要求，原因是我是一名重要的工人，依照黨的最新經濟政策，勞改營應該擴大地毯的生產，由於我是唯獨一個在紡織技術方面帶徒弟的人，所以必須留下。我的抗議毫無用處，唯一的補償是，在周末的時候，我可以隨意到拉薩去。

就在那個時候，洛桑旺秋來到我們的勞改營。我1964年年初在扎奇監獄第一次遇見他，此刻我把他當成一個督導人和朋友。在監獄裡，大家稱他爲先生、老師。我還記得以前在扎奇監獄，洛桑先生有次在開會時站起來宣佈，他寫了一篇祈禱文，祈請保護神能讓西藏免於遭受自然災害，這是極爲勇敢的作法，因爲中國人把這種事情看成是「散佈反革命謠言」。

按照西藏的標準，先生個子很高，臉龐消瘦細緻，上唇有一道細細的髫鬚，態度很坦然，顯示出他有內在的力量和豐富的學識。1960年他因爲頭一年的拉薩起義而被逮捕。從1970年開始，他也變成所謂的「二勞改」，在勞改營當工人。

我向隊長提出要求，要一個助手幫助我紡織羊毛，他讓我在附近的工廠裡隨意挑選一個人，我就選擇了洛桑旺秋先生。我認爲紡織的工作對於一個像他這樣年老的人比較合適，因爲那時候他已經六十四歲了，身體非常瘦弱。

我們1978年8月開始一起工作，兩個人在一間屋子裡，我在一個角落紡織，而先生在旁邊紡線。那時候大部分的犯人對於局勢的變化感到非常興奮，我也問先生的看法。

「這只不過是穿著新鞋走老路。」他說。

過了一段時間，我才逐漸明白他的話的意義。事實上共產黨有兩項基本的原則是不會改變的。第一，關於西藏的獨立問題，第二，關於宗教自由的問題。我們周圍的人好像已經很快把以前發生的事情忘記了。其實事情沒有眞正的改變。我們依舊是犯人，監獄管理和守衛的任何猜測和幻想都直接會影響到我們。現在黨只不過宣佈新的紀元開始，這並不能成爲一個值得歡呼的理由。

先生一邊拉出羊毛線供我紡織，一邊跟我談話，我開始從另外一種視角來給自己定位。我個人被關押，只是整個西藏被奴役的一個小小的縮影，成千上萬無辜的藏人被投入監獄，受盡折磨或餓死，我們的國家被占領，人民打入黑牢。我們怎能說已經自由了呢？我現在比以前更痛恨共產黨了，這個黨一方面說它拯救了貧苦大衆，另外一方面又把成千上萬的人推向死亡，這是一個草菅人命的黨。

1979年一個寒冷的二月早晨，所有的「二勞改」又被召集起來開會。這一次他們又叫我們別害怕，盡量提出批評。每當黨的最高層發生權力鬥爭時，就要舉行這種會議。來自於犯人和普通貧民的批評意見，就被當作證據，拿來打擊當權派。

這次會上又是一大堆獻媚拍馬的人在做冗長的報告，讚美新紀元和共產黨。這使我非常憤怒，覺得應該利用這個機會，把所受的苦難說出來，讓中國領導知道。我回來之後，看見先生已經坐在地板上，身邊圍了成堆要待抽線的羊毛。他看著我說，「才過了幾天，他們就已經把過去二十年所承受的罪都忘記了。」

先生建議，應該把我們的想法寫成請願書，藉口會上沒有機會發言，所以採取這種方式。我立刻同意了，接下來的兩天，先生就開始寫一篇很長的請願書，他寫寫停停，有時也念給我聽。對於他學識的豐富和文字的優美，我非常敬佩。

他把請願書寫在一個皺皺的小本子上，一開頭就引用了達賴喇嘛的「爲宇宙眞理祈禱」，他每一段的起頭都從這篇祝願文引了四行詩。請願書的第一部分詳細地陳列了西藏人民近年來所遭受到的災難，第二部分敘述西藏兩千七百年的歷史，來證明西藏是一個獨立的國家。

藏曆新年快來了，所有的管理人員和警衛都忙著要過年了。這是多年來中國人第一次允許大家過藏曆新年。我跟先生商量，這是一個交出請願書的大好時機。他同意了，於是立刻把請願書送到辦公室去。警衛沒有時間聽他說話，只是叫他把請願書放在桌子上。先生離開辦公室的時候，問警衛說：「普通人可不可以讀這份東西？」

「可以，」那名守衛頭也沒有抬地回答道。

他們允許先生在1979年的新年到拉薩去看親戚。天一亮他就起床，帶上那十九頁的請願書，動身往拉薩去了，請願書上的落款是勞改犯人班旦加措和洛桑旺秋。先生把這十九頁的請願書貼在拉薩西藏醫學院的牆上，這是從毛澤東死後第一次有人在這裡貼大字報。

先生回到寧塘以後跟我說，他剛把大字報貼出來，立刻就有一大堆人圍觀閱讀。其他犯人告訴我，這份請願書在拉薩引起一陣騷動。過了十天之後，警察才開始來調查我們。他們把先生找去了，一個小時之後，一個名叫帕桑的藏人守衛來把我帶走。

我們受到調查，但是沒有被起訴。先生和我都堅持說我們得到值班長官的許可，我們甚至交了一份請願書到辦公室去。當局要讓我們相信，現在比以前好多了，因此盡可能表示寬鬆的態度，我們兩個人沒有受到處罰，他們只是把先生轉移到一個新的工作單位，讓其他的犯人監視我們兩個。從那次以後，我們只能秘密見面。

1979年9月有一些黨的高級官員來我們工廠視察，並且宣佈往後的兩個星期，任何人都不准到拉薩去。我們很快得到消息，達賴喇嘛派遣了一個西藏流亡組織的代表團將到拉薩訪問。顯然當局要防止我們去會見代表團，後來我聽說代表團的成員要求見洛桑旺秋先生。

我們不願意中國人欺騙代表團，讓他們以爲西藏人民在新政權下很快樂，決定再張貼一些新的大字報，鼓勵人民起來爲自己的自由而進行鬥爭。我寫了幾張大字報，呼籲西藏獨立，並要把中國人從雪山之國驅逐出境。我拿給先生看，他很欣賞，說他也要寫一些。

先生那天單獨在房間裡製作大字報，但是他被監獄裡一名惡名昭彰的馬屁精兼密探容巴看見了。容巴立刻向看守室的長官報告，並且說看見我那天早上跟先生在一起。

一個名叫巴桑的守衛把我從紡織室裡抓出來。

「今天早上你爲什麼去看洛桑旺秋？」他問。

「我去還書。」我回答。

巴桑一邊罵我，一邊把我很粗魯地推向先生的住處。先生正站在屋子中間，他的雙手舉過頭。

有一些還沒有寫完的大字報散在地上，旁邊是揉成一團的紙，上面是他寫標語的草稿。有幾個士兵正在搜查他的物件。

「你跟這事有沒有關係？」其中一個人問我。

「我正在工作，跟這些事無關。」我回答，一邊思考是否已經把寫完的大字報藏好了。先生要保護我，他說：「班旦跟這件事沒有關係。」

「你們今天早上爲什麼碰面？」巴桑問道。

「他來還書。」先生說，我的心砰然跳動。

十月一日那天，另外一個叫桑丁的犯人把我寫的大字報偷偷帶出營地，並且把它們張貼在拉薩，他自己後來成功地逃到尼泊爾了。第二天，兩個警察和吉普車到達我們的營地，我和先生都被召到辦公室主樓去。

「你們兩個人中間誰去了拉薩？」有一個年輕的藏人問道。

「大隊長可以證明我們沒有離開過。」先生用他溫和的聲音回答。他們沒辦法把我們跟拉薩出現的大字報聯繫在一起。

雖然先生被抓了個正著，不過當局沒有採取進一步的行動。先生被從寧塘轉移到西藏醫學院去，他們讓他在那兒搜集整理在文革中遭受大規模破壞的傳統藏醫的資料。我提出要轉移到哲蚌寺的要求，依然以同樣的原因被拒絕了：我在這兒是一個重要的手藝工人。

後來我發覺當局把我們兩人放在不同的地方，爲了便於監視，他們懷疑我們是一個龐大的名叫「達楚幼虎隊」的地下組織成員。當局希望盡可能多捕獲該組織的成員，他們派三名犯人監視我的一舉一動。中國人抓緊時間搜集證據，希望來一次大搜捕。

我跟先生有差不多六個月的時間沒有任何的接觸，我只是專心在寧塘工作。過了這段時間之後，監視我的犯人放鬆了警惕。1981年當局才下手，他們在拉薩逮捕先生，並且再度加刑，把他移到嘎扎監獄。這是個壞消息，因爲先生是我的少數幾個殘留下來的精神泉源。他寫信給我，鼓勵我繼續工作，要我永遠不要放棄爲自由和獨立而奮鬥。幾星期之後我到拉薩去，想設法張貼大字報，把先生被捕入獄的消息公諸於世，並且呼籲當局釋放他。

我認爲不少藏人有一種安全的錯覺，很多從1960年就失踪的朋友和親戚現在返家了，看起來好像沒有新的逮捕行動。我想告訴人們，逮捕還在繼續著，雖然現在公安局聰明多了，他們誤導人們，似乎一切都很光明了。我寫了幾張大字報，在其中一張上面，我記錄了勞改營的內部情況，最後一句話是「監獄依然存在」。中國官方拒絕承認勞改營就是監獄，正式文件上，不記錄犯人被關押在勞改營的情況。比如說洛桑旺秋先生於1970年正式「釋放」了，但是後來的十年他還是關在勞改營裡面。

其他犯人警告我，說我的行爲可能會讓他們重新再過苦日子。他們要我放棄，說現在的情況好得多，約束也放鬆了許多。他們似乎生活在一種自我放逐之中，沒有一個人願意再回想以前那些恐怖的日子。「讓過去的過去吧。」接受黨的這句格言比較容易。

黨要我們忘記飢餓是怎麼回事，要我們忘記爛菜湯的味道，忘記手鐐腳銬和遭受毒打的滋味，這些都是「過去的事」，不會再重演了。1980年中國共產黨的新總書記胡耀邦到拉薩來，公開向拉薩人道歉。警衛們把《西藏日報》發給我們，讓我們讀胡耀邦答應了要給予西藏更多的自由，特別是要重新恢復宗教自由。

可是我每天早上醒過來的時候，就知道自己仍然在監獄裡，寧塘勞改營裡還關著二百多個犯人，雖然大家都老早就服完自己的刑期了。我們依然得每天早上拿著籃子出去撿糞便，依然要參加學習班，要無休無止地學習黨要開展新紀元的承諾。

1982年2月，我決定要在拉薩再張貼一些大字報，這是一個非常寒冷的早上，我把自己裹在厚厚的藏袍中。我們現在至少被允許重新穿著傳統藏人的服裝了。我疾步而行，要在太陽升起之前到達城市。我先走到圍繞著大昭寺的八角街，在這個西藏最神聖的寺廟中，我非常驚訝地看到那兒有很多人在做他們的晨間祈禱。現在整個藏區的人都被允許到拉薩來朝拜。

城中心有大量的朝聖者，嘴裡都喃喃地念著經。如果現在張貼大字報會被太多人看見，我不知道他們會有如何的反應。我走到政府行政大樓，那兒還相當安靜，沒有人在軍委辦公室前站崗，我決定把大字報貼在這兒的牆上。

我的大字報鼓勵西藏人民覺醒，反抗壓迫者。我們生存在虎口之中，被吞下去是遲早的事。我告訴人們，現在的改革和所謂的寬鬆政策不過是一種裝飾和點綴。只要毛的接班人鄧小平的政權在全國穩固了，他也會用手中的權力再度壓迫西藏人民。

回到寧塘的時候，廚師剛好在分發早點。沒有人注意到我已經出去過一趟。我看見大堂那邊升起了煙，就直接走去拿茶水。兩年之後中國人才發覺張貼大字報的是我。

1982年胡耀邦再度被選爲中國共產黨的總書記。胡以寬鬆政策著名，我記得在《西藏日報》讀到一個消息，達賴喇嘛就他的連任發去了賀電，這是一個很有鼓舞性的信號。胡答應把駐紮在西藏的中國軍隊撤除大部分，勞改營裡也立刻感受到這個政策的效果。漢人廠長被調回中國去了，他的藏人助手旺秋成爲勞改營的領導。

冬天的一個早上，當我正走向大廳去拿茶水的時候，看到很多犯人都擠在一大張通告前面。我也好奇地走去，原來這是中共中央的通告，所有的勞改營都被取消，勞改當局沒有權力還繼續把我們囚禁在這兒，大家都要求立即釋放。大部分的「二勞改」都被釋放了，到了年底，營裡只留下了十個人。他們還是以同樣的原因不放我們：有技能的工人必須在廠裡完成重要的任務，一直到1983年的春天，我才被允許離開勞改營。

我不知道應該回到帕南寺或哲蚌寺，我知道回帕南比較容易取得居住權，但是我不知道還有沒有心思回到那兒去。去年哥哥的兒子來看我，沒想到他那副樣子，赤腳、衣衫襤褸。他告訴我，姐姐們跟繼母不說話了。文革期間，姐姐們檢舉了父親，看著他被中國士兵活活打死，繼母不能夠原諒她們。

我也知道殺死哥哥的兇手還是一個自由的人，有些人現在甚至變成地方上的高幹。嘎東的寺廟已經完全摧毀，我難道眞有內心力量去面對這攤廢墟。

第十一章

在廢墟中

公共汽車把我帶到山腳下，我朝著山坡上的哲蚌寺走去。三十年以前，我從帕南長途跋涉到達這裡，第一次看到哲蚌寺，它當年的金碧輝煌現在已不復存在。還記得當時從山下仰望著它，白色的高牆，以及閃閃發亮的金色屋頂，所有這些都消失了。我簡直不能相信眼前這個哲蚌寺曾經是一個擁有六千名僧侶、充滿朝氣和生機的一個城市。現在它的牆灰暗而斑駁，光禿禿佈滿了裂痕，就像一個肢體不全的人體。

我在一塊岩石上坐下來，閉上眼睛。當我再度睜開眼睛的時候，發覺自己似乎穿過了時光隧道。有一群康巴人朝著我緩慢地走來，男人們都穿著藏袍，頭髮編成辮子，用紅色的絲線綁紮。婦女們戴著很精緻的珠寶和大的琥珀項鍊，穿藍色帆布的拖鞋，後面有橡皮的鞋跟，唯獨這個馬腳洩露出現在是中國人統治的時代了。

這些快樂的朝聖者熙熙攘攘走過我身旁，我也跟隨他們走向那個已成爲廢墟的寺廟。站在門外面，朝裡面的院子望去，它被破爛斑駁的牆所圍住。朝拜的人不能相信地搖搖頭，然後就仆伏在地。

我把雙手舉過頭，然後三次全身匍匐在地，這是十五年來第一次能夠不必提心吊膽怕有人監視我。四周這一切敗落的景象，使我的雙眼充滿淚水，我緩緩地在這一片廢墟之中漫步，想把這偉大寺廟以前的輪廓再喚回記憶。我去尋找以前住過的僧舍，那兒已經夷爲平地了。

我碰見另外一群以前的僧侶，他們也跟我一樣在廢墟裡面尋尋覓覓，想把寺院的全貌在腦子裡重新拼湊起來。一個年老的僧侶盯著我問：「你原來屬於那一個科系？」「洛色林，」我很高興地回答他。他在空中比劃了一陣，指出洛色林以前曾經是在這一塊地上，我們現在站在它的露天場地上，從前這裡是上辯論課的庭院。我們站在那裡，談論彼此相識的朋友和熟人，以及曾被監禁的地方。他們問我是不是要回來，我說如果寺院願意接受我的話，當局允許我回來。

他們把我帶到哲蚌寺的民主管理委員會辦公室去。這個辦公室是宗教事務局設立的，西藏所有還殘留的寺廟都在這裡登記在案。管理人員理應由僧侶選舉出來，但是我很快發覺候選人的名單是由黨提出來的，人們只能從他們中間作挑選。

寺院後面還有一些建築物，它們的顏色也變成灰暗，牆壁也已經斑駁了，上面還依稀可以看出中國字寫的紅色標語。我穿過大門，走上一條鋪著厚石的迴廊，有一些婦女們在一個角落裡洗衣服。

一個戴紅頭巾的女人指給我看一個紅色的門，那是民主管理委員會的辦公室。裡面一個名叫晉巴林措的還俗僧侶跟我打招呼，他看起來很瘦弱，臉色黝黑，面帶病容。事實上晉巴是一個充滿精力的人，而且非常幹練，他並非人們所說的是中國人的傀儡。相反地，在紅衛兵搗毀寺院的行動之中，他極力保護文物。晉巴現在是民主管理委員會的主任，負責哲蚌寺現在所剩無幾的文物，我跟他說我想返回寺院。

「你以前在哪個監獄？」他問道，雖然我沒有說我曾經坐過牢，他明白以前所有的僧侶都被中國人監禁了。

我簡單把自己在不同監獄的經歷跟他說了，並且告訴他我是一個紡織師傅，會做地毯。晉巴一聽我會織地毯，表情就改變了，他非常欣賞我能紡織。

「你可以教婦女們紡織。」他說。

我感到很迷惑，哲蚌寺難道不是一座寺廟了嗎？很快我就明白，它現在已經更像一個小村子。所有的僧侶都結婚了，在文化大革命的時候，他們都強迫娶妻，來表示革命熱情和證明自己不是落後的。晉巴自己也結了婚，有兩個小孩。

委員會同意我返回，1983年5月我就搬入了哲蚌寺，他們讓我任意挑選一個住處，我就選擇了一個有兩個房間的僧舍，這裡景致很美，可以看到整個拉薩的山谷。我的東西很少，只是鋪蓋捲和兩件舊的藏袍。多年來在監獄裡我只穿制服，也沒有烹飪用具，但是在寧塘的時候買了兩只中國式的熱水瓶。

由於整個藏區的勞改營都被解散了，所以突然之間有一大批年老的僧侶返回寺院。寺院當局很願意接收他們，因為院裡太需要他們的技能。我被派去修復寺院還殘餘剩下的幾座廟宇裡面的壁畫。

新的寺院生活有點像一場鬧劇，我們都不穿傳統袈裟。以前人們都叫哲蚌寺為「戲劇學校」，因為院裡的和尚經常更換袈裟，但是我們現在只穿工人的藍制服，一個月三次被允許進行祈禱。寺院就像一個公社，每個人都攢集工分，同時按照工分進行分配。然而不管這些改變有多麼奇怪，能夠返回寺院依然是一件非常愉快的事。

有一天我正在教授一群年輕僧侶背誦長的經文，有人來告訴我，有一些警察和宗教事務所的幹部到了哲蚌寺。幾天之前，我聽說甘丹寺出了些麻煩，猜想當局只是要提高警覺，因此沒有格外留心。

接下來的幾天，這些穿著新的藍白二色制服的幹部和警察在寺院裡巡邏。我有一點擔心，他們要求占據寺院裡很大的部分，看上去是要用來當長久性的辦公室，警察的吉普車整天都進進出出。

有一天晚上有人敲我的門。我正坐在床上念經，一個年輕的僧侶把頭伸進門帘來。

「你睡了嗎？」他問。

「進來吧，」我說。

「班旦師傅，」這名僧人悄悄說：「警察們在探問你，你要當心。」然後他就離開了。

第二天晚上，我正在房間裡，聽到有更多吉普車開進我們的寺院。寺院內有幾百隻流浪的野狗，拉薩市政府為了把城市弄得更清潔，以便接待外國旅客，所以把這些狗都趕出來。它們聚集在寺廟中，這天夜裡全都狂吠起來。我正在想狗兒為什麼這樣興奮？接著就聽到有腳步聲朝我的房間走來，我不動聲色，靜靜地聽。幾分鐘過去，有人敲我的門。

「門沒有上鎖」，我說。屋子一片漆黑，「燈在那裡？」有人問。我告訴他們燈開關的位置，僧舍前邊的屋子的燈亮了，門帘後面出現了一支步槍的槍眼。我坐在床上，不太明白發生了什麼事。接著門帘被拉開，兩個年輕的中國警察衝進我的臥房，用槍指著我。

他們身後跟著另外十五個警察都進來了，僧舍的外間站滿了人。他們的頭兒是一個臉龐大而浮腫的中年軍官。他靜靜地站了一會兒，打量四周。寺院的主管晉巴林措站在他的旁邊。通過藏語翻譯，他粗魯地問：「你是誰？叫什麼名字？」

「班旦加措，」我安靜地回答，我想最好坐在床上別動。

這個中國軍官從口袋裡掏出一張紙，用中文高聲地念。他的藏語翻譯替他轉譯：「按照拉薩最高法院法官圖丹總珠的命令，我們逮捕你。」沒有說是什麼罪名。警察叫我站起來的時候，房內所有的人都往後退，讓我能夠從床上下來。一名警察給我雙手上了手銬，這是一種新式的用很輕的鋼做的手銬，在屋內的燈光下閃閃發亮，我再度嘗到冰冷的金屬接觸皮膚的滋味。

警察開始搜查我的房間，為了不讓天花板的泥土掉下來，我買了一塊白布釘在天花板上。一個警察把這塊布拉下來，上面纍積的灰塵立刻像煙霧一樣在房間裡擴散。警察找到一堆宗教經文，把它們丟到屋子中間去。當我看見有一張紙從書裡跌落出來時，心開始往下沉。我曾用這張紙來為我的大字報打草稿，上面的字跡還很清晰。警察們非常高興，這是他們拿到的第一個證據。

兩個警察開始檢查我的熱水瓶。我在其中一只熱水瓶的玻璃和金屬空間中藏了一張西藏國旗和達賴喇嘛寫的文章，警察把水倒出來，開始搖熱水瓶。一個人扳住熱水瓶的底，另外一個人把玻璃那一部分抽出來，旗幟和幾張紙掉在地板上，警察們高興極了。中國軍官拍拍我的肩膀，用流利的藏語問：「班旦加措，你承不承認自己的罪狀？」他指著地上的證物說。「這些就是你犯的罪，這不是人贓俱獲嗎？」「這是黨的天下」，我1960年第一次被逮捕的時候，也聽到過同樣的話，還記得那時候在羅布昆澤寺廟挨打的情形。

我看到晉巴林措全身發抖，他知道當局一定會指責他爲什麼包庇我，讓我住在寺院裡。米瑪是民主管理委員會的副主任，他也非常緊張，斥責我是「披著羊皮的狼」。

「你用不著打落水狗。」我對他說。

中國人打手勢把我帶走，在槍口之下，我被推下樓梯，走出院子，上了一輛吉普車，我的左右兩旁是兩個守衛。整個院子裡都站滿了警察，車子先往拉薩的方向開去，過了一會兒，轉向直奔舊的色珠[11]地區，這裡以前是專門關西藏高級政府人員的監獄，像西藏最後一任總理洛桑塔扎西。

色珠現在改爲一個看守所，犯人們無限期地被關在這兒，在此等待法庭的正式判決。有幾名警衛在那兒等待我們，我認

---

[11]色珠(Seitru)爲音譯，是地區和監獄名。

出其中一個名叫達傑的高個子藏人隊長。四個年輕的漢人警衛站在旁邊，手中拿著三尺長的電棍。達傑把吉普車門打開，抓住我的肩膀，把我從車子裡拖出來。這已是將近午夜時分了。

穿過幾道門，經過一個狹窄的冷颼颼的房間，走到一個四周都是牢房的天井。我被關進第六分隊，守衛打開我的手銬，把我推進牢房，又把從我僧舍帶過來的棉被丟進來，門在我的身後關閉。

這時我才眞正意識到自己被捕了，站在牢房中間，我有一個感覺，這一次我將被關押很長的時間。從黨的角度看，我沒有被改造，我背離了社會主義的道路。這間牢房很空蕩，水泥地上只有一個稻草的墊子，天花板漆成綠色，由於漆得很光亮，甚至可以從裡面看到自己的影子。我在外面度過了三個月十八天的自由生活，現在再度入獄。

新的牢房比我以前待過的所有其它牢房都更進步。裡面有新鮮油漆的味道，門的對面有一個小小的窗子，窗口上了很粗的鐵柵和鐵網。新的鐵門上面有個小小的窺孔，門的下方有一個開口，從外面反鎖著。

我把被褥打開放在草墊上，試著入睡。不久我又聽到吉普車的發動機聲響和鐵鏈拖在地上的聲音，那天晚上一共有四人被捕。

早上我被安裝在門外的電鈴聲叫醒，沒有人來開門。過了一會兒，下面的小洞打開了，有人推進一杯熱茶來。又過了幾小時，門從外面打開。達傑組長進來，把我帶到另外一個房間，有個人給我從正面一張和側面兩張拍了照片。我想起歷年來看過成百上千的犯人照片，上面打上了黑叉叉，這是死囚犯臨刑前的照片。

次日，我被帶到審訊室，一間冷而不舒服的房間，裡面同樣也充滿了油漆的味道。地上的水泥地和牆壁都跟傳統的西藏建築不同，藏式房子裡面的黃色泥磚使屋子裡充滿泥土的氣息。

達傑組長靠近我，說了一句：「仔細考慮，徹底交待。」

兩個中國幹部和一個翻譯坐在桌子後面。年長的那個做了一個特別的表情，我的第一個想法是大概不會打我。要評估一個中國軍官的人性比較困難，他們代表權威和壓制，而且我們跟他們的接觸總是隔了一層，因爲有翻譯夾在中間。翻譯的存在似乎把犯人和審問者之間的情感接觸隔開了，犯人只跟翻譯而不是跟審問者有直接的關係。

我坐在一張木頭椅子上，一個幹部通過翻譯要我坦白。我不說話，一段長長的沉默。

「你知道爲什麼被逮捕嗎？」

「我不知道爲什麼被逮捕。」

二十年來的不斷審訊經驗使我對他們的伎倆摸著了竅門，在沒有弄清楚對我的控訴原因之前，不主動透露任何信息。他們讓我敘述從八歲以來的身世。

「從1975年以來，我就是寧塘磚瓦廠的勞改犯，這之前我在生葉波。」我開口了，停了一會兒又接著說：「其實用不著重複我的身世，這些故事我從1960年起已經重複了很多遍，你們眞感興趣的話，就讀我的檔案吧。」

審訊者沒有反應，我以爲他們要動手。但是他們讓我走，只是警告我應該「仔細考慮」。我不多說是有原因的，我必須知道他們已摸了多少底。比如說，知不知道我在寧塘寫過暴露西藏人生活狀況的大字報，那是桑丁幫我偷帶出營地，然後轉給達賴喇嘛的，我們當時都在大字報上簽了字。我必須知道這次逮捕跟這一篇報告有沒有關係。

審訊持續了好多天，我始終拒絕坦白。中國軍官一直沒有發脾氣，也沒有打我。有一天早上，我以為又要接受審訊，結果說是有親戚來探訪。

「你跟洛桑和多瑪有關係嗎？」達傑問，我點頭。

達傑把我帶到另外一個房間，哥哥的兒子洛桑和他妹妹多瑪正在等著。洛桑於1981年曾到寧塘來看過我。現在他穿著很好的衣服，臉上油光光的。他們面前的桌子上有一只熱水瓶，一個籃子裡面放了餅乾和一塊藏式奶酪。多瑪倒了一杯茶遞給我。

洛桑說他們現在住在拉薩，他當裁縫，生活很好。我的繼母也跟他們住在一起，不過她現在病得很厲害。洛桑告訴我，警察也去查過他們。

「長官說如果你老實交待的話，他們會釋放你。」

我沒有出聲。

「班旦，請你坦白吧，為了我們的緣故。」洛桑說。接著他和多瑪開始哭起來，我叫他們別擔心，請他們好好照顧繼母。達傑來把我帶回牢房。

我又被帶到審訊室去，洛桑和多瑪眼中的淚水在我腦中揮之不去，我告訴審訊員，現在願意交待了。年輕的中國軍官給我從熱水瓶裡倒了一杯茶並且請我吃餅乾。我開始敘述我從八歲以來的身世，他們沒有打斷我。

當我講完故事之後，年紀大的審訊員湊過臉來問：「你知不知道爲什麼被抓進監獄裡來？」

「你們在我哲蚌寺的房間發現了證據，所以逮捕我，不是嗎？」我問。在沒有弄清楚他們知道多少內情之前，我不願意吐出更多的話來。

「那你承認自己的罪行啦？」年長的幹部說。

我鬆了一口氣，他知道大字報的事，但是顯然不知道桑丁幫我偷偷帶出去給達賴喇嘛的那一篇報告。我承認張貼了大字報，但是接著就引來其它的問題：誰給了我筆、紙和漿糊等等。他們要知道我是單獨行動還是有同謀，我一再重複這是我一個人做的事情。

當局不滿意我的回答。第二天他們要求我把一年來接觸的所有人的名字都寫在紙上。我怎麼能牽連朋友呢？我決定不向他們提供名單，只向他們交待出我的「同謀」。我說藏在熱水瓶裡面的國旗和那幾張紙是一個名叫洛桑格列的老僧侶給我的，我知道他在我被逮捕的那一天夜裡去世了。

「誰是洛桑格列？」審訊者問。

「他在寧塘，」我回答。他們把他的名字和一些細節記下來，似乎對我的招供感到滿意。我已經連續被審訊了十一天了。

我的計謀成功了。幾天之後一個中國幹部告訴我，他們已經抓了洛桑格列，他作了徹底的交待。我聽了以後只是暗笑，知道中國人不願意丟面子。不過依然覺得很困惑，爲什麼這一次沒有遭到毒打？難道這些審訊者發了善心？事後我才知道，那天晚上我跟其他幾個在哲蚌寺被逮捕的人被判了死刑，我的親戚們已經在拉薩的大昭寺替我點了油燈。聽說新德里的藏人在中國使館門口進行示威遊行，要求將我釋放，這是把我從死亡之神手中救出來的原因。

到了1984年年初，審訊告一段落，四個穿著深藍制服的高級司法官員宣讀了我一系列罪證的控訴狀，並且問我內容是否正確，我點頭，接著把指印蓋在文件上。以前犯人們僅僅得到一張紙，上面寫著判刑結果。文革時藏人經常連審訊的記錄都沒有，就被投進監獄。現在是「新紀元」時代，當局建立起所謂的司法制度。

一天早晨，我被一輛吉普車載到拉薩的法庭。已經坐了二十多年的牢，這卻是生平第一次經歷法庭審判，不知道等待我的將是什麼。法官是一個胖胖的名叫多傑的藏人，他簡略介紹庭上的其他幾個官員。一個名叫普布的老人被帶上來，這是我的辯護人。法官問我有沒有什麼話要說，我看看普布，想他也許會做一些什麼建議，可是他只是一動不動地面對著法官坐在那兒。

「有要說的話嗎？」多傑重複問道。

「我不認識我的辯護人，也不知道是不是有任何人拿出證據來證明我有罪。」我回答。

法官不理會我，下令審判立刻開始。一個年輕的西藏人站起來讀訴狀，提到在我房間找到的物證，並且說我承認了張貼過大字報。

法官又給我一次機會發言，我開始陳述：中國人一直宣稱西藏十分進步，這都是假的，藏人並沒有像中國人宣佈的那樣從農奴制度中被解放出來。我接著敘述寧塘村民的生活情況和那邊嚴重缺糧的現象。

法官讓我把話說完，然後帶著不同意的笑容說：「瞎子只能看見黑暗，反動份子也只能看見偉大社會主義祖國的陰暗面。」

1984年4月29日我被再度判刑八年。我已經五十一歲了，一生中大部分的時間都在中國人在我的國家裡所設的監獄中度過。

新家在俄日尺度監獄[12]。發了一套夏天和冬天的制服，要管三年穿。我被分派到主要是老年人組成的大隊，指定從事比較輕微的勞動，像照管菜園或在廚房裡幫忙。會議已經不像以前那樣嚴厲，也不需要假裝吹捧黨和它的領導人。但是犯人仍然需要定時學習，每次都要討論《西藏日報》上的文章。

那一年9月，我經歷了一次很奇怪的會見。我被叫到主樓的一個房間，坐在一張鋪了很講究的桌布的桌子前面，桌上有只熱水瓶，兩只很昂貴的杯子、一盤餅乾。牆上的掛曆照片是中國現代化的建築。稍後，一個年輕的中國人進來，他打著領帶，攜帶了一個很講究的皮包。他的翻譯替我們倒茶，招待我們用點心。

「他們怎麼樣對待你？」他說他是從北京來的，需要知道

---

[12]俄日尺度(Orithridu)爲音譯。

監獄的管理人對我好不好，我需不需要進行醫療檢查，他的態度看起來十分眞誠。

當時我對這種待遇感到非常驚奇，但是後來才知道我當時被意大利的一個國際特赦組織指認爲良心犯，所以這次的訪客跟那個組織向中國政府和拉薩當局寫信，有直接的關係。

但是不久之後，警衛們又恢復了慣常的殘暴。有一天，我對廚子達瓦抱怨，供應的茶常常都是涼的。過了一會兒，達瓦帶著一個名叫強巴的守衛走到我房間。犯人都叫強巴「爺爺」，因爲他的白鬍子。強巴問，誰抱怨了，我說是我。他說要測試茶是否眞是涼的，說完之後，就把整整一熱水瓶裡的水倒在我赤裸的右手臂上。

其他犯人看到強巴揮舞著電棍走向我，都急忙躲開了。開水把我燙得疼痛難當，接著他用電棒不斷刺我的肩膀和胸部。廚子站在一旁觀看，非常欣賞這場權力的示範表演。強巴瞪著其他犯人，好像在說：「下一個輪到誰？」

我痛苦得大聲喊叫，其他的監獄幹部跑來看發生了什麼事，我大聲喊道：「黨在殺害一個犯人。」一個上級幹部把大家趕走，然後責備強巴和廚子。我被送到醫療室去，一個年輕的護士替我處理燙傷。

共產黨現在改變了策略，以前舉行坦白和批判大會是爲了要把我們改造成社會主義新人。如今黨注意到這些政治犯不會因爲黨讓他們改造，他們就能被改造。我們這些人被打上「改造不了」的標籤，同時得到相應的對待。唯一能讓政治犯讓步的方法是把我們孤立起來，同時讓我們盡可能多受痛苦。

在俄日尺度，打人是家常便飯。警衛們都像要赴戰場一樣全副武裝，他們隨身帶有手槍和兩把別在腰帶上的刀，還常有兩種不同的電棍：一尺長的短電棍上面有閃亮的塑料把手；另外一種是長電棍，伸長了像一把劍一樣。警衛也穿盔甲，有時候他們這樣全副武裝連走路都有困難。警衛們經常毫不猶豫地用手中的新式武器來對付我們這些改造不了的犯人。

第十二章

新生代的分離主義者

1987年9月28日《西藏日報》報導了一場拉薩的示威遊行。哲蚌寺的二十一名僧侶要求西藏的獨立和自由。我非常驚訝，第一次看到官方報紙對這種事情進行報導。平常這份報紙總是侷限於報導能榮耀黨的消息，現在卻把這條新聞放在第四版，通常這是報導國際新聞的版面。記者把這場示威遊行斥責爲「一小撮分裂份子」的行爲。「分裂主義份子」是一個新的名詞，用來稱呼西藏的愛國主義者，中國人把西藏人爭取自由的想法統統視爲要分裂祖國。

多麼令人激動的消息！自1959年以來，這是首次出現的一場嚴肅而公開的示威抗議。

報紙上把二十一名僧侶的姓名和年齡都登了出來，令人驚訝的是他們都這麼年輕，我第一次被捕的時候，這些人都還沒有出生呢。他們是共產黨人所謂「吃黨的奶水長大」的一代，然而他們現在呼喊口號，要求西藏獨立。

對於一個政治犯來說，沒有任何事情比當你知道外面還有人跟你有同樣的信仰和理念更能受到鼓勵了。我知道奮鬥將通過這些年輕抗議者的聲音傳承下去。

監獄當局立刻召集大會，要求犯人譴責示威行動，命我們讀《西藏日報》上的冗長文章，文章批判了誤入歧途的抗議青年。

接下來的幾個星期，我們聽說當局開始在拉薩進行大肆逮捕。外面來打聽消息，說有些人已經失踪，要知道這些人是不是已關進監獄了。我們有一個聯絡網，讓外面的人知道誰在監獄裡，同時在獄裡的人也能得知外面所發生的事情。

1987年9月的示威遊行啓發了拉薩其它的一些街頭運動，甘丹寺是西藏第二大寺院，曾經擁有五千名僧侶，現在這個寺廟的僧侶們開始發動示威遊行了。文化大革命期間，甘丹寺遭受特別猛烈的攻擊。我從寧塘被釋放之後，曾經過這裡，看到寺廟被夷爲平地，沒有一個建築物保存下來。

越來越多的和尙和尼姑參加抗議，拉薩的青年人也組織起來，參加了抗議行動。這種情形導致監獄裡的政治犯(我們監獄只有五個政治犯，其餘都是刑事犯)受到更爲嚴密的監視。獄方經常問我們外面的事情，只要西藏有任何的騷動，我們就會被召集起來開特別會議，命我們對外面的事情表態。我只簡單回答：「我只是一個犯人，跟外面的示威遊行沒有任何關聯。」

那一年冬天，我獲悉七十五歲的洛桑旺秋先生死了，他成年以後的大半生都在共產黨的監獄裡度過。有關方面說他是老邁而死，可是我確信他是被謀殺的。當局對他特別殘忍，即便七十五歲的年紀，他依然帶著手鐐和腳銬從事繁重的勞動。有一天下工之後，他以懶惰怠工的藉口，被鐵鏈銬在一根鐵柱上，一個名叫巴角的警衛把他打得昏迷過去，我也曾經在這個人手中吃過大苦頭。洛桑一定是受到嚴重的內傷，後來被送醫院去，已經太遲了。他們故意把他釋放回家，說讓親戚來照顧他，但是第二天他就死了，當局把他死亡的責任推脫得乾乾淨淨。洛桑是我認識的人中間最高貴的一個。

接下來的兩年，示威行動越來越多，每次成功的抗議活動又醞釀了下一次更大的起義。我記得那是1989年3月的一天，我正在監獄的蘋果園裡工作。年紀比較大的犯人通常都派在果園裡勞動，果園的收成已經成爲監獄相當大的一筆收入來源。塑料包著的溫室內溫度很高，而且十分潮濕，這裡面蘋果樹生長得很快。我正忙著照料這些樹，突然之間聽到從大門的方向傳來響亮的歌唱聲。我走出去，看到一長排的犯人正返回監獄，覺得非常奇怪，現在還是中午，爲什麼提前返回監獄呢？他們看起來十分快樂，唱歌的神態也毫無憂愁的痕跡。我返回溫室，突然兩個警衛走進來命我們返回住處。途中我注意到有武裝警衛站在屋頂和哨崗上，我問同屋的人發生了什麼事。

「拉薩出事了，」一個人回答。

我知道這意味著將有另外一場抗議活動。大家都躺在床上等待進一步的消息。

第二天早上有很不尋常的大批警衛來到我們院子，在一邊靠牆的地方，機關槍架起來了，旁邊還有一排排的子彈帶。我意識到拉薩發生的事必然十分嚴重。

早點名過後，那天不需要出工。警衛給我們拿來一些撲克牌和象棋等遊戲，大家三三兩兩在院子裡找空地坐下來，幾乎有一種節慶的氣氛。當局顯然非常害怕這裡也會爆發出抗議的行動。

那天下午，我看到一個在醫務室工作的年輕護士，她平常對我十分友善。當她穿過場地時，我叫住她，請她查看一下我的肩膀。我脫下外套，露出肩膀請她檢查，一邊悄聲問：「拉薩發生了什麼事？」她假裝檢查我的肩膀，回答道：「八角街那邊有騷動，警察沒辦法控制局勢。」她說抗議活動已經持續三天了。

黑烟從拉薩的方向升起，獄方突然宣佈包括我所在的四個分隊，要轉移到其它的監獄去，我們得立刻打點行李準備調動，一個小時之內就動身。好在我對這種突然襲擊式的轉移早已習慣了，監獄生活的規律之一就是任何事情都可能在毫無警告之下發生。

警衛把我們匆匆趕出監房，大家背著行李包，爬上一排剛剛駛進院子的有帆布頂篷的卡車，引擎已經在低吼了。大家爬上卡車，一片擁擠紛亂，不知道會被送到什麼地方去。

突然，就像剛才離開那樣匆忙，卡車在大門口停下來，我們被趕下車，又被命令返回牢房，不折不扣是一場大混亂。整天這樣被趕來趕去，我四肢酸痛，急忙爬上床，把自己裹在舊的毛毯裡，腦子裡盤桓著今天所發生的一切，迫切想知道外面發生了什麼事情。

第二天，爲了要把我們跟外界隔絕，連步行去勞動也取消了。令人難以置信的是，獄方不要我們閑著，因此提供娛樂節目，撐起一個很大的銀幕，放映香港的流行影片給犯人看。大部分人都聚集在那兒看電影，我卻從來就不喜歡這類東西。

那天晚上有卡車車隊到達院子的聲音，我透過窗戶往外看，探照燈照明了場地，幾輛大卡車停在第一和第二分隊的房子前面。從卡車的車身下面，我看到很多新來犯人的腳，正慢慢地走進建築物。不難想像，這是那批在拉薩抗議的人。

新來的犯人大聲抗議。卡車也把一些人運到婦女分隊去，女人們也大聲喊著抗議口號。我們都擠在窗戶前，心中十分佩服。接著這些抗議聲變成恐怖的哀嚎，大約是警衛衝進住房開始毆打犯人了，整個監獄充滿了哀嚎和玻璃破碎的聲音。第二天早上我去廁所的時候，看見院子裡到處都是玻璃碎片和打爛的窗戶，新來的犯人大概跟警衛展開了搏鬥。

第二天我們被囚禁在監房內不准外出。從窗戶望出去，看到警衛們在院子裡擺上桌子，審訊幹部拿著筆和本子走過來，坐在桌前。一些按西藏人的說法，小得還鼻涕未乾的年幼男孩從屋裡走出來，排隊站在桌子前面。年輕的姑娘們從另外一邊婦女牢房出來，她們的頭髮用彩色絲帶綁在腦後，看起來像洋娃娃一樣。有一個小女孩兩隻手插在口袋裡，好像她要到糖果店買糖果。他們都無所畏懼，沒有一點焦慮的表情。

看到西藏人有一種新的抵抗精神，使我感到極度的欣慰。這些年輕的抗議者是活生生的證明，雖然經過文革的摧殘和三十年的洗腦，西藏的青年們都沒有被蒙蔽而跟隨共產黨。相反地，一種民族精神比以前更爲蓬勃地興起了。

後來我問這些年輕犯人在學校裡有沒有學習中文，一個男孩子帶著不屑的表情看著我，諷刺地說，誰願意去學壓迫者的語言。很多年輕的和尚尼姑說，他們寧可進寺院，也不願意上普通的學校，因爲他們不願意學任何中國人要教育他們的東西。

共產黨把青年人的抗議看成是拒絕黨的行爲，他們相信年輕藏人之所以抗議，僅僅是因爲不知道西藏以前被封建地主統治下的苦日子，所以黨組織了一些學習班，來教導這些年輕叛逆者學習西藏的歷史。然而一切都不能按照他們的計劃進行，當黨幹部對年輕人說他們應該心存感激能生活在現在的「黃金年代」，青年人就說，他們的父母親在文化大革命中被打死、餓死。當局無法反駁，只好說這都是四人幫的錯。

看到這些年輕的男女孩子，心中感慨萬千。回想起自己早年進監獄的情況，現在新來的犯人跟我們當年面對的問題是一樣的，他們沒有杯子、盤子、湯匙，也沒有棉被。老犯人就把多餘的杯子和毛毯拿給他們。

年輕的抗議者在人們心中喚醒了某些東西，監獄裡現在產生一種互相友愛和同仇敵愾的氣氛，連普通刑事犯都被年輕人的勇氣所打動，開始幫助他們，教他們如何應付審問。這些青年都還不滿二十歲，當中國人第一次入侵西藏的時候，他們還沒有出生，是所謂在紅旗下長大的一代，但是他們否定了共產主義，要求西藏的自由。

大家盡可能地幫助這些政治意識覺醒的青少年男女，他們對監獄裡其他刑事少年犯發揮了良性的影響。有一個名叫邊巴的少年犯見到他們的勇氣，很受感動，就來找我，說他願意爲西藏的獨立貢獻力量。邊巴才十六歲，臉孔消瘦蒼白。開始我有一點擔心，怕當局利用他來刺探我，這是經常所使用的手段，讓普通犯人監視政治犯，所以跟刑事犯在一起時，大家十分警惕。但是邊巴很可愛，每天下工以後，他都坐在我的監房外面等候。他是個文盲，我告訴他第一件應該做的事就是學習讀和寫。我開始教他識字，不過我非常小心，不談論任何政治問題，預防以後被抓辮子，在監獄裡，你總是得萬分小心。

有一天警衛在廁所的牆上發現有人塗了「西藏獨立」幾個大字。他們把這些字照了相，並宣佈這是一樁非常嚴重的反革命罪行。上面對這批新犯人的膽量十分警覺，認爲這次事件是危機的前兆，決心找出抗議源頭，核對每個人的筆跡，要找出寫標語的人。犯人逐個被盤問，在標語出現的當天，看見有誰去過廁所。

有人報告，看到邊巴從廁所走出來，他手上帶有黑炭的印跡。邊巴立刻被逮捕了，銬上手鐐腳銬，被單獨關禁閉。「關禁閉」是把人放在極爲狹小的空間裡，把手伸向兩側就可以碰到空間的盡頭，裡面極爲寒冷，既沒有棉被也沒有毯子，當然也沒有窗戶，完全的黑暗。當我看到這個少年被帶走的時候，非常害怕他會被判處死刑。

整個西藏現在進入戒嚴時期，任何出格的行爲都會受到最爲嚴厲的懲罰。中國當局對示威遊行如此如臨大敵，表示國際上對西藏的聲援越來越強烈，這對我們是一個極大的鼓舞。最近一次全藏、特別是拉薩的洶湧抗議活動，引起了國際社會的關注。

局勢對於邊巴這樣的嫌疑犯是非常不利的，他是一個普通少年犯，以前對政治從來沒有興趣，當局立刻得出結論，他是被人收買或受到其他政治犯的影響。他們知道他曾經多次來我的監舍，我也借給他一些書籍，我立刻被懷疑上了。後來我知道邊巴被毒打，並且刑求了很多天，但他始終拒絕指控我，堅持是個人的行爲，我以後再也沒有見過他。

自邊巴被抓出來之後，監獄的形勢更爲緊張。俄日尺度監獄的主管有天把我召去，這一點兒都不令我感到驚訝。對於拉薩最近的示威活動，我從來沒有隱瞞過我的興奮，而且公開對新到的政治犯表示祝賀，當局認爲我發揮著極壞的影響，這是毫不足怪的。我被帶領到大院一邊的辦公主樓去。

「你得離開，」一個幹部說。

「去哪兒？」我問。

「到上邊去，」幹部說。

當西藏人不願指出確切的地方時，他們就說到上面或下面去。

「今天早上沒通知你嗎？」幹部的上級問道。

「沒有。」

「你將被轉到扎奇。」

重新返回扎奇西藏第一監獄，1964到1975年之間，那兒曾是我的家。於是我又捲起鋪蓋捲，行李打成一個包袱，然後爬上一輛等待中的吉普車。司機是一個藏族婦女，她曾經要求我教她女兒認字。

「發生什麼事了？」她看左右沒人，就悄悄問我，但是很快有一個士兵和高級的藏族官員上了車，那個官員手臂下夾著一本厚厚的檔案，那是我的個人檔案，包括1960年以來的一切資料。吉普車開離監獄，揚起了一陣塵土。

一路無話，到達扎奇。他們仔細檢查我隨身帶來的行李，然後把我送進第七號監獄，房間裡面我十分熟悉：空白的牆壁，每個犯人的東西整齊地放在床上，沒有單獨的床，只在高出地面的一個平臺上，每個人有一塊自己的空間。我進去的時候，同屋還在出工，只有一個年老的犯人坐在床上。

他站起來自我介紹是益西。他從暖水瓶裡爲我倒了一杯茶，我們交談起來。益西是拉薩南部山南地區的一個僧侶，有肺病。他說這間宿舍一共七個人住。

門打開了，一個藏人守衛把我叫出去，帶到審訊室，我一眼就認出一個名叫巴角的審訊員。我認爲，我的朋友兼老師洛桑旺秋的死亡，他要負主要責任。以前我們都叫巴角「快手」，因爲他動不動就舉手毆打犯人。他個子高大，不停地抽烟，手指被熏得黃黃的，眼睛總是淚汪汪。他坐在桌子後面，兩個剛才搜查我行李的警衛站在門邊。

巴角正在翻閱我的檔案，我一進門，他就放下手中的檔案，站起來走向我吼道：「無賴！」接著吐出一長串咒罵。我不知道接下來會發生什麼事，這間審訊室讓我想起一個憤怒之神的神壇。牆上掛著一排電棍，鈎子上的各種手銬閃閃發光。巴角從牆上取下一隻長的電棒繞著我轉圈子，棒子在空中舞著。

「你已經在監獄裡三進三出，但是依然拒絕改造。」他說。他又開始盤問我過去的犯罪歷史，雖然我以前的事他在檔案裡都讀過。

「你多大？」他問道。

「六十。」

「不對！你五十九歲！」巴角顯然在向我挑釁。

「我是猴年出生的，所以是六十歲。」

巴角又走到那排電棍前，這次他挑選了一隻一米長的電棍，將它放在一個電源底座上充電，電棍冒出火花，發出一陣聲響。

「你爲什麼又進來了？」巴角繼續問。

「因爲我在拉薩貼出大字報，呼籲西藏獨立。」

「你還要獨立嗎？」他挑釁地問。

沒等我回答，他把電棍從底座拿起來，用這新的玩具刺向我。我整個身體在電流之下痙攣，他一邊罵著髒話，一邊把電棒刺進我的嘴裡，拿出來再一次插進去。他再度走向牆，選了一支更長的電棍，我感到整個身體被撕裂了。我還迷糊地記得，一名警衛把他的手指伸進我的嘴裡，把我的舌頭拉出來，避免我窒息，我也依稀記得一名警衛怕得逃離了房間。

這些事情好像是昨天才發生的一樣，記得當時全身顫抖，電流掌控我全身，令我劇烈地顫抖。我失去知覺，醒過來時，發覺自己躺在嘔吐物和小便之中。記不得躺在那兒有多久，我的嘴腫脹起來，下巴不能移動，嘴裡有巨痛，吐出一些東西來，那是我的三顆牙齒。那次之後的幾個星期，我都不能夠吃硬的食物，我全部的牙齒在這次受刑中都脫落了。我被帶回宿舍，益西等在那兒。「誰幹的？」他問。「巴角。」我喃喃地說，益西扶我躺下來。

過去幾年，我的生活相對來說改善了很多，會不再開了，批判大會也取消了，整個說來監獄的管理寬鬆得多。巴角的殘忍行動是一種恐嚇，讓人又回憶起文化大革命年代的夢魘。我懷疑他對我用刑是得到上級的授意，要好好教訓我一次，藏人反抗中國人統治的高漲情緒令我興奮不已，這使他們十分憤怒。

一陣鐵鏈在地上拖曳的響聲加上人的話聲，犯人現在下工返回宿舍了。有一個二十多歲，身體強壯，名叫洛桑丹增的人，直直走到我面前問，「師傅，他們對你用了重刑嗎？」我無法回答，僅僅拿手遮住了面孔。

洛桑參加了1988年3月5日在拉薩發動的示威遊行，那次事件中有一個年輕的警察從窗口摔下死去，中國當局控訴洛桑謀殺了這名警察。沒有任何證據顯示他跟這宗死亡案件有任何關聯，抗議的人衝進拉薩市中心大昭寺旁邊的一座建築物，警察追趕衆人，在混亂之中，有一個警察不幸從窗口摔下來，洛桑被逮捕了，被判死刑，緩刑二年執行。當我1990年10月到達扎奇的時候，這兩年快到期了，但是他一點都沒有懼怕的樣子，相反地，他十分生龍活虎。

扎奇有一個專門關政治犯的分隊，我跟和我有共同信念的人關在同一間牢房。同房間的七個人不是參加了示威遊行，就是寫過主張獨立的大字報。雖然巴角對我的用刑使我痛苦萬分，但是在這間牢房裡，我感到十分安慰。我幾乎無法張嘴，分隊的廚子以前是一個僧侶，他送來一些溶化了的犛牛油給我喝，西藏人認爲這種牛油有神奇的效果。牛油使我全身溫暖，讓我的腸胃舒暢。

他們不允許我看大夫，第二天早上就把我派到廚房去工作。這是比較輕鬆的活兒。我們坐在一大堆蔬菜前面，把爛掉的葉子和菜根摘除，然後丟進大鍋去。其他的犯人問我，誰對我下了毒手，我說是巴角，聽到這個名字，大家都搖搖頭。

扎奇的政治犯都在第五分隊，同時被安插在八個組，也就是八個宿舍中。我在第七組，跟同監房的人相處融洽。年紀最大的是一個名叫霍・拉康(意老喇嘛)的七十五歲僧侶，另外還有個叫索南多傑，大約十八歲的男孩子。索南很有天賦，愛替犯人畫肖像。另外一個年輕的犯人名叫達瓦，他在村子裡貼了大字報，指責中國在西藏的統治是殖民主義。洛桑格桑是哲蚌寺的年輕僧侶，是1987年9月27日第一次的示威遊行中的一名領袖。另外還有玉洛・達瓦次仁、洛桑丹增和我，一共是七個人。跟這樣一些勇敢而善良的人在一起，我感到非常欣慰。在分隊裡有一種進取和積極的氣氛，這是我從來沒有經歷過的。以前犯人們生活在不斷的恐懼之中，害怕被同伴檢舉，可是新一代的政治犯不輕易被暴力的威脅嚇住，人們準備抵擋反彈回去。

我們這間牢房是整個分隊的主軸。有個犯人偷偷弄進來一只小收音機，每天晚上洛桑多傑會聽BBC的中文廣播，另外一個叫阿旺洛桑的犯人懂一些英文，他把耳朵靠上收音機去收聽世界新聞。這樣我們經常能夠聽到達賴喇嘛在國外旅行的消息。

我們把監獄的情況寫成報告，同時收集犯人的名字，找一個方法把這些消息透露出去。由於外界往往不知道誰被逮捕了，所以必須讓拉薩人知道，以便通知犯人的家屬。後來這些名單被帶到西藏之外，交遞給人權組織。到西藏來的外國旅客常常感到很驚訝，有時陌生人會把一團紙塞進他們的手中，上面寫著，請把這張紙條傳遞給聯合國或外國的政府。

我在扎奇認識了溫和謹慎的玉洛·達瓦次仁，他也是一個極好的聽衆。玉洛是甘丹寺一個很有名的轉世喇嘛，1960年至1979年，他被關在監獄裡，1987年又重新被捕入獄。我在中國的電視節目中聽過玉洛的案子，他現在親口告訴我他一生令人驚訝的故事。他說有次到朋友家去吃飯，在那兒見到一個多年以前就認識的僧侶，此人於1959年西藏起義之後逃跑，後來定居意大利。這人帶著一個意大利朋友返回西藏，玉洛那天晚上跟他們一起共進晚餐。進餐時玉洛說，西藏的問題只有當西藏成爲一個獨立的國家時才能解決。

他們的談話不知怎麼傳到中國安全局的耳朵裡，玉洛和東道主圖丹次仁立刻被逮捕，被控以「散佈反革命宣傳」的罪名。一場尋常的談話升級爲「國際陰謀」！按照國安局的說法，他們的聚會是爲了贏得「外國援助」。

玉洛被逮捕之後，甘丹寺的僧侶在拉薩舉行示威，要求釋放他。這次的抗議導致了拉薩有史以來最大的一次示威遊行，中國人宣佈西藏實行戒嚴。

七分隊每個犯人都有受盡磨難和痛苦的故事，但是我們鬥志高昂。中國人繼續大批逮捕，扎奇不久就有幾百個政治犯，大部分都是年輕的僧侶。中國人稱呼這些犯人爲「達賴喇嘛的走狗」，似乎是貶義標籤，但是這種稱呼讓我們感到驕傲，對我們而言，達賴喇嘛始終是自由的象徵。

我們沒有被毒打嚇退，繼續在監獄裡組織抗議活動。我們告訴年輕犯人，不要在警衛面前流露出恐懼，因爲恐懼能賦予警衛更多權力。三十年的牢獄生涯使我認識到，永遠不能請求他們發慈悲心，因爲你永遠不會得到。

1990年冬天，當局和政治犯之間的對峙發展成爲正面衝突。記得那個冬天特別寒冷，非常幸運，我沒派上露天勞動的活兒，而是派在潮濕而狹窄的溫室裡工作，給樹苗和各種植物噴灑農藥，封閉的圓頂空間佈滿了一種嗆人的氣味。

12月15日發生在一名青年政治犯拉巴次仁身上的事激怒了犯人，我們於是組織了扎奇監獄的首次抗議活動。拉巴是拉薩第一中學的學生，由於在學校成立了一個叫「雪獅」的主張獨立的組織，就被判刑三年。這孩子在監獄裡很受大家喜愛，洛桑把他當成自己的弟弟看待。

拉巴被逮捕後，關進嘎扎看守所，在那兒受到殘酷的刑求。到了扎奇之後，又被一名叫白瑪仁曾的警衛毒打，白瑪的名字就是殘暴的代號。大家看出這類毒打所造成的嚴重內傷，拉巴幾乎不能行走，他的整個身體像老人那樣彎曲著。他一再說胃部非常疼痛，我們給他一些藏藥，洛桑建議他去醫療室看病。

每次去看病，拉巴都被醫生趕回來，說他裝病。有一天夜裡，隔壁宿舍傳來呻吟聲，大家都開始喊叫，「拉巴！拉巴！」喊聲越來越大，但是警衛那邊毫無動靜。其他宿舍的犯人也開始參加呼救，不久整個宿舍都淹沒在一片「有人要死了！」的喊聲中。

有人大聲喊：「來人了！」呼喊聲立即終止，我聽出是隊長的聲音，他大聲責罵我們。

「病人在哪裡？」他問。

「第八號宿舍，」犯人們大聲喊道。

那天夜裡拉巴被送到醫療室去，隊長威脅我們，第二天要處理這件事情。果然第二天獄方讓第五分隊參加一個大會。才走到院子裡，武裝警衛就把我們包圍在中間，另外一組警衛手裡拿著長的電棍逼近，隊長要我們交待昨天發生事情的原由。

我們沒有理會他，因爲在監獄場地的另一個角落，一輛三輪救護車開進大門，拉巴被送到醫院去。那天晚上我們得知他被送到拉薩警察醫院，但是當天晚上又被送回監獄，醫生說查不出嚴重的內傷。晚上他的情況惡化，再一次被三輪救護車拉走，拉巴在送往醫院的途中死去。

第二天早餐之後，我才聽到這個消息，一個在醫務室工作的犯人走進我們的宿舍，把消息告訴了洛桑丹增。洛桑僵立在那兒，眼淚從他的面頰流下來。我們大家面面相覷，不知該作什麼。

拉巴死亡的消息在政治犯中間很快傳開。眞是不可思議，我們沒有張揚什麼計劃，但是在中國和西藏之間的歷史上從來沒有發生過的事情，在扎奇發生了。回想起來，簡直不知道我們怎麼敢去做那樣的事情。

洛桑丹增把他床墊上鋪著的一張白床單撕成兩半，他在一邊用很美的西藏文字寫著「我們哀悼拉巴次仁的逝世」，在另外一邊他寫下：「我們要求改善政治犯的生活條件。」然後我們像舉旗幟一樣將這兩條床單舉在身前，慢慢從屋內走到院子中去。

第七組犯人發動一場示威遊行的消息像野火一樣傳遍整個監獄。我們當時一共有十個人在監房，大家一心一意去做這件事，沒有任何事情能夠阻擋我們。洛桑丹增和白瑪拿著第一面旗幟走在前面，格桑次仁和嘎丹加塔拿著第二面旗幟跟在他們後面。當我們走出院子的時候，激動地發覺分隊其他小組的犯人也排成四行站在我們後面。我的監獄生涯中，從來沒有見過這種抗議活動，大家都沉醉於自己的大膽和勇氣之中。

分隊大約有一百五十名犯人，全部加入了抗議的隊伍，唯一的例外是一名幾個星期內即將被釋放的犯人。我們像士兵一樣列隊整齊，旁人一定會以爲這是事先演練過的。隊伍向行政大樓走去，其實這離宿舍不到一百米，短短的距離走起來好像有幾里路那麼遠，這是需要很大的勇氣的。

通常在早餐之後和出工之前，中間有九十分鐘時間留給大家做個人的事，所以我們作的準備工作沒有引起注意，隊伍穿過院子時也沒有警衛看到。直到我們走到行政大樓前面，才有一個站在樓前的中國青年士兵發現，他立時滿臉通紅，顯然非常害怕。隊伍在他面前幾步之遙處停下來。

「拉巴次仁眞的死了嗎？」洛桑丹增用中文問他。

我不懂他們之間的中文對話，但我相信那個守衛的回答是肯定的。他匆忙奔進辦公大樓，門砰的一聲在他身後關上，一時還沒有其他士兵出現。我們站在寒冷的空氣中，十二月中旬的氣溫很低，但是我一點都感覺不到寒意，內心的激動使得周身暖和。突然有一個小門被推開了，警衛們衝出來迅速把我們圍在中間，有人拿著武器，有人手持長電棍。在遠處的一堵牆上，機關槍已經架起了。

靠近我的一名犯人叫巴卓，是個被判刑三年的年輕僧侶，他因爲1988年三月那次抗議活動中死去的警察而被判刑。在審訊中，他們對巴卓殘酷用刑，所以他的神經非常脆弱，還沒有恢復過來。突然之間，他往前衝，並且大聲叫喊，同時對守衛以很粗暴的手勢比劃著。這是非常危險的，對方會認爲這是挑釁。有一些年紀大的犯人把他夾在隊伍中間使他平靜下來。

這時，穿著藍色毛大衣的扎奇監獄長緩緩走向我們，他旁邊是醫務所的那位中國醫生，另外還有監獄主任，一個地位很高的藏人科長。他們在警衛和其他幹部的簇擁下，面對我們。

「你們幹什麼？」監獄長大聲叫道。

洛桑丹增用中文向他說了一些話。

「昨天夜裡有一個犯人死了，」科長說，「他叫什麼名字？」

大家同時開始大聲喊著：「拉巴！拉巴！」

「誰是你們的領導？」科長問。大家喊道，「我們沒有領導」。

藏人科長鎮定地走向前排的抗議者，叫我們把心裡的委屈都說出來。洛桑丹增把拉巴的詳細情況都講出來，特別是他曾經被一名叫白瑪仁曾的兇惡守衛毒打的情況。洛桑要求當局調查拉巴的案子，要求懲罰所有對他的死亡有牽連的守衛和醫務人員。另外一個抗議者要求開一個追悼會，允許犯人的代表參加。站在前排的犯人開始發言，說出他們心中的冤屈。很多人指出自己也曾經被白瑪仁曾毆打過，這個名字一再重複地被提出來。

很快輪到我了，我說話的時候，有一個守衛悄悄跟科長耳語。我們這些年紀大的犯人總被視爲帶頭惹事的人，而被分別對待。我說拉巴的事，不該虛僞地說這孩子是自然死亡，他的死是因爲受到毆打受傷和醫生們的失職。科長有一點疑惑的表情，那個醫生也尷尬不安。我說我也曾經被巴角虐待過，他的名字又被其他犯人提出來。

科長是精明的人，知道要舒解目前緊張的情況，最好的辦法是讓每個人都發言。犯人們慢慢地平靜下來，原來內心的憤怒逐漸舒緩，因爲第一次能夠自由地被允許發言。科長答應會徹底調查拉巴的案子，所有失職的人都將受到懲罰，也宣佈會調查犯人被毆打和虐待的情況。能夠達到目的，我們感到非常高興，幾個藏族警衛朝我們年老的犯人走來，叫我們趕快回宿舍。

太陽已經照在頭頂了，這是很暖和的一天，我們慢慢撤回宿舍。由於這次的示威行動主要是我們組牽的頭，因此靜待警衛對我們進行報復，剛才那樣亢奮的反抗精神慢慢在消退。

洛桑丹增把他別在制服上的達賴喇嘛像章取下來，他二年的「死緩」很快就到期了，今天的事他很可能被立刻處以死刑。

「 我並不需要活得長。 」他說，同時把他曾很驕傲地佩帶過的達賴喇嘛像章交給我。

我們都垂下眼瞼，只有洛桑的腳鏈拖在地上發出的聲音。

後來幾天，當局沒有任何反應，好像沒有發生過什麼事。我們非常生氣，因爲並沒有舉行哀悼會，也沒有懲罰白瑪仁曾和其他有關的人，只不過守衛和醫務人員的態度有明顯的改變，似乎比以前客氣一些。

抗議的那一天剛好是犯人接見家屬的日子。來訪的人說，我們的抗議活動早就傳佈到監獄大牆之外，拉薩人民的反應非常之好。當親戚們下一周來探訪時，帶來了大量的食物，都是社會上捐贈給政治犯的，這使我們不必只依賴監獄中少得可憐的定量食物了。監獄當局發現了這個情況之後，立刻嚴格規定政治犯接受訪客送食物的限額。

四、五天之後，所有犯人都被叫到院子裡去開會。一個幹部宣讀名單，把犯人分成十到十五人的小組。我跟洛桑丹增和玉洛分到第一組，上面命我們換房間，轉移到第一號牢房去。這種轉換沒有帶來太大的區別，我依然跟朋友們在一起。玉洛被指定爲組長，也就是牢房的頭，平時他們總是挑選一個比較有「 乾淨 」背景的人當組長，但是現在當局更願意讓一個有影響力的人來擔當這個職位。

到新的監舍不久，我們就被叫到審訊室去。上面知道大家很團結，所以決定進行單獨審問。一天下午我正在打瞌睡，一個守衛來把我帶出去。我的審問者是一個名叫強巴格桑的藏人，不出意料之外，他問我們爲什麼抗議？這是誰的主意？

我重複拉巴死亡的情況，並且描述自己受刑的經驗，我張開嘴讓他看我腫脹的口腔和變色的上顎和舌頭。

「你這老傢伙嘴巴還眞厲害，」格桑說，「我知道你這種人！」

我知道他的意思，他的結論是：我是不能改造好的人，對付這類改不了的傢伙，最好的方法就是暴力。

我利用一切可能的機會來控訴巴角。所有的犯人、警衛和幹部都知道他，我的公開抱怨顯然讓這個邪惡的人感到十分尷尬。一天下午，我正悄悄地進行著宗教儀式，全身匍匐在地，突然聽到門響的聲音，一轉身，看到巴角消失了，他把門拉上，原來他一直在監視我。

當局違背了一切承諾。我們抗議之後一個月，他們宣佈拉巴是死於闌尾炎，沒有人對他的死負有責任。白瑪仁曾和巴角都沒有因爲對待犯人的粗暴而受到懲罰。據我所知，他們兩個現在還在扎奇工作。

我知道爲什麼很多警衛不怕自己的出軌行爲會受到懲罰，因爲他們跟監獄系統的高官有關係。巴角的妻子是黨書記巴桑的女兒，巴桑是扎奇監獄的政委，也是監獄裡職位最高的共產黨官員。巴角的小舅子是一個名叫朋措的高幹，他在監獄的司法部門任職。像巴角這種警衛，是有恃無恐的。

當局宣佈我們的刑期分別都要增爲五到六年，這引起了巨大的憤怒，監獄的氣氛又開始緊張起來，有些犯人公開表示要再次進行抗議。當局意識到這又要引發騷動，因此很快撤消了加刑的決定。

1991年春天，我們得到消息，有一個外國代表團將要到扎奇監獄視察。監獄裡的情況突然得到改善，這是代表團很快就要來的明顯信號。四月，廚房裡突然供應很豐富的水果和蔬菜，大塊的肉和肥油在我們的食物中出現。整整一個星期，刑事犯被派來把監獄佈置得更美觀，所有的建築物都粉刷一新，人人都發了一套新制服。

我們這間監舍又變成活動中心。洛桑丹增說，必須跟外國來訪者接觸，這是非常重要的。我們決定起草一份請願書，把監獄裡的眞實情況和使用刑具的細節陳述出來，也要把拉巴死亡的事情寫出來。洛桑同意由他起草這份請願書。

最大的困難是要對同牢房裡名叫霍・拉康的人保密，他倒並不是個奸細，只是他特別容易激動。霍・拉康是守不住秘密的，由於他是文盲，所以我們之間只用文字來溝通，每個人把希望洛桑寫進請願書的要點都記下來，不久他就把初稿寫好了。我們沒有把對食物定額的短缺和生活情況的惡劣寫進請願書，眞正重要的是拉巴的案子和政治犯的處境。

我們把所有受過酷刑的犯人名字開了一個淸單，也描寫了嘎扎一批尼姑的遭遇。她們被用一種特殊的方法強姦了：警衛把電棒放進她們的下體。請願書最後附了一封遞交給美國總統的信。但是怎能把這份請願書交到外國代表團的手裡呢？我們猜測代表團只會去參觀刑事犯的監房，或許也會參觀醫療室。洛桑丹增說他可以想辦法交出這封請願書，說他反正已經被判處死刑了，當局沒有辦法再對他加刑。洛桑是個足智多謀的人，大家同意了他的建議，由他去遞交這份請願書。

有一天我們下工返回來吃午飯，一個刑事犯告訴我們訪問者已經到達了。我後來才知道這個訪客是李潔民(JAMES LILLEY)，後來的美國駐華大使。那天在分隊值班的是一個好脾氣的退休的藏人幹部，洛桑請求允許他去醫療室，說還有另外兩個漢人犯人也需要看醫生，守衛同意了。當他們要走的時候，另外一個名叫丹巴旺扎的犯人也提出要看醫生。他們被允許走出監房大門，走到院子裡去。

洛桑、丹巴和其他兩人一起穿過院子往醫務室走去，那時，代表團剛好走出辦公大樓。洛桑他們幾個人馬上被推到靠邊的一間廚房去。在一些中國記者的陪伴下，訪問者轉了一會兒，快走到靠近廚房的一個門前，李潔民要求見玉洛・達瓦次仁，他的案子已經在國際媒體上被廣為報導，他也被特赦組織認定為良心犯。玉洛被帶出來見李潔民，他們通過一個翻譯，簡短地交談。

偶然的會見對於洛桑是一個極好的交出請願書的機會，他只需要走出廚房靠近代表團。他剛要走的時候，丹巴旺扎說他要遞交這份請願書，洛桑拒絕了。

「你不信任我嗎？」丹巴問道。

洛桑讓步了，他不願意讓丹巴感覺到他不被信任。丹巴是一個笨拙而粗率的人，他從廚房走出去，衝到李潔民面前，把這份請願書塞到大使的手裡。可是李潔民愣住了，在他還沒有明白怎麼回事的時候，一個中國女孩子把這封請願書從他的手裡搶下來。

那個時刻我正在溫室裡工作，但是滿腦子都在想著這封請願書的事。我很有信心洛桑能夠找到一個方法把這封信交出去，可是當我回到宿舍時，發覺他坐在床邊上，一臉沮喪。

「我們沒辦法遞交出去。」他說。

我一下子洩了氣，但是當洛桑仔細描寫當時發生的情況之後，我又釋懷了。一個重要的外國客人親自經歷了全部事情的過程，一定會要求一個解釋的，我確信我們的努力不會落空。其他的犯人現在都很擔心請願書會落在中國人的手裡。洛桑丹增說當局一定會辨認出他的筆跡來，他會堅持這是個人的單獨行爲。

丹巴旺扎懊惱極了。我們都勸慰他，但是沒有用處。當霍・拉康發現我們瞞著他策劃了這次行動時，監房裡的氣氛就更糟糕了。唯一的安慰是玉洛・達瓦次仁會見了李潔民，他說他把大家的委屈和冤情都向大使說了。

中國當局非常憤怒，我們的大膽舉動使得他們在重要的外國代表團面前丟失了面子，我們相信上面會用最嚴厲的懲罰來對付我們。幾天都平靜地過去了，沒有人提這件事。我猜想他們在等待高層的批示，或許因爲李潔民還在拉薩。洛桑相信他會被立刻處死，但是在面對死亡的時刻，他卻非常鎮定，一點都不後悔。其他人想到即將失去他，卻都沒有辦法保持他那樣的平靜。

事後我才知道李潔民當時要求中國政府不要把洛桑丹增處死。但是，當時大家眞是焦慮萬分，度日如年。

丹巴旺扎跟我一道修理溫室外一條狹窄的小溝渠，我問他是否對即將來臨的審訊作好了準備，他說沒事。他的信心令我感到驚訝，因為我太知道，當局絕對不會輕易放過這件事情的。就在我們談話過後不久，有一個警衛來把他帶走了。

中午時份休工，走回宿舍去吃午飯。我在院子裡的水龍頭下洗了臉和手，然後回到監房。有一些犯人沉默地站在門口，洛桑丹增和丹巴旺扎的棉被不見了，他們睡過的地方露出一塊赤裸的水泥地。別的犯人來告訴我們，禁閉室的門從外面反鎖，有犯人被關進去了。

我們感到非常無助，怎樣能減輕他們的痛苦呢？我們賄賂了一個警衛，讓他給洛桑和丹巴一點額外的食物，也讓玉洛和另外一個名叫阿旺普瓊的犯人去向政府求情釋放他們，請求自然無效。監獄裡的士氣又變得非常低落，我們所作的一切努力，要求當局作一些改變，都沒有得到實現。很多人希望年紀大的犯人能夠出來帶頭，新一代的政治犯似乎期待我們告訴他們下一步該怎麼走。有些年輕人公開談論我們應該絕食抗議。

「我們難道就讓自己的人關禁閉嗎？」他們問我，我不知道該怎麼回答。

回到宿舍，我看見三個年長的犯人，包括受人尊敬的轉世喇嘛玉洛正在午睡，我告訴他們，年輕犯人正等待著他們的指示。我提到年輕人想進行絕食抗議，如果幾位年長的同意，他們就會行動起來。

「我不能擔當這種責任。」玉洛說。

顯然他認為這種行為的後果會製造更大的痛苦。洛桑丹增和丹巴旺扎被關了將近三個星期的禁閉。丹巴開始宣稱要進行絕食，但是他後來極爲虛弱，結果還是同意進食。我相信洛桑能夠度過難關。他不但年輕，精神也非常堅強，死刑的威脅就在眼前，他反而什麼都不懼怕了。

1991年四月底，一個犯人悄聲說他看見禁閉室的門打開了，我的第一個反應是他們現在自由了。下工之後，我就急忙趕回分隊，希望能看到他們，但是依然沒有這兩個朋友的影子，大家都感到奇怪，他們的臥具都不見了。第二天早晨我發覺另外兩個犯人也被帶走了，他們的舖蓋捲也失去踪影。

我跟一些年輕犯人站在分隊辦公室門口，犯人憤怒而激昂，大聲向警衛問道：「我們的人哪兒去了？」守衛人只是穩穩地站在那兒，不理會，犯人不讓步。

「不關你們的事，」守衛回答道。

「我們的人在哪兒？」犯人們又問。

雙方僵持了幾分鐘。越來越多犯人加入，要求警衛回答。警衛們看見形勢越來越緊張，轉身走進辦公室去尋找援助。

所有的政治犯現在都聚集在大樓的前面，大家靜靜等待反應。突然面對我們的正門被推開了，一群帶槍的中國士兵走出來，擺出陣勢。扎奇的兩個共產黨的代表，一個名叫巴桑的藏族女人和一個高個子中國幹部在士兵們的保護下走向我們。

「有什麼事？」巴桑問。

「我們的人在哪裡？」大家高聲喊道。

沒有回答。兩個警官掏出手槍，其中一個人對天放了一槍，同時命令大家在院子的泥地上坐下來。高個子的中國幹部大聲對我們吼叫，同時用他的手槍威脅我們，他舉著槍指著我們，一個又一個。我聽不懂他說什麼，但是前排的犯人一個接一個的站起來，我也跟著站起來。突然間，沒有任何警告，他向一個名叫阿旺仁曾的年輕僧侶開槍，擊中他臉部的側面，槍從他的手上掉下來。

後來我才知道當時發生了什麼事。當中國幹部威脅我們說，如果任何人敢站起來說話，他就要開槍，他話剛一說完，大家幾乎同時站起來，人們起來的動作捲起了一陣塵土。

士兵們全部衝上來，有些人的槍已經上了刺刀，有些人拿著長的電棍，他們主要對年輕的犯人們下毒手。有個名叫普布的男孩站在最前面，他開始奔跑，一個士兵用刺刀刺向他的後腦，我看見血從他的頭噴出來，普布倒在地上。這種景象令我眩暈，這時候我感到有人用槍托打在我背上，我跌倒了，喘不過氣來。

周圍的犯人被中國士兵追趕著，一個年紀大的藏人警衛嘗試把我們跟士兵拉開。其中一個年老的守衛叫我們趕快跑回牢房去不要出來。「老天爺，」他拚命喊叫，「快走，不然你們都要被殺死。」很多犯人逃回宿舍，我看見許多青年犯人躺在地上，中國士兵們在毆打他們。

我們開始大聲的呼喊：「兇手！兇手！」但是士兵們無情地進攻，他們跑到牢房來，拖出所有的年輕犯人。我驚恐萬分，以爲那天我們全部會遭到屠殺。越來越多的軍人開著吉普車進來，士兵們被命令撤退。

我逃回牢房，不僅感到背部的疼痛，腿部也有劇痛，因爲士兵用槍托不斷地毆打我。軍人走進大門，把一堆手銬和腳鐐從袋子裡倒在我們監房的門口，警衛進來，開始把人一個個拖出去。顯然他們接到命令，專門要對付年輕的犯人。第一個拖出去的犯人名叫阿旺普瓊，他因為主持1987年的示威遊行而判刑十九年。阿旺看起來十分疲憊和憔悴，他是我們這群人裡最能言善道的，他不斷向當局質問洛桑丹增和丹巴的下落。警衛給他的手腳都上了鐐銬，把他帶到審訊室去。從監舍望去，可以看見兩名女醫生守在阿旺走進去的審訊室門口，她們拿著一個藥箱和一個鋼製的裝注射器的盒子。我閉上眼睛，開始六字真言的禱告「唵嘛呢叭咪吽」。

二十分鐘之後，阿旺被帶出來，他看起來像一個破布娃娃，臉腫脹不堪，到處都是青紫，讓人幾乎認不出來了，他接著被關了禁閉。一個接一個的年輕犯人被戴上腳鐐和手銬，帶到審訊室去，先是一頓毒打，然後被關禁閉。由於禁閉室不夠，有些人只是被鏈子栓在露天裡。

當局決定用暴力作為對付一切反抗的唯一手段。警衛們開始用殘酷的手段來懲罰一切輕微的反抗行為，但是犯人們並不讓步。他們公開說寧可死，也不願意臣服於中國人，這是一場意志力的較量。受壓迫的一方拒絕承認壓迫者的權力，這對使用暴力的壓迫者是最大的污辱。人的身體能夠承受巨大的痛苦，並且重新恢復。傷口可以癒合，但是一旦精神崩潰了，一切都完了。因此我們絕對不允許自己感到沮喪，我們從信念中汲取力量，堅信我們是為了正義和為了自己國家的自由而戰。

第十三章

面對敵人

第二天早點名的時候，景象一片淒慘，有的犯人身上貼著紗布，有的人手臂吊在綳帶裡，大家互相扶持著走出來。很多年輕犯人手腳都上了鐐銬。

抗議行動以後，安全防禦加強了，更多的士兵在周圍站崗，我們總是在監視之中，連在勞動的時候也有士兵站在一旁監視。可是犯人的抵抗在監獄裡形成了一種非常高昂的氣氛，連刑事犯都積極地支持政治犯，幫忙把外面的消息和藥品帶進監房。

當局宣佈年終考績評獎時，將要扣除大家的工分，這表示大部分人都會被加刑數年。幹部們以爲我們會要求減刑，但是大家態度非常堅決，對於這種進一步的懲罰，不表示任何異議。我們要顯示不懼怕監獄，對自己的所作所爲敢作敢當，讓當局知道，不能再用任何方法來恐嚇壓制我們。

對方也沒有動靜。不久中國人開始計劃紀念「十七條協議」的龐大慶祝活動，「十七條協議」是1950年中國軍隊入侵後，西藏政府被迫簽訂的。上層宣佈將有一些北京的高級人員到西藏來參加慶典，他們很注意，不願意在這段敏感時期引發新的抗議行動。

我還是繼續在溫室裡照料蘋果樹，並且種植蔬菜。這項工作相當輕鬆，溫室裡的產品和菜園裡的收成已經變成監獄的一項重要收入來源。當局甚至決定在扎奇擴張建築另外五十五個溫室，上面定下一個指標，每個溫室每年必須按照指標生產定量的水果和蔬菜。

示威抗議幾星期之後，就聽說洛桑丹增、丹登和另外兩個犯人被送到藏南的山南監獄去了。洛桑是我們監獄的精神支柱和勇氣的源泉，分隊的犯人現在都想念他。一個月之後，我們收到他的信息，說已安全到達山南，叫我們不要爲他擔心。

那個夏天，犯人允許看電視，主要是看中國的體育節目。我對於世界性的體育活動不熟悉，年輕犯人告訴我，中國隊將參加秋天在北京舉行的亞洲足球盃。年輕人都喜愛足球，他們熟悉每個球隊，一談起足球明星就滔滔不絕。

中國人樂意讓我們看這種節目，認爲這也是中國進步繁榮的標誌。我們卻把轉變看成再次抗議的機會。我原先對這種比賽的平淡興趣就很快轉成一種很高的熱情，因爲犯人都坐在大廳，每當中國人輸了的時候，大家就高興地歡呼和拍手，當對方踢進一球的時候，我們會發出如雷的掌聲，連普通刑事犯都加入我們的歡呼陣營。

有一天晚上，當局似乎對我們的歡呼感到警惕，害怕又會發生騷動。一大排士兵圍繞著大廳，更多的監獄警衛手上拿著電棒站在門口嚴陣以待。次晨一個憤怒的警衛大聲斥責我們。

後來我們才知道，刑事犯由於加入我們譏笑中國球隊的行列，受到警衛的處罰。當局告訴他們別犯錯誤，應該愛國，支持祖國的球隊。我們不願意跟刑事犯之間產生任何摩擦和裂隙，因此以後在看足球賽的時候，就停止了譏笑和歡呼。

政治犯之間的團結空前牢固，雖然我們沒有任何秘密組織，也沒有暗中討論計劃抗議活動，但是大家還是能整齊劃一地行動。爲西藏的自由進行抗爭是大目標，個人的顧慮和問題都變成次要的了，只有在牢獄之中，我才見過如此堅定的團結精神。

共產黨運用各種手段要突破我們的團結，他們設計了一套增加點數和獎賞的制度。如果一個犯人工作努力並且表現好，就可以得到一定的點數。在每年一度的評審會上，把每個人的點數加起來，誰得到最高的點數就可獲頒獎，最高的獎是獲得減刑。

這當然是很大的誘惑，但是我們都看穿了它背後的陰謀：讓我們彼此競爭，出賣對方討好當局。我們輕視這種攢集點數的規定，把發下來的規則說明不拆封就丟掉，拒絕合作。不用說，政治犯裡沒有一個人因增加了點數而得到減刑。

我們繼續利用一切機會向當局抗議。1991年十二月，一個瑞士代表團到扎奇來訪問。就像上一次李潔民來訪之前那樣，一些粧點監獄門面的工作立刻展開了，糧食定量也突然增加，這一切使我們知道訪客很快就要到來。代表團來了，被帶到各處去參觀，而同時，政治犯被鎖在監房裡。

有一個臉孔清瘦、長長白鬍子的六十六歲政治犯，名叫達那·晉美桑波，想法混進了普通刑事犯的監舍去。當代表團走到院子裡的時候，達那用英語大叫：「解放西藏！解放西藏！」他特別爲了這次機會而學了這句英文，管理人員告訴瑞士代表團他是一個瘋子。

爲了這件事，達那的刑期又增加了八年。他1983年因「反革命宣傳和批評國家領袖」的罪名被逮捕，判刑十五年。到了1988年，由於他喊叫西藏獨立的口號又被加刑五年，現在再加上八年，達那將到2011年九月三日他八十五歲時才能獲得釋放。這次瑞士代表團的事情，達那告訴我他一點都不後悔，他說如果有機會的話，他還會再做。

扎奇監獄裡有三十名女政治犯，其中二十七名是尼姑，她們大都參加了拉薩的示威遊行，喊了「西藏獨立」的口號。有一個世俗的女教師名叫達瓦卓瑪，是因爲教「反動歌曲」而判刑的，她教學生唱西藏國歌，爲此被判刑三年。

在審訊的時候，很多年尼姑被迫脫光衣服，赤身裸體站在那兒，警衛們在她們面前走來走去，手上拿著電棍做出各種下流和挑釁的動作。想到這些尼姑所受到的污辱、恐嚇和殘酷的毆打，對於她們的堅定勇敢，我特別感到尊敬。

婦女們都被關在第三分隊，跟普通女刑事犯關在一起。我有一種感覺，由於我們的分隊組織過幾次抗議活動，女犯們似乎感覺現在輪到她們採取行動了。1992年的春天，機會來了。在西藏藏曆新年來到的頭一星期，當局警告犯人不要佈置監舍，也不允許穿新衣服。新年第一天西藏人都喜歡穿新衣服，這是既有的習俗，現在不被允許，實在極其惡劣。

去年還被允許以傳統的方式慶祝藏曆新年，同時還放了三天假。今年照舊放假三天，但是以傳統的方式來慶祝是不允許的，不明白是爲了什麼原因。

我們決定不管禁令，像往常一樣慶祝新年。尼姑們也一樣，把牢房用親戚送來的禮物佈置起來。新年元旦，她們把那些寬大的卡其制服脫下，換上全新的藏服。

我們也都穿上新衣，三天之間都沒有早點名，也不需要出工。犯人們都坐在院子裡，有的在玩牌，有的在玩其它遊戲。太陽照得暖暖的，大家跟著陽光的移動而移動。由於我並不喜歡玩牌，而且僧侶也是不允許賭博的，所以我大部分的時間都坐在房舍裡閱讀和誦經。

放假的第二天，玉洛活佛從外面匆匆進來，臉上帶著憂慮的表情。

「士兵走進第二分隊去了，」他說，一邊替我倒了一杯茶。

「他們大概又喝醉了，」我不經意地說。

第二分隊是關刑事犯的，我們過了好幾天才知道，其實在婦女監舍曾經發生了一次騷動。

婦女分隊的管理人是一個五十幾歲的藏人婦女，她以粗暴和像老鷹一樣的警覺出名。新年第一天她走進婦女監獄，命令尼姑把所有的裝飾取下來，同時要她們換上監獄制服，當婦女們拒絕的時候，分隊長就把守衛叫進來，他們衝進宿舍開始殘酷地毆打婦女犯人。兩個年輕的尼姑和那名女教師被指認爲抗議的領袖，因此被關了禁閉。

假日的第二天，尼姑們開始高聲呼叫抗議，要求釋放她們的朋友。警衛又再度衝進宿舍，用電棍把幾個婦女毆打得昏迷過去。第二分隊的普通刑事犯從窗戶看到發生的事情，於是開始呼叫：「兇手！兇手！」我相信這種喊聲救了那些尼姑的命。

當局很快把抗議事件推到老年的犯人頭上。爲了消除他們對年輕犯人的影響，獄方建了一座新的牢房，把年輕的犯人關進去。我被留在舊的牢房，我猜想中國當局認爲是我們鼓動了抗議活動。

我們在監獄裡完全被孤立了，一般日常作習都被取消，沒有點名，也不出去勞動。大家很快就覺得非常無聊，玉洛要求讓我們去勞動，他的要求被拒絕了，當局似乎要通過散漫無聊的方式來折磨我們。勞動至少能給一個犯人正常的生活感覺，也是最容易打發時間的。那年的夏天也特別火熱，每天到太陽從喜馬拉雅山落下的時候，我們好像度過了一世紀。

我的刑期很快就要滿了，但是我盡量不去想它。我們都知道當局總是會藉任何細微的事情來繼續拘留一個犯人。1992年的夏天，我經常閱讀和背誦年輕僧侶時代所學到的許多祈禱文。白天我都留在宿舍裡，避免在外面受到警衛的監視。我開始每天做全身匍匐在地的儀式，每天從五十次加到二百次，藏人相信全身匍匐在地是一種對精神和身體的紀律要求。我希望釋放之後能夠全身心投入宗教的事務，相信做這種儀式是對未來寺院生活的一種預習。

夏天結束時，獄方管理一再提審我，他們要知道我被釋放以後要作什麼。

「我是一個僧侶，當然會返回寺院去。」我說。

我知道這次絕對無法返回哲蚌寺，中國當局已經強迫該寺把所有曾經捲入政治抗議活動的僧侶趕出寺院。他們問我以後是不是還繼續抗議，並且張貼大字報，我用毛澤東「小紅書」的話回答：「哪裡有壓迫，哪裡就有反抗。」那些警衛一聽，氣得掉頭就走。

我簡直不能理解，當局到現在依然要我相信中國人統治西藏，造福了西藏人。他們要我感謝黨，給我機會改造自己，我則每次都重複藏人這些年來所受到的災難。有一次談話時，巴角也在場，我告訴長官，巴角曾經毆打我，我把嘴張開，讓他們看光禿禿的上下顎，那次巴角把我所有的牙全打掉，現在嘴裡只剩下三顆。

「這只發生過一次。」警衛說。

朋友們給我帶來消息說，外面的形勢非常危險，哲蚌寺不會接受任何被釋放的政治犯。朋友勸我離開西藏，他們說我留在這個國家，會繼續被監視，任何人只要跟我接觸，都會立刻遭到懷疑。

我開始作逃亡的計劃，直到今天也不能把這件事情的內情透露出來，因爲很多曾經幫助過我的人現在還在中國軍隊和警察的掌控之下。我現在雖然可以自由地把自己的經歷寫出來，但是必須小心，不要把朋友暴露給公安。

被釋放前的一個月，我跟監獄外的朋友接觸，告訴他們，我希望逃到印度去，用獲得的自由繼續爲西藏的獨立而努力。

我也希望有更多時間從事宗教的奉獻，期待能夠見到觀世音轉世的達賴喇嘛。

中國政府發表的「中國人權白皮書」在監獄裡流傳開來了，我要到印度去的計劃顯得更爲緊迫了。令人難以置信的是，「白皮書」裡中國當局宣稱西藏沒有政治犯，也沒有犯人受到虐待。文件把扎奇形容成「新式的社會主義監獄」，犯人都被當成人，而且受到人道的待遇。

這份「白皮書」啓發我應該收集一些罪證來向世界顯示西藏所發生的事情。朋友們說我最適合做這個工作，因爲我在監獄裡已經度過這麼長的時間。中國當局只讓外國代表團看某些指定的監獄，因此一個活生生的證人自由公開地發言是非常重要的。

這是一個大膽的任務，怎麼逃離西藏呢？我絕對不可能取得任何旅行許可，也會日夜受到監視。任何人只要跟我說了話，就會被警察審問，因此一切的安排必須在高度的保密中進行。

外面的聯繫人說他們會爲我作好必要的安排，我請他們買一些中國警察用的電棍，上面必須有警察局的標記。聽了我的建議，他們去找一個漢人老警衛，這人只要給他錢，什麼都能辦。我知道他有辦法弄到電棍，果然如此。

釋放前的幾個星期，我又被叫去談話。巴角和其他兩個管理人在一個空蕩的房間等我，屋裡瀰漫著他們吸烟散佈出來的煙霧。巴角指著一張椅子讓我坐下來。

「你馬上就要離開了，」他開了頭，「有什麼話要說嗎？」

「沒有。」

「你向來頑固，」巴角說，「像一頭牛，始終拒絕改造。」我沒答話。

「你認識拉魯？」一個坐在巴角旁邊的藏人幹部問。

拉魯是以前西藏政府的官員，1959年他領導西藏的抗暴，後來被釋放了，現在在中國的行政機構擔任要職。

「我審訊過拉魯，」幹部繼續說，「像拉魯這種人能夠被改造，那麼你也能被改造！」

過了一會兒，他又重複老套，說中國政府是多麼造福西藏，誰改造好了，就能夠受到很寬大的待遇。

「你的頑固是沒有用的。」這個幹部最後說，「你所希望的西藏獨立只是一個夢而已。你看拉魯，他現在替祖國服務，在中國人大裡有很重要的地位。」這個官員暗示我也可以去攀登這樣的輝煌事業。

我開始重新敘述我的故事，從第一天被逮捕，一直說到被巴角毆打。我還告訴他們我的勞萊斯錶，提醒他們我手上還有這張收據。巴角直接問我要到哪裡去，我說想回到寺院。

我必須讓他們相信我非常想回到寺院去，我的晚年將在宗教生活中度過。我想如果我堅持要回哲蚌寺，當局也許覺得滿意，不會想到我會企圖離開西藏。

「我現在是一個老人，只希望把生命奉獻給宗教。」我一再重複。「如果你們不讓我回哲蚌寺，」我警告他們，「我要在大昭寺前面抗議！」

官員們聽到我的威脅以後，露出非常嚴厲的表情，告訴我審訊結束了。

所有的政治犯都知道我即將被釋放。在這之前的四、五天，大家在院子中舉行了一個聚會，分隊的人全部坐在一排。我不記得在會上大家都說了什麼，結束時，難友們走上來拍拍我的背，拉住我的手，並且送給我一條長長的白色哈達。

「老師，請你保重。」大家說。

我一方面感到高興，一方面感到難過，因爲即將離開難友們，他們之中有些人是我曾經遇到過的最高貴、最有勇氣的人。警衛站在遠處，觀察我們的一舉一動，然後走過來把我們分別趕回不同的牢房去。這次聚會，我深深地被感動了。

監獄裡有一個習慣，一個將被釋放的犯人會招待整個分隊的人喝茶，所以我拿了三十小袋奶粉，和我所能夠收集到的牛油，請廚子幫我準備奶茶，把分隊所有的人，包括刑事犯都請到了，這眞的是一次告別會。

1992年八月二十五日的淸晨，我很早就起來，慢慢開始把棉被整齊地打成卷。一個同屋從廚房取來茶水，把大家都叫醒。我丟開監獄的制服，穿上親戚送來的傳統世俗藏人所穿的一套嶄新藏袍。這件袍子這麼寬鬆，同屋得幫我用長長的絲帶綁在腰間，然後把袍上的褶拉平。我們一邊喝茶，一邊說了一會兒話。玉洛也起來了，把他的寬邊帽子戴在我頭上，他退後一步，很滿意地望著我。

「你現在看起來年輕十歲。」他說。

門突然打開了，兩個官員在守衛的陪伴下走進監舍，一個是分隊隊長，另外一個是扎西格桑。我們有一次向扎西抱怨獄方使用電棍，他回答道：「政府花了很多錢在這些武器上，就是讓我們用來打你們，我們不過照辦而已。」

扎西現在禮貌多了，他有點嘲諷地說：「先生，我們現在來請你上路了！」

分隊隊長替我拿起棉被卷，扎西拿著我的熱水瓶，難友都跑上來，在我的脖子上掛上一條條長長的哈達，然後沒有其他的任何形式，我就走出監舍，走到主院去。在附近溫室裡工作的尼姑看到了，向我揮手，我也回應她們。

走到主樓辦公室，我簽署了釋放的文件。

「我們不反對你返回哲蚌寺，」分隊長說，「但是你要先得到宗教事務局和寺院當局的許可。」

「謝謝。」我說，知道既然監獄方面已經同意了，那麼要取得寺院方面的同意是不難的。

脖子上圍著哈達，在兩個警衛的陪伴下，我慢慢從辦公室走向大門，大門已經打開了，門外有些人在等著，是我的侄兒洛桑和一些朋友。

走出大門，走出監獄，僅僅幾步之遙。我的腳一踏出大門，朋友們都衝上來給我掛上好幾條哈達，有人遞給我一杯奶茶，他們也請兩個警衛喝茶，但是他們搖搖頭就走回監獄，沉重的門在他們身後關閉。

跟洛桑一道來的，有一個以前的犯人名叫達瓦，還有高個子的仁青先生，我在獄中時，他和妻子對我非常仁慈。仁青自己也在監獄待過很多年，釋放之後，就獻身於幫助犯人和他們的家屬。朋友把一條花的地毯鋪在地上，拿出一籃子的餅乾、乾肉和奶酪。他們讓我坐下來，請我吃東西。

那天早上，坐在離監獄大牆只有幾尺的地方，我大概喝了有十來杯茶。朋友們把我帶到布達拉宮下面的一個小村子去，洛桑和他妻子，還有我的繼母就住在這兒。洛桑在這裡工作，製作傳統的藏帽，拿到拉薩市中心的市場去賣。

我到達的時候，很多鄰居跑過來看。我筆直走近屋子去探看繼母，她現在已經癱瘓臥床。屋子裡很冷也很陰暗，繼母看上去就如同一個影子。我的眼睛習慣了屋裡的黑暗後，看見她舉起了頭，我走向她，把前額跟她的前額碰觸。

「遭了多少罪啊！」她喃喃地說，眼淚從她的面頰上滾落下來。

接下來的幾天很多人都來看我，大部分都是以前的犯人。我得到消息，逃亡計劃不久就可以準備好了。我接到指示，叫我按兵不動，不要引起任何懷疑，我只假裝要返回哲蚌寺。

坐上公共汽車來到以前的故舊寺院，到達那裡時還很早，空氣裡充滿了香爐裡燃燒香燭的青煙。大部分毀壞了的房舍都已經修復了，太陽在白色的牆上灑下金色的光芒。這裡很多青年僧侶都曾經坐過牢，因此警察總是牢牢盯著這座寺廟。在通往哲蚌寺的路上，他們設了一個哨崗，任何離開寺院的僧侶都必須出示旅行許可。

我問一個僧侶，哪兒可以找到寺院的黨書記，他讓我到大殿去。僧侶們剛剛做完早課，有人把他們的副主任，一個矮胖的名叫貢曲扎西的人指給我看。記得很久以前我還沒有被逮捕時，貢曲曾經是一個手藝很好的木匠。我現在穿著藏袍和玉洛給我的帽子，所以他沒有認出我來。

當他看了我交給他的證件之後，笑了，他還記得我。他說我的證件都齊全，然後把我帶去見主任，一個名叫益西塘多的僧侶。

「你要什麼時候返回寺廟？」益西簡略瀏覽了證件之後問我。

「越快越好。」我說。

益西叫我幾天之後再來，我知道他們先要跟公安局通氣。幾天之後我分派到一間很大很清潔的房間，一張窗戶可以俯覽整個山谷。我跟寺院方面說我將在八月二十九日的雪頓節之後搬進來。這個節日又叫酸奶節，是夏季結束的一個慶典，拉薩人會傾巢而出，在附近的公園搭起帳篷，然後會有豐富的野餐。成百的家庭將到達賴喇嘛的夏宮羅布林卡去，因爲那兒將演出三天的藏劇。

依照傳統，哲蚌寺要舉行慶典，把一張巨幅的唐卡揭開，展示該寺珍藏的一幅佛教格魯巴教派創始人宗喀巴的畫像。僧侶會排成一列長隊，肩膀上肩著一條長約六十尺的旗幟。今年的雪頓慶典又轉變成另一次抗議活動的機會，寺裡一間達賴喇嘛每次來訪都住的房間上方升起了一面西藏國旗，寺院周圍的牆上都貼有大字報，上面寫著「中國人撤離西藏」。

當我在節慶之後帶著行李來到哲蚌寺的時候，發覺整個寺院佈滿了警察，所有的僧侶都被一個個單獨審問。

「雪頓慶典期間這裡出了一些事，」益西塘多跟我解釋，

「你過幾天再來吧！」

對於即將逃亡，我感到越來越焦慮。這件事能成功嗎？其實我只需要耐心等待，信任朋友們會把每件事情都安排妥貼。我安慰自己說，他們已經幫助過很多其他的政治犯逃到尼泊爾和印度了。當然我要把這些事都保密，絕不向家人透露，不能把他們拖下水，因爲一旦外面發覺我失踪了，家人將是第一個被審問的。

一天夜裡，有人敲門，侄兒告訴我有人找我。月光下站著一個戴帽子、推著自行車的年輕人。

「你是班旦加措嗎？」他悄聲問。

「是的。」

「這是給你的，」他交給我一個袋子，裡面是一些中國人使用過的刑具。

第二天早上，年輕人帶來了我等候已久的消息。我告訴家人，現在要到寺廟去了，繼母看起來很是高興，我拉住她的手，把前額輕輕地跟她的前額摩擦，我在內心向她道別。

這個青年把我帶到拉薩的一所房子去，在這裡我跟安排逃亡的朋友見面。他們說已經找到一個司機，他會把我送到尼泊爾的邊境，又說司機是個好人。終於要離開了，從這一刻開始，我才眞正開始激動起來。

第二天早上，很早就醒來了，但是他們叫我不要開燈。一個男孩送來一套很整潔的服裝，這是我生平第一次穿西裝。這套衣服對我來說太大了，必須在腰上繫皮帶的地方捲幾道，一個朋友拿來一長條底端有個口子的繩子掛在我脖子上，原來這是一條領帶！自從毛澤東死了以後，領帶變得非常時髦，每個幹部都要打領帶，表示他們很摩登。

「你看起來像個十足的商人！」朋友說。

半小時之後，我坐在一輛自行車的後面，一個人把我載出拉薩。

我看到很多老年人圍著大昭寺做祈禱。太陽剛剛從山後露出臉來，香爐裡上升的裊裊青煙在八角街面飄蕩。我們穿過了這個莊嚴城市的市中心。

在離城中心幾里路遠的巴瑪日，我們停下來，朋友讓我在這兒等候一輛卡車。我隨身只有幾件衣服和那個裡面裝了電棍、棍子、刀和手銬的袋子，這些奇怪的東西是我全部的行李。

朋友離我而去，我站在路邊發抖，這套西裝完全不能抵擋晨風的寒冷。幾輛卡車開過去了，大約七點鐘的時候，一輛上面罩著灰色帆布的綠色卡車停在我旁邊。「你是那個犯人嗎？」司機問，我點頭。

那是1992年九月七日。我得到指示，在進入尼泊爾邊境之前最後一個叫樟木口的村莊，跟某個商人接觸。卡車司機是個年輕人，看起來好像剛剛睡醒，他告訴我要送一批貨到尼泊爾商人那兒，卡車裡裝的是中國製造的鞋和空瓶子。

我家人以爲我已經搬到哲蚌寺去了，寺院裡的人以爲我還在家裡，可是現在我坐在卡車上，離開拉薩朝尼泊爾開去，到他們發覺我失踪，還要好幾天的時間。過了幾小時，車子開過帕南，可以遠遠望到山丘上嘎東寺的外形，我弟弟還在那兒出家，1962年我關在羅布昆澤的時候曾經看過他一眼，從那以後我再也沒有見過他了。

車行了兩天，到達那南，這是到尼泊爾邊境之前最後一個古老的西藏城市。司機大概注意到我非常緊張，在接近一個路障的時候，他把手擱在我的手臂上，試圖使我鎮定下來。卡車停下，他走下去就消失在一個辦公室裡。幾分鐘之後，他帶著一個中國軍官走出來，當我看見他們在笑的時候，我放心了。這個軍官示意士兵把閘欄打開，我們就緩緩開向聶木蘭。

停下來吃了早飯又休息了一會兒，司機把一些他從拉薩帶來的信送走了。下午又繼續出發，車子開在十分彎曲而陡峭的山路上，周圍的山嶺都佈滿了森林，比我所見過的西藏任何地方都更綠而蒼翠，車停在一個拐角的空曠處，司機說最好等到天黑的時候再穿過邊境。

遠遠可以看到樟木口的燈光，一直等到黃昏的時候，我們才繼續向村莊的方向開去。樟木口是個新的小鎮，是進入尼泊爾之前最後一道海關和移民局的檢查站。司機讓我假裝睡覺，他去聯繫。他去了沒有多久，就帶著一個壯實的男人走過來，這人的頭髮梳成長長的辮子，左耳戴著綠寶石。在此地看見一個傳統打扮的人，讓我覺得是吉祥的徵兆。他帶我到一個屋子裡去，並且請我喝茶和吃麵食。

壯實的男人必須找一個嚮導，帶我穿過尼泊爾邊界。從樟木口到邊境開車不到一個鐘頭，然後只要走過西藏和尼泊爾之間的那座友誼橋，就到達彼岸。他們說開車太冒險，必須在夜裡步行到達邊境。

我們不能馬上離開。第二天我必須整天藏在一個倉庫裡面，一直到夜裡才能出來。一共等待了十天，朋友花了這麼長的時間才找到願意帶我過境的嚮導。一天夜裡，他帶來一個尼泊爾老人，叫我跟他走，我感到十分緊張，因爲嚮導不會說藏語，而我不會說尼泊爾語。

我緊緊跟在他身後，很快地就走出樟木口，走進濃密的森林。爬上一條很狹窄而陡峭的羊腸小道。大約在午夜時分停下來，望下去，樟木口的燈火就在腳下。開始下大雨，我的嚮導用一張塑料布擋雨，我很幸運，朋友給了我一套雨衣。

嚮導走得很快，但是他經常回頭看我是不是跟上了。不一會兒我全身都濕透了，鞋裡也灌滿了水。我們沒有交談，天亮的時候，穿過一座繩索橋，嚮導簡單地說「尼泊爾」。

我們繼續行走，到達一個小村莊，中午時分，我很高興地發現樟木口那位壯實的朋友已經拿著他偷偷運過邊境的袋子在那兒等著我們。

當天就在那兒過夜，第二天早上我坐在一個年輕尼泊爾人的摩托車後面，往加德滿都出發。

車行了一整天，當天晚上到達了首都。這個年輕的夏爾巴人把摩托車停在西藏難民接待處的門口，這是達賴喇嘛幾年前設立的。

整個經歷就像一場夢一樣。

我還沒有停止擔憂，有時候尼泊爾警察逮到西藏人也會把他們交給中國人，我如果被抓到，一定會被遞解出境。當然，處在這種情況之下的並不只是我一個人，接待中心擠滿了從西藏各個地區穿越喜馬拉雅山逃亡出來的難民，很多人受到嚴重的凍傷，有的時候嚴重到必須把肢體切除。我被帶到聯合國高級難民總署去，正式登記爲難民。他們給了我一些錢，並且允許我前往印度。

必須盡快離開這裡。沒有擔擱時間，我立刻坐上一輛開往新德里的公共汽車。幾天以後，終於到達了達蘭薩拉，這是以前英國人統治時所建立的一個小小的山區駐地，對於西藏犯人來說，這個名字是重要的精神泉源，因爲達賴喇嘛把達蘭薩拉選作他流亡的家園。

外面下著雨，烏雲使我想起西藏的悲慘處境，我情不自禁把這個潮濕多霧的達蘭薩拉跟達賴喇嘛曾經住過的亮麗莊嚴的布達拉宮和羅布林卡相比較。

我第一次於1951年在江孜見到達賴喇嘛，後來在舊藏再度看到他，當時他被節慶的繽紛華麗包圍著，現在我是直接走進只有一個守衛看守的簡單房屋裡去晉見他，好像是去看一個很樸素的僧侶。經過這樣漫長的時間，再一次拜見達賴喇嘛，我內心激動不已，立刻向他全身匍匐在地，並且呈獻一條哈達。

「仁曾丹巴上師的學生，」達賴喇嘛說，我過於緊張而無法抬頭看他，「你受了很多的磨難。」

我安靜地坐在地上，他開始問我監獄裡的情況，他已經從其他犯人那裡聽到關於我的事。他提到很多難友們的名字，我感到他非常眞誠地關注我們。這一次會見超過了兩小時，我有機會告訴他我們大家對他的忠誠。

離開房間時我哭泣起來，這樣的會見是我一生最大的願望，我得到一套新的袈裟，這是1961年以來第一次又重新穿上了袈裟。我穿著新衣、走到達賴喇嘛居所對面的寺廟去，祈禱所有其他人都能夠從苦難中得到解脫。

我逃亡的消息在報刊發表之後，發覺自己早已被國際特赦組織認定爲良心犯。意大利有一個小組從我自1983年被逮捕以後，就不斷地寫信給中共當局。1995年我被邀請到意大利去訪問，認識了那些九年來不斷爲我的事向中國當局寫信的人，雖然我們之間有語言、文化和地理上的障礙，但是我深深地被他們的善心和胸襟所打動。

同一年，我旅行到日內瓦，在聯合國人權委員會上作證。我被帶到一個巨大的大會廳裡，坐在兩位藏語翻譯的青年人旁邊。很多人走來走去，而且彼此交談，我不知道大家怎麼能夠聽見我說話。我深深吸一口氣，然後開始讀證詞。

「我的名字是班旦加措，我十歲的時候就出家了。」

讀完全部證詞之後，抬起頭來，才發覺中國代表團的人坐在我面前聆聽著，他們在聽我說話！這給我一種無比自由和幸福的感覺，我希望所有的難友們都能夠看到這些，因爲我們作夢都希望有一天能跟折磨我們的人面對面，讓他們聆聽我們遭受的苦難。我是第一個有機會在聯合國的機構前發言的西藏人，因此我知道這不僅代表自己，更代表所有還在監獄裡以及曾經坐過牢的西藏人。代表團的人只聽到我的聲音，但是我的聲音後面，是成千上萬的犯人，他們都已經死去，不能像我一樣親自出面作證。

中國代表團對我的發言沒有反應，但是不久以後，在倫敦有人把中國駐英大使寫給當地報紙的一封信念給我聽。

馬玉珍的信如下：

「班旦加措是一個罪犯，因爲他參加反政府行爲。他所犯的罪狀包括顛覆政府、越獄逃亡和偷竊。班旦加措所說的在監獄受刑的故事是不眞實的，中國監獄是禁止用刑的。」

壓迫者總是否認他們自己是壓迫者。我所能做的只是把我所看到、聽到和一生所經歷的奇特經驗親自作證並取證。苦難都已經刻在西藏的河谷和山脈上了，雪山之國的每一個村莊和寺院都有人們受苦的悲慘故事，這種苦難會繼續，直到西藏獲得自由那天。

譯後記

廖天琪

這本書的中文版邁過了兩道翻譯的關口。夏加・次仁先生通過他跟班旦喇嘛的對談，將之形諸藏語文字，之後他將藏語譯爲英語，現在這本中譯本是根據英語版本翻譯的。在英譯中的過程中，有關藏語人名地名的問題，皆得到國際聲援西藏運動(International Campaign for Tibet)華盛頓總部的仁青塔西先生的協助。

書中收錄的照片由作者班旦加措、仁青塔西、吳弘達、東洵・丹增諸位先生提供。書稿的打字排版是Penny Yu及古原兩位女士的功勞。譯文中出現的翻譯有欠妥貼和錯誤之處，則是譯者的失誤。本書中的注解爲譯者所加。

一年之前，勞改基金會的執行主任吳弘達先生首先提出翻譯這本傳記的想法，他要「讓中國人知道中共政權給西藏人民製造了怎樣難以想像的痛苦和屈辱」，得到作者班旦喇嘛的允諾之後，出版英譯本的倫敦Harville Press又慷慨地讓出中文版權，成全了整個翻譯計劃。

譯者於最近十數年先後訪問過拉薩、日喀則、前藏地區和達蘭薩拉，得以豹窺藏人的日常及宗教生活和流亡地區藏人生聚教訓的面貌。讀完、譯完班旦喇嘛的傳記之後，只有一個想法：像德國總理勃蘭特七十年代在華沙猶太人的墓前下跪一樣，有一天，中國的元首也應當將達賴喇嘛請回布達拉宮，並向他及西藏人民下跪請求原諒。

〔附錄一〕

拉薩市人民檢察院起訴書

(83)拉檢刑訴字第17號

被告人班旦加措，男。現年50歲。藏族。代理人出身。喇嘛成份。西藏白朗縣人。藏文水平較高。一九六零年因參叛被江孜軍管會白朗縣軍事法庭判處7年有期徒刑。一九六二年因脫逃罪被江孜軍管會軍事法庭加刑8年。一九七五年刑滿就業。一九八三年初回哲蚌寺。同年八月二十六日因反革命煽動罪。經本院批准，由拉薩市公安局逮捕。現在押。

被告人班旦加措反革命煽動一案，經拉薩市公安局偵查終判。移送本院審查起訴，現查明犯罪事實如下：

被告人班旦加措於一九八二年三月九日在西藏軍區西大門西側埂牆茂王山、布達拉宮等處，張貼鼓吹「西藏獨立」的反動傳單。一九八三年八月二十六日在該犯住處搜出日記本中記錄有給達賴喇嘛寫的反動信。其內容至爲反動。攻擊我社會主義制度。對黨和黨的政策進行惡毒的誹謗，叫囂要實現西藏獨立。還抄有「西藏國旗」說明書。油印的反動傳單一份和書寫反動傳單的工具等物。

上述事實淸楚，證據確鑿，被告已供認不諱。

本院認爲：被告人班旦加措書寫鼓吹「西藏獨立」的反動傳單等物，已構成反革命煽動罪。爲了打擊反革命犯罪活動，維護社會秩序，根據《中華人民共和國刑法》第一百零二條第二款、第六十二條之規定。特提起公訴。請依法判處。

此

拉薩市中級人民法院

代檢察員：陳誠富

一九八三年十一月九日

附注：

1.被告人班旦加措現自治區公安廳看守所；

2.被告人班旦加措的案卷一式三份。

〔附錄二〕

西藏自治區高級人民法院
刑事裁定書

藏法(1984)刑裁字第7號

上訴人(即原審被告人)班旦加措，男，藏族，現年五十一歲。西藏白朗縣人。捕前住哲蚌寺。一九六〇年因參叛被白朗縣軍事法庭判處有期徒刑七年。一九六二年因脫逃罪，經江孜縣軍事法庭加刑八年，一九七五年刑滿就業。一九八三年八月二十六日因反革命宣傳煽動罪，被拉薩市公安局依法逮捕。於一九八四年四月十九日經拉薩市中級人民法院判處有期徒刑八年，剝奪政治權利二年。上訴人不服拉薩市中級人民法院拉法(84)刑一字第9號刑事判決。以「不是反動宣傳，是從一部經書中抄寫的」等爲理由，向本院提出上訴。

本院依法組成合議庭對此案進行了審理，並於一九八四年七月二日經審判委員會討論認爲：原審法院認定上訴人於一九八二年三月九日在西藏軍區西大門等公共場所，書寫、張貼反動傳單，煽動「西藏獨立」的犯罪實際清楚，證據確鑿。以反革命宣傳煽動罪判處有期徒刑八年，剝奪政治權利二年並無不當。上訴人的上訴理由不能成立，應予駁回。現依據《中華人民共和國刑事訴訟法》第一百三十六條第一項之規定，裁定如下：

一、駁回上訴；

二、維持拉薩市中級人民法院拉法(84)刑一字第9號刑事判決。

本裁定爲終審裁定。

西藏自治區高級人民法院刑事審判庭

審　判　員　　土　登
審　判　員　　羅　曲
代理審判員　　王傳淸

本件與原本核對無異

一九八四年七月五日
書　記　員　　洛桑新巴

〔附錄三：採訪紀實〕

班旦喇嘛的今生今世

廖天琪

今年3月間班旦加措到華盛頓參加「國際聲援西藏運動」十五周年紀念慶祝會，譯者對他進行採訪，仁青塔西擔任翻譯。

問：你出身於富裕家庭，父親是地主，跟班禪喇嘛的父母親又是鄰居，按書中的描寫，共產黨來之前，西藏的鄉村生活悠閑有趣，你童年時代接觸過貧窮的農民和牧民嗎？他們的生活如何？

答：我家在拉薩和日喀則之間的山谷中。小時候我跟鄰居家的孩子們玩，他們家比較窮，看見他們的房子和廚房的灶都比我家簡陋得多。西藏歷來是個不平等的封建社會，有窮有富，我曾經去過藏南窮困的地區。不過在「舊社會」中，並沒有聽說過有病死、餓死的人。而共產黨來了以後，五十年代進行土改，一般人的生活不但沒有提高，反而在實行公社制之後餓死很多人(書中提到連在八十年代還有飢荒的情況)。

以前人們生活自由自在，牧區比農區富有，但是農民有辦法賺外快。早期，每次的法會，總有農民去幫忙，完了男人可以得到十八塊大洋，女人十二塊大洋。也有人到印度去做生意，來回跑。

問：以前有錢人家作興至少送一個男孩子去當喇嘛，這是小孩子接受教育的唯一機會，你家如何？

答：我十一歲時出家，還有個弟弟也當了喇嘛。我們家七個兄弟姐妹都會讀書寫字，也學過梵文。有錢人家一般聘請喇嘛(或普通人)當家庭教師。有錢人送孩子進廟要送很多「見面禮」，窮人家孩子去當和尚不用交錢。

問：你的祖母認爲你是個高僧轉世的。你信轉世輪迴嗎？相信自己下輩子會變成什麼？

答：我信奉佛教，自然相信轉世輪迴，我相信下輩子又會轉世成爲一個喇嘛。

問：回顧你一生的苦難經歷，這和佛家一般說的生老病死相去甚遠，你個人和西藏人民所受到的痛苦是人爲的和制度性的殘忍所導致的。你怎麼從宗教和哲學上來解釋？

答：人生的痛苦有兩種：一種是普遍性的，人生在世，人人都要面對的生老病死，屬於這一類。另一種是突發性的，這是人爲導致的，非常規性的。像中共不斷地發動各種運動，爲人類帶來極大的痛苦。這種「痛苦中的痛苦」，是突發性痛苦所帶來的結果。

問：藏人是大自然的子民，單純而樸實，爲什麼遭受到這種災難？

答：從佛教觀點來說，不論民族、人類還是個人的命運都和因果輪迴有關，因此要積善果。從歷史的長河來看，一代人甚至幾代人都是短暫的。積的「因」有時候累積了幾百年才見「果」，而不是一代代就因因相報了。我相信西藏人民有一天會過好日子的。現在我當喇嘛積善德，而我以前受的苦可能是因爲積了惡德。

問：佛教中的四戒：不殺生、不偷、不謊、守獨身。監獄中很多以前的僧侶都自殺了，你也曾經想過走這條路，這算不算違反教義？

答：佛教裡說自殺是最大的罪過，因爲生命是最珍貴的，不可殺生，輕生更不好。在中國人的監獄中，每個人必須出賣、檢舉別人，這是出家人不可作的。有些僧侶在獄中自殺，這固然違反教義，但是卻也避免了出賣他人。有些人神經脆弱，受不了折磨，而走上此路。

問：你在獄中的三十三年，經歷了飢餓、禁閉、半年手銬、兩年腳鐐、吊樑毒打、電棒捅進嘴裡。什麼是你最痛苦的經驗？

答：出賣和揭發別人最折磨我。黨要大家表忠誠，要求每個人檢舉他人，這就造成有些人對難友上線上綱的指控，和子虛烏有的誣陷。我最怕這種批鬥和奬懲大會，說了假話害人，不說假話害己。但是一開始害人，害了一個，就會再去害一百個，精神就墮落了。挨打可怕，但是一個人的肉身的承受度是很大的，打傷了(如果不死)還能痊癒，精神一旦崩潰，就永遠失落了。

問：你恨不恨中國人？

答：西藏發生的悲劇，是制度造成的。漢人也有好的，我也遇見一些有同情心的監獄管理人。大飢荒的年代，有一個專門給軍營送水的年輕漢人士兵，他有時給我一點吃食，讓我免於餓死。他被調走時，我哭了。

最讓人害怕的是監獄裡的審問員，但是連這種人裡面也都有好人，所以不能一概而論。

問：你始終對中共的統治抱有深度的懷疑，認爲只有當西藏成爲獨立的國家時，人民才能從痛苦和壓迫中解脫出來。達賴喇嘛並不要求西藏獨立，你的看法不是和他的政治主張相左嗎？

答：我的確主張西藏獨立，但是這和達賴喇嘛的主張沒有衝突。達賴喇嘛認爲在一國的框架中，西藏應取得眞正的自治，他把藏人能過幸福的生活這一點放在首位，如果這能夠做到，獨立也就不是必須追求的。但是中共政府往往是不能信任的，它的宗教和民族政策說變就變，至少以往的幾十年是這樣。我不了解漢民族的文化，只知道中共政府壞事作盡，瞄準西藏，就像一把拉滿了的弓，西藏人一有動靜，箭就應聲而出。現在我們只能在無奈中尋求妥協，通過國際的監督和國際協議來解決西藏問題。

〔附錄四：採訪紀實〕

阿旺桑珍
——一個唱歌的尼姑

廖天琪

她在衆人的擁簇下，走進國際聲援西藏運動的會客廳。陪伴她進來的是國務院負責西藏問題的敦巴斯基(Paula Dobria-nsky)女士和瑞士及法國的幾位外交代表。她的身量纖細矮小，像一個孩子，但是臉上卻有風霜。阿旺桑珍——西藏最年輕而刑期又最重的女犯人，3月間在國際多方的施壓下，獲得中共釋放來到美國。4月中在華盛頓國際聲援西藏運動的歡迎會上筆者第一次見到她。

布瓊澤仁先生把衆人的發言翻譯給她聽，內容都是贊揚並敬佩她的堅毅與勇氣，她的臉色凝重，十分專注。輪到她發言時，稚嫩的聲音立即洩漏了她的年紀，雖然內容是沉重的。她感謝國際社會對她的援救，希望這種人道的關愛能繼續轉移到她那些尚關在西藏監獄中的難友身上。

五月間吳弘達先生和筆者一道再度對阿旺桑珍進行訪談，Dolkar女士協助翻譯。

童年入獄，家破人亡

阿旺桑珍出自一個典型的西藏家庭，父母都是佛教徒。她在7個孩子中，排行第六。（她出生於1978年，按藏曆算法一出生已經一歲了)。她11歲時就由父母送到噶日尼姑庵去當了尼姑。除了她,另外還有一兄(現在印度)一姐也在拉薩出家。

自從1989年以來,藏人的民族自決意識逐漸高漲,每次的群衆示威遊行幾乎都是由寺院內的僧尼帶頭發動。1990年阿旺桑珍13歲(實足年齡12歲)那年參加了這樣一次遊行示威,結果被公安拘捕,投入監獄,9個月後才放出來。這期間她的父親、叔叔和哥哥也因政治活動而被投入監獄。當時母親在山上修行,家人瞞住她,不讓她知道丈夫兒子被囚之事。然而公安是他們家的常客,有一次他們要來抓她的姐姐,家人請求公安人員不要將他們家三口人在獄中的事說出來,以免驚嚇住母親。但是公安卻直接對其母說出實情,老母親聞言驚倒,次日即不能言語,隔日即去世。父親過了一段日子從獄中放出來,不久也憂傷死去。

阿旺桑珍15歲時再度因參加了示威抗議活動而被捕。由於年幼,不能判刑,法庭宣稱她已17歲,已非「少年犯」,將她判刑3年。在西藏自治區第一監獄服刑期間,桑珍偶爾有一次看到了穿著囚服的父親在工地勞動,她幾次要求跟父親見面都被拒絕。在父親整整的八年刑期中,他們父女終於有過一次五分鐘的會見時間,這是桑珍在獄中11年漫長生活中,唯一值得欣喜紀念的片刻,這也是她最後一次見到父親。去年(2002)桑珍出獄後,才知道父親已經去世了。她的叔叔被判刑5年,雖然都在同一個監獄裡,她始終沒有見過他。

永遠失去的青春和成長

桑珍正在發育成長的時期就被投入監獄。年紀幼小的她第一次在監獄中開始來月經。由於遭受拳打腳踢，和精神折磨，加上監獄的食物惡劣，營養不良，她的健康全毀。往往她的例假三個月或六七個月都不來。直到今天25歲了，她身體的女性周期都無法恢復正常。若是在正常的環境中成長，她可能會是一個高大健壯的高原女子，有著黝黑膚色和紅紅的面頰。現在的桑珍看上去是個纖弱的女孩，但是她的神情堅定，柔中帶剛。這株幼苗曾在黑暗的獄中，得不到陽光和雨露，所憑藉的是堅強的精神毅力，如岩石下的嫩芽悄悄成長，她不可能成爲一棵綠葉成蔭的大樹，但卻是一株險峰下的奇葩。她頭次被捕入獄時，才不過是十歲出頭的孩子，兩手被粗繩綁在背後，並被吊起來，掛在樑上。他們用電棍擊她，罵她是「分裂分子」，問她幕後黑手是誰。這個小女孩不但曾被單獨監禁四個月，而且也被關過禁閉。在陰冷潮濕的水泥地小黑牢中，既無被褥，又無厚衣來抵禦寒氣，她只得蜷縮著身體蹲著，以免跟寒澈骨髓的地面接觸。她在這種不堪的、非人的情況下度日如年熬過了禁閉。這個經驗對於她的身心，如同化膿的傷疤，隨時都在疼著，隨時都在打擊她的健康。如今25歲的桑珍正處在生命中最豐茂的階段，但是她的身體卻一直被各種疾病所纏繞，無法擺脫。今後在自由世界生活，健康是否可以慢慢調補過來，都還是個未知數。

由於十歲就入了尼姑庵，一年之後入獄，桑珍自幼失學。

在當尼姑的那一年中，她所學習到的佛經相當有限。但是老師給她講的釋迦牟尼故事卻深印入腦海之中。佛教中的一些基本慈悲、寬恕的道理成爲她在人生長夜中的一盞明燈。在獄中受到折磨和苦難時，她心中默默背誦那幾段有限的經文，並且心中想著藏人心目中的神——達賴喇嘛和他的慈悲，因此心中並無怨恨，相反地，時間過得很快。

監獄裡的生活

西藏自治區第一監獄裡有200多名女犯人，年紀從十幾歲到六十多歲的都有。分爲三隊，下再分組。桑珍被分到第三隊。犯人多數都是藏人，刑事犯和政治犯各占一半。漢人占十分之一，多爲刑事犯。平時藏人和漢人相處平和。監獄長是漢人，隊長是藏人，而管理人員則多爲漢人，發號施令時往往觸礁，因爲藏人都聽不懂。

獄中的食物定量，早餐有饅頭，中午是米飯和茶，晚上定額兩個饅頭。如果自己有錢，可以提出要求購買方便麵。每天上廁所的次數也有定額：4次。監獄裡每兩年發一套單衣，每三年發一套棉衣棉褲給犯人。棉被則每五年更新一次。桑珍被關在一個12人一間的監房內，都是上下鋪的床，水泥地。這個12人的小組經常被調換，不讓大家建立起私人的友誼和聯繫。兩名正副組長是上面指定的。

在勞動方面，桑珍和其他的犯人們一樣，大部分時間是在溫室裡種菜、施肥。夏天日照強烈，溫室內的溫度從午時到午後四點非常高，犯人在高溫封閉的溫室中依然必須用噴霧器噴灑化學殺蟲劑，除蟲除草。定額必須完成，否則要加班加點，因爲這裡所生產的江豆、黃瓜、蕃茄、冬瓜都是市場上的搶手貨，犯人是監獄的搖錢樹、廉價勞工、不吃草的好馬兒。冬日，天寒地凍，溫室裡的氣溫也很低，大家依然得蹲在地上操作。一星期工作六天，周日休息，但也常常加班。

監獄方面在外面接了織毛衣的合同，因此犯人也得紡棉線、織毛衣，除了外邊的合同定量，還得侍候監獄管理人員家屬的私人需要，爲他們織花梢的毛衣。工作每天有定額，有時晚上也要勞動，不完成不准睡覺。監獄管理把她們搓成的羊毛線，細的一兩一塊五、粗的一兩一塊、土毛線三兩一塊，賣給工廠。織毛衣時，多半用很細的針，必須織得很緊，花式又複雜，在昏暗的燈光下，很多人的眼睛都傷了。

桑珍多少年來都只能玩兒命趕工，去完成定額。去年是她11年中第一次「超額完成任務」，得到15元獎金。年終給勞動積極分子發的一等獎是45元，二等30，三等25元。每個犯人們給監獄製造的財富何止萬千，而得到的卻是這樣微薄的「獎金」。然而對犯人這依然是一筆額外的「財產」，桑珍提到這15元錢獎金時，臉上掛著稚氣的微笑。

犯人終年的勞動是沒有報酬的，每人每月可以得到6元人民幣零用錢。由於監房裡的電燈泡和打掃用的掃把，都得犯人自己掏腰包購買，這點錢幾乎都用不到自己身上，反而要家裡接濟，送食物和日用品。

以前那種學習班的形式取消了，但冬天有所謂的冬訓，大家念報紙學習。如果哪天報紙上有剪掉的大洞，她們就特別高興，因爲這表示報上有政府不願大家讀的新聞，這往往是國際上有關西藏或達賴喇嘛的消息。

早期監獄中那種互相檢舉，思想匯報的做法已經逐漸淡化。但是每年一次人人都得寫思想總結，把自己「思想改造」的情況坦白交待一番，同時還要讚美共產黨的「恩德」，這樣就可以換取比較好的待遇。政治犯們都拒絕寫這種報告。桑珍從來沒有寫過。2001年她的身體健康惡化，管理人員勸她寫檢討，如果寫得好，可以減刑，提前保外就醫。桑珍答應寫，但是不肯寫上他們要她寫的那些話：「西藏獨立是藏人的妄想，西藏是中國不可分割的一部分。」她沒有得到減刑，但是國際社會的壓力使得北京低頭，於2002年十月十七日將她釋放出獄。

曾經有一段時間，獄中安排了學習藏語的機會，由犯人自己擔任教師，一周一次，但是後來又取消了。另外也設了漢語學習班，大家自由參加，不強迫。每個月的20號有一次家人來探監的機會，時間只有15分鐘。這是在犯人勞動和政治學習兩方面表現都讓上面滿意的情況下，才能享有的恩賜。桑珍的會見家人的權利經常被剝奪。

女犯人得不到特殊照顧

監獄裡的女犯人也一樣勞動，得不到特殊照顧。連她們每逢例假時也不例外。女犯所需要的衛生棉也要自己花錢去買，而每月發的6元零用錢，連買這個用品也不夠。1996年嚴冬時節，有幾個尼姑因爲拒絕獄方要她們頌贊共產黨的要求，而被懲罰站在雪地中，男警衛們坐在暖和的屋內，對著她們指手畫腳取笑著。勇敢的尼姑們堅持著，甚至還喊「達賴喇嘛萬歲」和「西藏獨立」。結果她們得到關禁閉和加刑8年的處分。這件事當時也傳遍了全世界。

女犯人中也有人被戴上手銬和腳鐐的，並且也一樣挨打。常常爲了小事，就有可能被叫到隊長辦公室，受到甩巴掌和拳打腳踢的待遇。桑珍也聽說過有女犯被強姦的事。近年來藏人的政治意識更加覺醒，很多十七八歲的女孩子因爲參加遊行示威而被投入監獄。監獄內的「軍訓課」是由武警教官主持，他們打起人來特狠，常常罰女孩子們站在太陽下烤曬，高原的日照強烈，很多人暈倒。桑珍說，菩薩總是保佑她們。但也有人受不了監獄裡的虐待和艱苦的生活條件，一名17歲的女孩子就自殺身亡了。

1998年桑珍被再度加刑之後，接下來的幾年受到格外的折磨。她和另外11名女犯關在一間房內，幾個月的時間，每天只有一桶水給12個女犯，這不僅是大家的飲水，其他洗臉、刷牙等都就這桶水。

三次加刑

1993年桑珍第二次被捕後，判了三年刑。才13歲的她十分固執，在獄中不但沒有寫悔過書，坦白交待或對自己的罪行表示悔過，反而「屢教不改」，因此被獄警用水管和腰帶毒打。有一次她和其他女犯從一個男犯人那兒設法弄到一個錄音機，她們從電視節目中摘錄下一些歌曲，並且將獄中的生活編製成歌，錄音下來，想法讓人帶出，以公諸於外界。事情被發覺後，當局加判她6年刑期。從這件事後，外界就知道查奇監獄中有那麼一位「唱歌的尼姑」。1996年冬天由於她和其他尼姑們在獄中喊「西藏獨立」和「達賴喇嘛萬歲」的口號，又被再度審判，在獄中開庭，宣告加刑8年。口頭和文字的宣判書都是漢語，她反正聽不懂也看不懂，但是依然必須在文件上簽字。這些法院的判決書在桑珍出獄時全部被監獄當局沒收。

1998年5月1日勞動節，獄中有升旗儀式，桑珍是被剝奪了參加儀式的政治犯人。她當時在監房內聽到外邊有人喊「西藏獨立」的口號。5月4日她們女犯再次聽到外邊有人呼喊口號，她們立即內外呼應。她看到外邊喊口號的男犯人被警衛打倒在地，留下地面上一灘灘的血跡。桑珍因爲是「共犯」，這次又被加刑6年。若是按照這幾次刑期的期限，桑珍要坐到2016年才能獲得釋放。這次出事後，桑珍受到殘酷的用刑，獄警用電棍把她打得頭破血流，暈了過去。靠了同監房的難友用藏丸給她消炎治療。以後幾個月都不准她換衣服和洗澡，例假來了也沒有紙。有些刑事犯看不過去，要幫助她也不行。

桑珍11年在獄中始終堅持默默背誦經文。由於沒有念珠，她把一件舊毛衣拆了，用毛線打成一個個的結，長長一串就成了念珠，這是每天伴隨她的精神食糧。她也曾經爲隔鄰牢房的和尚男犯編結念珠，讓他們在獄中也能持續誦經的功課。

由於桑珍身體的健康日漸惡化，而國際上的營救呼聲日高，2002年10月當局要她寫悔過書，寫下「西藏是中國不可分割的部分」，然後考慮放她出來「保外就醫」，桑珍自然拒絕不從。相反地她把獄中挨打受虐待的詳細情形用藏文寫了下來。當局強迫她改寫。最後桑珍還是被釋放出獄，被告知應當遵守5條規則，不可亂說亂動，不能離開指定的居住定點，每月應回監獄報到一次。桑珍出獄後住到姐姐家中，公安人員也跟著搬到她姐姐家對面的房子裡，就近監視她。今年2月人權對話組織的John Kamm到了拉薩，在他的要求下，桑珍獲准赴拉薩去會見他。此次的會見為她三月獲准來美鋪了路。

政府篡改桑珍的出生日期

阿旺桑珍兄弟姐妹一共十人，其中三個和父母親都已經去世。桑珍出生於1978年2月3日，但是今年當中共當局讓她出國之前，發給她的護照上的出生年月是：1973年8月4日，足足報大了5歲。原因無他，桑珍第一次於1990年被捕入獄的實際年齡是12歲，這大約是世界上最年幼的政治犯人，當時她坐了9個月的牢。為了銷毀證據，桑珍1993年再度被投進監獄後，公安人員到她家把一切戶口的證件都抄查走了。中共政權先是要摧毀桑珍的精神，遭到了挫敗，小女子堅定不屈。他們同時也折磨她的身體和健康，達到一定程度的效果，但桑珍身體雖然孱弱，仍然留得青山在，存活下來。最後他們要湮滅她的身份、分裂她的人格，蒸發掉她的一切出生文件和個人歷史記憶，把她打造成另一個年滿三十歲的「新」人，也不成功。阿旺桑珍就是阿旺桑珍，一個瘦弱堅定的小女孩，她自己也許並不知道那個專制政權和它強大的軍警法人員都敗在自己的腳下。桑珍的存在將一直是中共政權的夢魘，她是一面專制暴政的照妖鏡。

桑珍現在最期待的事是見到達賴喇嘛。她要努力學習英語，希望把自己的故事告訴全世界。她的心每天都懸在西藏獄中的姐妹身上。如果可以，她依然要繼續當尼姑，下一輩子也要。

國家圖書館出版品預行編目資料

雪山下的火焰：一個西藏良心犯的證詞／班旦加措(Palden Gyatso)原著；夏加・次仁撰寫翻譯；廖天琪譯.
--初版.--台北市：前衛，2004［民93］
面；　　公分
譯自：Fire under The Snow

ISBN 957－801－440－6(平裝)

1.班旦加措(Palden Gyatso)－傳記 2.藏傳佛教－傳記

226.969　　　　93006901

《雪山下的火焰》
——一個西藏良心犯的證言

作　　者／班旦加措
撰寫翻譯／夏加・次仁(藏譯英)
譯　　者／廖天琪(英譯中)
責任編輯／廖天琪 古原

前衛出版社
總本舖：112台北市關渡立功街79巷9號
電話：02-28978119 傳真：02-28930462
郵撥帳號：05625551
E-mail：a4791@ms15.hinet.net
http://www.avanguard.com.tw

出版總監／林文欽
法律顧問／南國春秋法律事務所・林峰正律師

凌域國際股份有限公司
地址：五股鄉五股工業區五工五路38號7樓
電話：02-22983838 傳真：02-22981498

出版日期／2004年6月初版第一刷

Printed in Taiwan　　ISBN 957-801-440-6

定價／300元

《Fire under The Snow》, By Palden Gyatso
First published in Great Britain in 1997
by The Harville Press
Chinese Language Edition (*Black Series,* Volume 4)
by The Laogai Research Foundation in 2002
Printed in Washington D.C.